시선의
불평등

Women
시선의 불평등
in the

캐서린 매코맥 지음 | 하지은 옮김

프레임에 갇힌 여자들

Picture

아트북스

| 일러두기 |

- 단행본·잡지의 제목은 『 』, 미술작품·기사·에세이의 제목은 「 」, 전시 제목은 〈 〉로 묶어 표기했습니다.
- 인명과 지명 등의 외래어 표기는 국립국어원의 규정을 따르는 것을 원칙으로 했으나 용례가 굳어진 경우에는 통용되는 표기를 따랐습니다.
- 원서에 이탤릭으로 표기된 부분은 본문에서 고딕으로 표기했습니다.
-

차례

시작하며

언뜻 보면, 특이할 것 하나 없는 평범한 그림이다. 미술관에 걸린 세 개의 패널들에서 하나의 이야기가 펼쳐진다. 그림의 중앙에 긴 머리를 늘어뜨린 여자가 서 있고, 타이츠를 착용한 남자들과 동물들이 그녀를 둘러싸고 있다. 그림 속 남자들은 대화를 나누고, 큰 개들은 털을 곤두세운 채 어쩔 줄 모르는 눈빛의 작은 개들을 보며 짖는다. 그중 한 패널에는 건축물 기둥에 정교한 사슬로 묶인 우울해 보이는 곰이 나온다. 몇몇 장면에서 머리가 긴 여자는 벌거벗은 모습으로 등장하기도 하고, 개들도 그녀의 치욕을 공감하며 귀를 축 늘어뜨린 채 애처롭게 쳐다보고 있다.

둘째를 출산한 후 미술사학자와 교육자로서 일에 몰두하려고 애쓰던 나는 런던 내셔널갤러리의 새로 단장된 르네상스 전시실을 너무 보고 싶어 떼쓰는 아이를 안고 어르며 세인즈버리관으로 향했다. 과거에서 현재로 온 시간 여행자처럼 어둡고 적막한 수장고에서 나

그리셀다 이야기의 대가, 「그리셀다 이야기 I—결혼」(세부), 1494년경. ©National Gallery, London

와 전시실에 새로 걸린 그림들을 보고 싶었다. 미술관의 소장품들은 고정된 것이 아니다. 과거의 그림들은 교체되고 재배치되면서 서로에게 말을 걸고, 그림을 보는 대중이 끝없이 이야기하도록 이끈다.

그리고 이 긴 머리 여인의 이야기에 대해서는 확실히 말할 거리가 있었다. 내가 이 그림들을 자세히 살펴보고 있을 때, 내 어깨 뒤로 한 남성이 불쑥 나타났다. 그는 경고하는 말투로 "나라면 이 그림의 상징 의미에 대해 너무 깊이 알려고 하지 않을 거요"라고 말했다. "이 그림이 주는 메시지는 요즘 별로 인기가 없으니까요."

그의 태도는 자상했지만 고압적이었다. 내 귀와 몸 아주 가까이에서 들려온 쓸데없는 설명에 깜짝 놀란 나는 어색하게 웃으며 "네? 하지만 제가 관심 있는 건 바로 그런 상징인데요. 저는 미술사 강사고, 페미니즘 미술사와 회화 속 여성 묘사에 대한 강의를 준비중이거든요"라고 답했다.

하지만 전시실의 그 남자는 내 말을 듣지 않았다. 그가 본 것은 아기를 안고 있는 여자, 다가가기 어려울 정도로 너무 어리지는 않지만, 그가 말하고 싶을 때 자신의 말을 들어줄 것 같아 보이는 충분히 젊은 여자였다. 그는 나를 한 인간이라기보다 엄마로 보았다. 그 남자에게서 벗어나고 싶었지만, 나는 이 그림을 더 보고 싶었고 시간도 별로 없었다. 그래서 나는 15세기 말 이탈리아의 한 가정에 걸려 있던 그림에서 전개되는 이 골치 아픈 이야기를 안다는 사실을 내게 알려야만 했던 그 남자와 함께 전시실에 그대로 머물러 있었다. 이야기는 이러했다.

이탈리아의 후작 괄티에리는 결혼에 회의적이었지만 후계자가 필요함을 깨달으면서 신붓감을 찾아나섰다. 그는 농부의 딸 그리셀다를 만난다. 그녀는 정숙하고 순종적이라는 평판이 자자했지만, 자신의 말에 항상 복종할 거라는 확신이 필요했던 괄티에리는 지조를 입증할 가혹한 시험들(중세 문학에서 '아내를 시험하는 플롯wife-testing plot'으로 알려진)로 그녀를 시험했다. 우선 그는 고결한 삶이라는 새 옷으로 그녀를 다시 태어나게 만든다는 표면적인 구실을 내세우며 공공장소에서 그리셀다를 발가벗겨 사람들 앞에 세웠다. 하지만 실은 그렇게 함으로써 그리셀다에게 굴욕감을, 그리고 그녀의 몸을 자신과 사람들의 시선의 욕망과 동정에 노출시키기 위함이었다. 이러한 모욕을 감내한 그리셀다는 첫번째 시험을 통과했고, 두 사람은 결혼을 한다. 이후 첫아이가 태어나자, 괄티에리는 아무런 설명 없이 갓난아기였던 딸을 죽이라고 명령한다. 그리셀다는 아이를 빼앗겼지만 어떤 질문도 허용되지 않았다. 그리셀다가 아들을 낳자 또다시 아버지는 아기를 죽이라고 명령한다. 그런데 사실 괄티에리는 아이들을 다른 집으로 몰래 빼돌리고 있었다. 그런 다음, 그는 결혼생활을 끝냈다. 그는 그리셀다의 모든 지위를 빼앗고 다시 발가벗겨 집에서 내쫓았다. 몇 년이 지난 후, 괄티에리는 그리셀다를 하녀로 다시 불러들여 새로 맞이할 아내를 위한 연회를 준비하는 일을 맡겼다. 말이 없고 순종적이었던 그리셀다는 이 제안을 받아들였다. 그러나 새 결혼은 속임수였다—그의 '신부'는 사실 오랫동안 보지 못한 딸이었다. 그리셀다는 지조와 순종에 대한 '보상을 받았고', 마침내 귀족 가문의 아내와 어머니로서의 역할을 인정받게 된다.

나는 아마도 모두 여성일 것이 분명한 내 학생들에게 해줄 이 이야기가 얼마나 웃기고 모순적인지, 그리고 그림의 안과 밖의 노골적이고 우스꽝스러운 남자들의 가식에 얼마나 웃음을 터트릴지 상상하고는 혼자 웃으며, 지독한 여성혐오 이야기의 이런 따분한 '맨스플레이닝'•을 참을성 있게 들었다. 물론 나는 그것이 전혀 웃기지 않다는 것을 알고 있다. 하지만 이런 일은 너무 자주 일어나서 피할 수 없는 질서처럼 느껴지기 때문에 '남자들이란!'이라며 되받아치고 혀를 차면서 폭소와 동지애와 분노로 그것을 대하는 것은 절망하지 않는 하나의 방법이었다. 이 그림이 주는 메시지는 15세기의 신부에게는 불가피한 것이었다. 그들에게 남편은 무슨 일이 있어도 복종해야 하는 '주인'이었다. 학대는 참아내야 했고 결혼과 엄마가 되는 것은 궁극적인 보상이었다. 마지막 패널에서 괄티에리는 그리셀다를 안고 입을 맞춘다. 그러나 르네상스의 스텝포드 와이프•• 같은 그리셀다는 로봇처럼 무표정한 눈으로 우리를 바라본다.

'그리셀다 이야기'를 구성하는 세 개의 패널은 내셔널갤러리의 2300점이 넘는 소장품의 일부분이다. 이 미술관에는 빈센트 반 고흐의 시든 해바라기가 꽂혀 있는 화병, 조르주 쇠라의 아니에르에서 물놀이 하는 노동자들, 레오나르도 다빈치의 「암굴의 성모」 등 사람들이 무척 좋아하는 그림들도 소장되어 있다. 피에로 델라 프란체스카의 「그리스도의 세례」의 강에 비친 구름, 성관계 후에 곯아떨어진 남자의 모습을 재치 있게 표현한 보티첼리의 「비너스와 마르스」에 나오는 페니스가 수축된 마르스, 에드가르 드가의 「머리 빗기기」의 북슬북슬한 솜처럼 느껴지는 붉은 방, 안토넬로 다메시나가 극도로 세밀하게 묘사한 성 히에로니무스의 서재 창문에서 보이는 새의 실루엣 등 내셔널갤러리의 수많은 그림들의 세세한 부분들은 지난

• mansplaining, 남성이 여성에게 잘난 체하며 가르치려 드는 행위.
•• Stepford Wife, 남편에게 순종적인 아내.

20년간 나에게 기쁨을 주었고 영감의 원천이 되어주었다. 그러나 그곳에는 생각지 못한 것들도 있었다. 보지 않을 수 없는 그런 것들이다. '그리셀다 이야기' 그림 앞에서 만난 남자 때문에 짜증이 난 나는 모퉁이를 돌자마자, 목이 찔린 채 바닥에 쓰러져 있는 여자를 발견했다. 그녀의 목 정맥에서 피가 흐르고 있었고 팔뚝에는 깊은 상처가 있었다. 사후경직으로 손목은 이미 갈고리모양으로 굽었고, 둥그런 가슴과 부드러운 곡선의 배는 노골적으로 드러나 있었다. 유일한 목격자인 사티로스와 마스티프종 개는 죽어가는 여자를 멍하니 쳐다보고, 맑고 푸른 지평선은 이 장면의 공포를 누그러뜨린다.

'님프를 애도하는 사티로스'라는 부정확한 제목으로 불리는 피에로 디코시모의 연대 미상의 이 작품의 이야기의 출처는 그리스신화 속 프로크리스 이야기다. 남편 케팔로스를 의심하던 프로크리스는 남편이 사냥하러 간 숲속 덤불에 숨어서 남편을 몰래 지켜보고 있었다. "사랑하는 아우라여, 내게로 와서 뜨거운 열기를 식혀다오"라고 중얼거리는 케팔로스의 말에 동요한 프로크리스는 덤불에서 바스락거리는 소리를 냈고, 야생동물이 있다고 생각한 케팔로스는 덤불 속 아내에게 화살을 쏜다. 남편을 의심한 아내가 맞이하게 되는 비극적인 결말을 경고하는 이야기다.

전시실에서 나가는 길에, 나는 음탕한 두 노인이 목욕하는 젊고 아름다운 여성을 훔쳐보다가 동침하지 않으면 간통으로 고발하겠다고 위협하는 성경 속 수산나와 두 장로 이야기를 스쳐지났다. 고둥모양으로 몸을 웅크리고 백조로 변신한 제우스에게 겁탈을 당하는 님프 레다의 모습도 눈에 띄었다. 리비우스의 『로마사』에 나오는 로마의 귀족이며, 겁탈을 당한 후 가문의 수치가 되었다고 생각해

스스로 목숨을 끊은 루크레티아로 분한 한 여성의 초상화를 바라보며 또다시 몸서리를 쳤다.

술이 달린 보호줄, 주의 깊은 경비원들의 보호, 부드러운 조명 아래, 도금된 액자 속에 들어 있는 이러한 그림들을 보다보면, 어쩐지 남성의 욕망과 폭력이 명백한 자연 질서의 일부인 것처럼 느껴진다. 이 그림들은 여성의 미덕은 용감하게 지켜질 때 보상받으며, 남성의 위협적인 행동은 용인된다는 사실을 찬양하는 듯하다. 이 그림들은 당신이 또다른 남성의 소유이기 때문에(루크레티아 혹은 수산나처럼) 명예라는 가부장적 유대를 더럽히는 경우가 아니라면, 남성의 성적 욕망의 대상이 되는 것은 명예(레다의 경우)임을 널리 알린다. 그리고 그 명예가 훼손될 때는 피해자가 언제나 죄의 대가를 치른다.

미술관의 벽은 어떤 비난이든 흡수하는 신성불가침의 성질을 갖고 있다. 유성물감은 이러한 이야기들의 이중 잣대와 폭력성을 감소시키고 대중을 위한 문화와 문명의 교훈으로 둔갑시켜주는 매체다. 그러나 금박을 입힌 액자, 웅장한 천장, 술이 달린 줄, 자세히 들여다보는 것을 방해하는 보호 유리 아래, 어떤 다른 대안적인 이야기들이 숨어 있는가? 우리가 선뜻 받아들이는 '미美', 미술사적 가치 개념들, '천재성', 그리고 '성취'라는 이름으로 눈감아줄 준비가 되어 있는 당황스러운 그림들은 무엇인가? 이 그림들은 누구의 권력으로, 또 누구의 희생으로 이 자리에 있는가?

벽에 걸린 그림 해설은 판단을 내리지 않고, 예술적 창의력, 성취, 양식 또는 가치에 초점을 맞추는 경우가 많다—그리고 뛰어난 천재성을 보여준다며 주로 남성 화가들을 찬양한다.

주로 남성 화가들.

2300점에 달하는 소장품들 가운데 내셔널갤러리의 전시실에 걸려 있는 여성 그림은 적지 않다. 그러나 실제로 여성이 제작한 작품은 21점에 불과하다.[1] 내셔널갤러리는 아주 최근에 와서야 이러한 모순을 공개적으로 인정했다. 이것은 비단 내셔널갤러리만의 문제는 아니다—여성 미술가의 불가시성은 훨씬 더 광범위하고 만연해 있는 배제 시스템의 한 부분이다. 2019년에 프리랜즈재단Freelands Foundation의 성별 불균형에 관한 연차 보고서에 따르면, 런던의 정상급 상업 갤러리 소속 대표작가의 68퍼센트가 남성이었고, 미술 경매에서 최고 수익을 거둔 작품들 가운데 여성의 작품은 3퍼센트에 불과했다. 대학의 창작예술과 디자인 과정에 재학 중인 여성이 전체의 3분의 2 이상에 이르는데도 말이다.

유색인종 미술가들에 대한 통계는 훨씬 더 나쁘다. '흑인 미술가들과 모더니즘Black Artists & Modernism'이 실시한 국립미술관 감사에서, 영국의 미술관에 영구 소장된 흑인 미술가의 작품이 2000점 남짓이라는 사실이 밝혀졌다. 미국의 경우 2008~18년에 미술관에 작품이 소장된 여성 미술가들 중에서 아프리카계 미국인 여성은 겨우 3.3퍼센트뿐이었다(5832명 중 190명).[2]

이와 같이 창작자와 전문가로서 여성의 부재는 권위 있는 공공미술관들뿐 아니라 도시의 공공장소에서도 느껴진다. 영국의 공공기념물 및 조각협회The Public Monuments and Sculpture Association가 구축중인 데이터베이스에는 828점의 조각작품들이 등록되어 있는데, 그중 겨우 5분의 1이 여성 조각이다. 그러나 이 수치는 여성들의 신체 조각을 나타낸다. 님프와 포괄적인 누드의 여성 인물(예컨대, 알레고리를 재현하거나 지리적 장소들을 상징하는) 조각을 빼면, 여성 유명 인사의 조각품의 실제 수는 총 828점에서 80점으로 줄어든다. 이중 거의 절반이 왕족이고, 대다수는 성모마리아다. 여성 정치인 조각은 단 한 점도 없다. (이와 대조적으로, 영국 전역의 공공장소에 설치된 유명 남성 정치인 조각상은 65점에 이른다.)

역사적으로 여성에게는 보는 것이 허락되지 않았다. 공부를 하고 전문적인 직업의 영역으로의 진입이 저지된 여성들에게는 책을 읽는 것도, 세상을 바라보는 것도 허용되지 않았다—더 구체적으로 말하면, 여성들이 도전하고 싶은 무언가를 발견하면 안 되기 때문에 남성들의 세상을 보지 못하게 했던 것이다. 이러한 제약은 또한 의사이든 화가이든 상관없이 역사적으로 여성들에게는 몸을 보는 것이 금지되었음을 의미한다. 이 특권은 여성들의 신체가 작용하는 방식뿐 아니라 회화와 조각부터 의학서, 영화와 정치 풍자만화에 이르는 모든 부분에서 여성의 신체가 보이는 방식에 관한 거의 전적인 통제권을 남성들에게 부여한 것이나 다름없다—그리고 이러한 재현들이 여성들 스스로가 자신을 보는 수없이 많은 방식들을 반드시 반영하는 것은 아니다.

사람들이 가장 좋아하는 그림들 중 일부는 여성들에게 '보는look 행위'를 금지하는 것과 연관되어 있다. 런던의 테이트브리튼미술관에 전시되어 있는 존 윌리엄 워터하우스의 「샬럿의 여인」(1888)은 영국인들이 가장 좋아하는 그림을 꼽는 설문조사에서 꾸준히 언급되는 작품이다. 이 그림의 주제는 앨프리드 테니슨 경이 1833년에 발표한 동일한 제목의 시에서 나왔다. 카멜롯성 안에 갇힌 한 여성의 이야기다. 창밖을 내다보면 안 되는 저주에 걸려 거울을 통해서만 바깥세상을 보고 거울에 비친 광경을 베로 짜면서 지내던 여자가 있었다. 이런 식으로 세상을 보는 게 지긋지긋해진 그녀는 어느 날 몸을 돌려 창밖으로 지나가는 기사 랜슬럿을 보고 사랑에 빠진다. 이 때문에 그녀는 죽음을 맞이하게 된다. 저주가 내려지고, 하얀 드레스를 입은 샬럿의 여인은 배에 올라, 테니슨이 시에서 노래한 대로 "그녀의 눈이 완전히 어두워지고 그녀의 매끄러운 얼굴이 서서히 날카로워질" 때까지 강을 떠내려간다. 남편의 화살에 맞은 프로크리스의 운명처럼, 이 이야기는 보는 여성들에게 닥치는 위험에 관해 말한다.

꽃 그림과 풍경화는 아마추어 '숙녀-화가lady-painter'에게 매력적인 재능 중 하나로 허용되었지만, 미술 아카데미들의 전문교육에서 여성은 배제되었다. 20세기까지도 공식적인 아카데미 미술교육은 미술의 기본으로 누드 드로잉에 통달하는 것을 강조했고, 교육은 '실물 모델 그리기 수업' 또는 '해부학 수업'의 형태로 이루어졌다. 그리고 누드모델, 특히 남성의 누드는 인간성, 문화와 문명, 종교 등과 연관된 고귀한 사상들을 전달하는 그러한 종류의 그림과 조각을 위한 기반을 제공했다—공공장소의 조각상으로, 혹은 벽화, 교회의 제단화, 권력자의 궁전 천장화로 그려진 그러한 주제들. 미술 속 남성의 누드는 고대 그리스에서 처음 등장했을 때부터 영웅적 행위, 권력, 그리고 지성과 연관되었다. 이후, 백인 남성의 누드 이미지들은 고전 고대라는 절대적으로 옳은 시대와 유럽의 백인 문명과 연관되어 인상적이라고 간주되었던 모든 것뿐만 아니라, 모든 가치 있는 문화적이고 지적인 관념들의 표준적인 기표가 되었다.

누드 남성의 신체를 관찰하고 알고 있는 여성 집단에 대한 생각만으로도 매우 불안해졌기 때문에 적어도 19세기 말, 심지어 영국에서는 20세기 중반까지도 여성들은 전문적인 미술교육을 받을 수 없었다. 1768년 영국의 왕립아카데미 창립회원들 중에는 안젤리카 카우프만Angelica Kauffman과 메리 모저Mary Moser—아카데미의 조직적인 성차별을 돌파한 두 여성 화가—가 있었다. 하지만 요한 조파니가 아카데미 창립회원들의 단체 초상화를 그리려고 했을 때 두 여성 화가의 존재가 문제시 되었다. 「왕립아카데미 회원들」(1771~72)에서, 교양 있는 한 무리의 남성들이 영감으로 반짝이는 눈과 신에 가까운 무언가를 알아본 표정으로 남성 누드모델 한 명을 경건하게 응시하고 있다. 전경에서 관람자를 쳐다보는 다른 남성 모델은 앉아서 태평스럽게 긴 양말을 벗어 발아래 옷 무더기에 올려놓는다. 그의 옆에 서 있는 초록색 상의를 착용한 남자는 여성의 누드 토르소에 지팡이를 올려놓았다. 조파니의 이 그림은 '위대한' 미술작품의 제작에 있어 누구의 몸이 중시되고 누구의 몸이 고깃덩어리처럼 취급되는지 확실하게 알려준다.

작업실의 두 누드 남성들의 존재는 그 여성이 화가이든 창립회원이든 상관없이 이 장면에 여성이 등장할 가능성을 완전히 지워버렸다. 조파니는 여성 회원인 모저와 카우프만을 포함시키기 위해 그들의 초상화를 그려서 벽에 걸었다(오른쪽의 검은 옷을 입은 두 남성의 위). 그들은 사람이 아니라 초상화로 등장한다. 달리 표현하면, 여성들—심지어 중요한 화가일지라도—은 세상을 직접 보는 모습이 아니라 다른 사람들에게 보이는 모습으로만 그려질 수 있었던 것이다.

이러한 집단들 내에서 존재감이 매우 약했던 이 두 명의 18세기 여성들이 세상을 떠난 후, 1936년까지 왕립아카데미의 정회원으로 선출된 여성은 없었다. 그러므로 1768년부터 1936년까지 영국의 왕립아카데미에는 단 한 명의 여성 화가도 없었던 셈이다.

작업실에서 나체의 남성들을 보면서 펜이나 붓으로 그들의 신체를 멋대로 조작하는 여성들에 대한 불안감이 모든 것의 핵심이다. 본다는 것looking, 그리고 보는 사람이 누구이고, 예술품을 만드는 사람이 누구인가 하는 문제는 우리가 처음 생각한 것보다 더 권력 및 통제와 관련이 있다. 이는 자신들의 버전으로 이야기를 하는 사람은 누구이고, 누군가를 대상으로 만드는 사람은 누구인가와 연관된다. 그리고 역사적으로 남성과 여성의 몸을 바라보는 시선은 항상 달랐다.

최근까지도 남성들은 문화적인 이미지 창작을 거의 독점했기 때문에, 이 책에서 앞으로 우리들이 만나게 될 온화하고 인내심 강한 성모마리아에서부터 언제든 볼 수 있는 관능적인 비너스 핀업 사진 또는 무서운 마녀에게 괴롭힘을 당하는 연약한 처녀에 이르기까지, 여성들이 보이고 행동하는 방식에 영향을 주었던 전형적인 여성성의 구축 역시 통제할 수 있었다.

가부장제가 여성들을 견제하고 제한하기 위해 여성들의 이미지를 어떻게 활용했는지, 그리고 이러한 원형들이 미와 취향에 관한 생각뿐 아니라 민족의 정체성, 정치권력, 섹슈얼리티, 그리고 인간다운 게 무엇인지에 대한 우리의 가장 깊은 두려움과 기대에 관한 생각들을 형성하면서 어떻게 현대 문화로 이어지는지 살펴볼 것이다. 결국, 역사적인 이미지들은 창작 당시의 맥락을 넘어서는 삶과 이야기를 갖고 있다. 모든 사람이 서양의 미술관에 가지는 않더라도, 현재를 살아가는 사람들은 광고와 소셜미디어의 자본주의적인 영향을 피할 수 없다—거기서 역사적인 여성의 이미지들은 뮤직비디오부터 분유 광고, 앨범 표지와 패션사진에 이르기까지 대중문화에 영향을 미친다. 일부 미디어는 이러한 유산을 대놓고 모방한다. 루브르박물관에서 촬영한 팝스타 비욘세와 제이지의 「흥분한Ape-shit」 뮤직비디오, 르네상스 화가 보티첼리의 그림을 베낀 리복 운동복 광고, 미술관에 걸린 비스듬히 기댄 여성들이나 온순한 여성들에게 영감을 받은 패션과 라이프스타일 사진 등이 그러한 예다. 순수미술과 문화적 이미지들의 유산이 우리가 공유하는 시각언어의 일부분이 됨에 따라, 더 많은 사람들이 암묵적으로 영향을 받는다. 그리고 우리가 내셔널갤러리에서 본 것처럼 이러한 이미지들은 대개 여성을 대상화하고 여성에 대한 폭력을 정당화하며, 인종적 다양성을 용납하지 않거나 노화와 비표준적인 신체와 성적 취향을 악마화한다.

그리고 여성 미술가들이, 문화의 여성혐오적인 유산을 드러낼 뿐 아니라 여성들의 일의 가치와 여성들의 쾌락, 섹슈얼리티, 권력의 정치학에 대해 다시 생각해보도록 우리를 도와주는 이미지들을 활용해 이러한 각본들에 이의를 제기하는 방식에 대해서도 살펴볼 것이다.

우리가 그것을 어디에서 발견하든 상관없이, 그림은 중립적이지 않다. 그림은 해로울 수 있고 강력한 힘을 가지고 있을 수도 있다. 그림은 자신과 타인에 대한 태도를 형성하고 무엇보다도 역사, 문화, 인종, 성정체성 등에 대한 이해를 지속하는 데 도움을 준다. 여가 혹은 성취와 미의 감상이라는 모습으로 우리에게 다가오는 이러한 힘은 대부분 조용하고 은밀하다.

미술사는 엘리트주의적이며 종종 현실성이 없다는 평가를 받고 있고, TV 인기 미술사 프로그램에 정장을 차려입고 나와 취향과 기교에 대한 비평을 하는 (일반적으로 백인 남성) 미술 감식가라는 틀에 박힌 이미지로 우리에게 받아들여진다. 그러나 미술사는 유한계급의 사치품 감식, 혹은 와인 시음과 수공예품 쇼핑을 오가는 휴일의 문화 탐방에 정보를 제공하는 배경지식보다 훨씬 더 많은 것을 우리에게 준다. 미술사는 여성의 일상적인 이미지들이 신체수치•에 관한 생각에 얼마나 깊이 뿌리내리고 있는지, 르네상스 회화가 어떻게 강간문화에 대한 대화들을 시작할 수 있게 만들었는지, 고전적 괴물 메두사 그림들이 어떻게 백인 민족주의 및 우월주의와 연관되는지, 혹은 라이프스타일 블로그들이 어떻게 네덜란드 황금시대 그림들과 마찬가지로 아내의 미덕들에 관한 생각들을 고취시키는지를 우리가 이해하는 데 도움을 줄 수 있다.

이 문제를 제기한 것은 내가 처음은 아니다. 반세기 동안, 페미니즘 연구자들은 여성혐오의 문화적인 파장에 대해 목소리를 냈다. 그리고 이러한 개념들 중 일부가 주류 학계에서 논의되기 시작했다. 이미지, 영화, 연극, 문화적 작업들의 대부분이 암시된 남성 관람자의 만족과 즐거움을 위해 생산된다는 '남성의 응시' 개념, 또는 어떤 사람을 복합적인 한 인간이 아니라, 그를 보는 사람에 대한 그의 성적 매력이 가치의 기준이 되는 사람으로 제시되는 '성적 대상화'

• body shame, 다른 사람의 외모에 대한 조롱.

개념이 그러한 예다.

40여 년 전, 미국의 미술사학자 린다 노클린은 유명한 에세이 「왜 위대한 여성 미술가는 없었는가?」에서, 여성 미술가들에 대한 제도적인 배제를 이야기했고, 일부(일반적으로 백인 남성의) 미술과 미술가에게 주어진 '위대함'이라는 미화된 범주에 관해 다시 한번 생각해보라고 요청했다.

그 이후, 미술관에 부재한 여성들을 발굴하고 그들을 간과한 역사적 기록들을 정정하기 위한 다양한 프로젝트들이 나왔다. 1972년에 엘리자베스 브룬과 앤 갭하트가 공동 기획한 전시 〈옛 여성 대가들Old Mistresses〉은 프로젝트 초기의 예다. '옛 여성 대가들'이라는 제목은 미술과 미술가에 관한 논의에 사용되는 언어가 성별에 따라 얼마나 심하게 편향되는지를 보여준다. '옛 거장Old Master'이라는 용어가 위상, 가치, 그리고 레오나르도 다빈치나 렘브란트 같은 유명 화가들의 존중받는 주요 작품 목록에 포함 등을 전달하는 반면, 비슷한 시기에 활동한 여성 미술가들을 지칭하는 그러한 용어는 존재하지 않는다. '여성 대가'•는 완전히 다른 성적인 의미를 가지고 있다.[3]

나는 이 책에서 줄곧 '여성 미술가'라는 용어를 사용한다. 그러나 이 용어 사용의 위험성에 대해 언급할 필요가 있다. 성별화된 구별은 미술가의 기본 정체성이 남성이고, 여성 미술가들은 전복적인 예외라는 사고를 강화한다(예컨대 우리는 여성들의 전문적인 지위를 약화시키는 '여의사' 혹은 '여판사'라는 말을 무심코 내뱉는다). 대신 미술사학자

• 여기서 사용한 mistress는 '기혼 남자의 정부'를 뜻하는 의미도 갖고 있다.

그리젤다 폴록이 제안한, 성별을 표시하는 데 적절한 '미술가-여성artist-woman'이라는 용어를 사용해도 괜찮다.

새로운 책의 출간과 전시회 개최 등으로 여성들의 문화적인 공헌을 더 부각시키려는 많은 노력들이 이어지고 있지만, 회화의 생산과 관련해 그것이 왜 그렇게 중요한지에 대해 생각해보는 것 역시 대단히 중요하다. 1985년부터 게릴라 걸스Guerrilla Girls로 알려진 익명의 여성 미술가-활동가들은 여러 미술관과 기관의 벽에 붙인 포스터에서 성별과 인종의 불평등을 부르짖었다. 이들의 1989년 포스터는 우리가 이러한 주변화에 관심을 가져야 하는 이유를 명확하게 알려준다. 즉, "여성 미술가와 유색인종 미술가의 시각을 배제한다면, 당신은 그림의 반도 못 보고 있는 것이다."

페미니즘 미술사학자와 미술가들만 이러한 비판의 목소리를 낸 것은 아니다. 문화·문학비평가 존 버거의 저서 『다른 방식으로 보기』는 1972년 초판이 나온 이후, 100만 부 넘게 판매되었고 지금도 여전히 판매되고 있는 책이다. 버거는 사진과 광고 같은 일상생활 속 이미지들이 어떻게 전통적인 유럽 미술의 이미지들을 모방하는지를 이해하는 틀을 처음으로 세운 사람이다. 게다가 그는 이에 대한 명확한 이해가 어떻게 '본다는 것' 자체의 정치학에 관한 논의들이 시작되도록 만들었는지 보여주었다.

회화의 역사에서 "남자들은 행동하고 여자들은 자신의 모습을 보여준다"라는 존 버거의 상징적인 경구警句는 여성들이 그들이 '보는 모습'이 아니라 그들이 '보이는 모습'으로 묘사되어왔다는 성별화된 권력 역학을 적절하게 요약한다. 그런 다음, 존 버거는 현실에서 남성의 응시가 여성의 삶에 미치는 영향에 대해 언급하는데, 여

YOU'RE
SEEING
LESS
THAN
HALF
THE
PICTURE

WITHOUT THE VISION OF WOMEN ARTISTS AND ARTISTS OF COLOR.

Please send $ and comments to:
Box 1056 Cooper Sta. NY, NY 10276 GUERRILLA GIRLS CONSCIENCE OF THE ART WORLD

게릴라 걸스, 「당신은 그림의 반도 못 보고 있는 것이다」, 1989년, 테이트미술관, 런던.
©Guerrilla Girls, guerrillagirls.com 제공

성은 "자기 존재의 모든 면과 자기가 하는 모든 행동을 늘 감시해야 한다. 왜냐하면 그녀가 타인에게 어떻게 보이느냐 하는 것이, 그리고 궁극적으로는 남자들에게 어떻게 보이느냐 하는 것이, 그녀 인생의 성공 여부가 걸려 있는 가장 중요한 사항이라고 일반적으로 생각되기 때문이다".

주류 학계의 이러한 개념들의 유산에도 불구하고, 여성들이 보는 방식과 보이는 방식에 관한 논의들은 점점 자취를 감추고 있다. 일반 청중에게는 지나치게 전문적이고 학술적이며 급진적인(너무 짜증나는) 이러한 지식은 자꾸 모호해지는 경향이 있다. 하지만 여성, 미술, 그리고 여성의 미술에 관한 대화는 아직 끝나지 않았다. 그러므로 나는 이 책이 그러한 점에서 도움이 되기를 바란다. 여성의 신체 그림에 대한 공개적인 토론들은 계속해서 격앙된 논쟁을 유발하고 있다. 2017년 말, 뉴욕 메트로폴리탄미술관에 전시된 그림에 대한 정보를 변경해달라고 큐레이터에게 요구하는 청원에 수천 명이 서명했다. 문제의 작품은 「꿈꾸는 테레즈」라는 제목의 그림이며, 머리 위에 손을 올린 채, 눈을 감고 기분 좋은 몽상에 빠진 열두 살 소녀를 관음증적인 시선으로 묘사하고 있다. 1938년에 이 그림을 그린 폴란드계 프랑스 화가 발튀스는 여덟 살 밖에 안 된 어린 소녀들을 정기적으로 자신의 작업실로 불러 나체로 모델로 세워서 논란이 된 화가다.

이 그림에서 소녀는 양다리를 벌리고 한쪽 다리는 앞에 놓인 스툴에 올려놓고 있다. 소녀의 다리 사이로 거싯gusset이라 불리는 흰색 속바지가 보인다. 전경에는 고양이가 우유 접시를 핥고 있다. '그림 읽는 법'에 따라 이 그림을 살펴보면, 소녀의 세운 무릎은 가랑이를 덮은 흰색 거싯을 거쳐 접시(역시 흰색)에 입을 대고 우유를 할짝거리는 고양이의 머리로 이어지는 축을 형성한다. 이러한 배열은 외적으로 발현된 소녀의 몽상의 정체를 분명하게 암시한다.

청원자들은 작품의 철수가 아니라 아동 성애화 그림이라는 사실의 인정을 요구했다. 더구나 이 그림을 그린 화가는 그의 당대에 출간된 블라디미르 나보코프의 소설 『롤리타』의 등장인물 험버트—어린 소녀에게 성욕을 느낀 남성—와 비슷하다는 논란이 있었던 사람이었다(화가로 활동하는 내내 발튀스는 자신에게 그 어떤 성적인 의도도 없었다고 반복해서 말했고, 그러한 성적인 추측은 관람자의 투사된 성도착에 기인한 것이라고 주장했다).

이 청원과 매스컴의 보도는 수많은 어려운 문제들을 제기했다. 메트로폴리탄미술관은 성경험, 특히 사춘기 아동의 막 피어나는 욕구는 불편하더라도 인간 조건의 실상이므로 미술이 다룰 수 있는 모티프이고, 따라서 그것을 탐구하고 기록하는 것은 미술의 역할이라고 소리 높여 외쳤다. 하지만 정확히 이러한 탐구를 하고 있는 사람에게 여전히 난관이 남아 있다. 발튀스의 그림은 은밀하게 꽃피는 소녀들의 섹슈얼리티에 대한 한 개인의 고유한 표현이 아니다—그것은 성인 남성에 의해 각색된 한 소녀의 내밀한 성생활이다.

어떤 이들은 이러한 요청을 인간의 욕망에 대한 금욕적이고 폭력적인 탄압으로 보았던 반면에, 또다른 사람들은 우리 사회가 소아성애를 법률로 금지하는 동시에 발튀스 그림 속 소아성애는 어린 여성에 대한 광범한 성애화의 예로 보며, 특히 최근에 터져나온 미투 운동의 분위기 속에서 암묵적으로 낭만화하는 위선을 강조했다.

메트로폴리탄미술관이 이 그림을 철거하거나, 그림 설명에 성인과 미성년자의 성관계에 대한 암시가 있다는 내용을 추가하여 수정하기를 거부하자, 수정 반대의 목소리를 내는 사람들은 문제를 제기한 이들이야말로 '진정한 미술'이 뭔지 모른다며 우쭐대는 기사들을 쏟아냈다—남성과 여성 모두 이러한 기사를 썼다. 완곡한 어조였지만 이 청원을 처음 시작한 메릴을 '인사담당자'라고 지칭할 때는 우월감마저 드러났다. 메릴과 1만1000명이 넘는 청원자들은 미술 전문가가 아니라 문외한이기 때문에 발튀스의 그림 앞에서 자신들이 느낀 바를 말할 자격이 없다는 것이다.

몇 주 후 영국의 맨체스터미술관에서 큐레이터의 개입을 두고 이와 비슷한 여성의 신체와 검열에 관한 논란이 불거져나왔다. 큐레이터 클레어 개너웨이와 미술가 소니아 보이스는 미술관 직원들에 대한 연구와 그들과의 토론들을 통해, 맨체스터미술관에서 일하는 여성의 다수가 미술관 벽에 걸린 그림에서 성별이 재현되는 방식—특히 여성에 대한 착취와 성애화가 지배적인 공공 토론이었던 분위기에서, '팜파탈' 또는 아름답지만 수동적인 인물로 여성을 묘사하는 경향이 있는—에 관해 할 말이 있음을 알게 되었다.

보이스는 문화의 문지기들이 우리에게 문화의 어떤 이야기를 제공할지를 결정하는 사람은 누구인가에 대한 질문과, 권력과 취향에 관한 질문들을 할 수 있도록 전시실 벽에 공간을 마련하기로 결정했다. '아름다움을 찾아서'라는 이름이 붙은 전시실에서 존 윌리엄 워터하우스의 그림 「힐라스와 님프들」(1896)이 일주일간 내려졌다. 이 그림이 있던 자리는 관람자들이 노란 포스트잇에 댓글을 써서 붙일 수 있도록 비워두었다. 이는 좀더 현대적인 시각으로 맨체스터미술관의 소장품을 바라보는 것을 목표로 하는 일련의 '개입'이었다.

「힐라스와 님프들」은 고대 시에 나오는 이야기에 대한 빅토리아 시대의 환상이다. 가슴을 드러낸 긴 머리의 호수 님프들이 헤라클레스의 동성 연인인 소년 힐라스를 유혹해 물속으로 끌어당긴다. 빅토리아시대의 사람들이 심취했던 성적으로 매력적이지만 사악한 팜파탈의 예다.

이와 같은 개입을 두고, 언론에서는 엇갈린 의견들이 나왔고 트위터에서는 분노가 터져나왔다. 보수주의자들은 "애초에 '가짜' 현대미술 큐레이터가 「힐라스와 님프들」 같은 진짜 미술에 개입하도록 놔두는 이유가 무엇이냐"는 의견을 트위터에 올렸고, 다른 이들은 재빨리 힐라스가 아니라 여성들이 포식자 역할로 그려졌다는 사실을 강조했으며, 어떤 이들은 검열의 위험성에 대한 목소리를 높이면서도 페미니스트를 ISIS에 비유했다. 미술관 웹사이트의 게시판에 올라온 수많은 반응들 중 하나는 "이를 통해 토론을 유도하는 것은 정말 위험하다"라는 것이었다.

이 토론은 맨체스터미술관을 벗어나 온라인으로 퍼져나갔지만, '아름다움의 추구'에 할당된 전시실에서 오직 미의 한 가지 유형—젊은 백인—만이 표현되었다는 사실은 예상과 달리 부각되지 않았다. 거의 대다수의 사람들이 금욕주의적인 '검열' 행위로 잘못 이해한 보이스의 개입에 대한 분노가 놓치고 있는 또 한 가지 사실은 「힐라스와 님프들」(발튀스의 「꿈꾸는 테레즈」와 마찬가지로)이 당돌하고 매력적이고 대상화된 사춘기 여성의 아름다움과 섹슈얼리티의 남성 버전이라는 점이다. 더 중요한 사실은, 워터하우스의 이 작품은 젊은 여성의 섹슈얼리티를 찬양하는 그림이 아니라 위험하고 해로운 것이라는 부정적인 시각을 드리운다는 점이다. 이러한 생각은 어린 여성의 신체에 대한 현실의 태도에 반영되었고 계속해서 반영되고 있다. 적어도 내 생각에는 검열에 관한 그 어떤 문제보다도 '위험하다'.

유색인종 여성 미술가인 소니아 보이스가 이러한 백인 남성의 미와 섹슈얼리티에 대한 시각에 감히 도전했다는 사실은, 그러한 시각을 신성불가침의 영역으로 지켜야 한다는 열망을 고취시켰다. 그러므로 그녀의 개입은 회화에서 여성에 대한 특정한 묘사의 금지나 어린 여성의 성애화에 대한 이의제기와 아무런 상관이 없었다. 그 대신, 이미지들이 우리에게 얼마나 깊이 연관되어 있고 영향을 미치는지, 우리가 이미지들을 옹호하기 위해 얼마나 맹렬히 돌진하는지, 그리고 이미지들이 어떻게 우리의 삶을 더 좋게 그리고 더 나쁘게 만드는지를 드러냈다.

메트로폴리탄미술관과 맨체스터미술관의 두 사례는 소장품, 이미지, 미술작품의 의미가 고정되어 있지 않고 어수선한 외부세계에 따라 수시로 변한다는 사실을 분명히 했다. 최근 몇 년 동안 인종차별 반대운동과 4세대 페미니즘운동은 우리가 정상적이거나 일상적인 것으로 당연하게 받아들였던 것들을 되돌아보게 했다. 수십 년 또는 수백 년 동안 우리 곁에 있었던 식민주의나 제국주의적 폭력을 찬양한 조각들이 철거되었고, 새로운 조각들이 그 자리를 차지했다. 유색인종을 비하하는 광고 이미지들은 퇴출되었다(제미마 아줌마와 벤 삼촌이 그 예다). 우리가 좋아하고 자라면서 계속 봐온 영화나 미술작품의 의미는 재검토되었고, 그것의 정략은 의심되었으며, 그것이 고양시키는 가치들—인종, 여성의 신체에 관한—은 다시 검토되었다. 미술관과 갤러리는 그들이 역사적 진실이라고 홍보하는 그러한 형태의 문화에서 여성과 유색인종이 배제된 것을 재조정하려고 노력했기 때문에 전시실의 벽에서 누구의 이야기를 보여주고 찬양할지 고심하지 않을 수 없게 되었다.

이러한 토론들에 대한 대중의 엄청난 반응은 과거의 미술이 특권화된 지식에서 자유로워야 하고 현재의 생생한 경험에 대해 말할 수 있어야 한다는 사실을 더 분명히 해주었다. 미술과 문화는 젠더와 인종, 그리고 재현의 정치학에 관한 토론들과 떼어놓고 생각할 수 없다. 바로 그 중심에 미술과 문화가 있다.

나는 당신이 유명한 이미지들을 다시 보기를 바란다. 단, '편향된' 시선으로 보는 일은 없어야 한다. 현재 활발하게 진행되는 여성과 여성의 신체에 관한 토론에서 그러한 이미지들이 어떻게 조명되는지 이해하기 위해서는 다른 시각으로 접근할 필요가 있다.

이 모든 것을 염두에 두고, 비너스—신화 속 미와 사랑, 섹스의 신—로 이야기를 시작해보자. 우리는 비너스가 여성성 자체를 상징한다고 믿고 있지만, 비너스의 몸은 수치심, 욕망, 인종, 성에 관한 토론들이 벌어지는 일종의 전쟁터다.

1 비너스

런던 내셔널갤러리의 30번 전시실은 거대한 보석상자다. 진홍색 다마스크 직물로 화려하게 장식된 호화로운 홀에는 17세기 스페인의 '걸작들'이 걸려 있다. 이곳에는 단 한 점의 누드화가 있다. 등을 돌리고 누워 있는 젊은 여성의 나체다. 침대 시트는 섹스를 기약하며 동요하고 면과 실크 시트는 그녀 몸의 곡선대로 주름져 있다. 이 여자는 매우 잘록한 허리, 복숭아 같은 엉덩이, 잡티 하나 없이 진주처럼 반짝이는 피부를 갖고 있다. 미술관을 방문한 사람들이 하루 종일 그녀의 몸을 보려고 우르르 몰려들었다 흩어진다. 하지만 그녀는 그들의 관음증을 전혀 개의치 않는 듯하다. 배가 볼록한 날개 달린 아기가 들고 있는 거울 속 그녀는 자신의 몸을 바라보는 우리를 보고 있다. 미소를 짓지도, 노려보고 있지도 않다. 무서워하거나 불안해 보이지도 않는다—놀라는 것 같지도 않다. 그녀는 자신을 보고 있는 당신을 쳐다볼 뿐이다. 어쩔 수 없음을 알고 있으니까.

아무튼 이 여자는 오랜 세월 이 자리를 지켰다. 미술관에 온 사람들은 느린 걸음으로 그녀를 지나치면서 "아름답네"라는 말을 무심코 내뱉고, 아마추어 화가들은 그녀 몸의 곡선을 따라 그린다. 저명한 남성들의 그림이 그녀를 에워싸고, 마치 보초병처럼 양옆에서 그녀를 지킨다—한 명은 대주교이고, 다른 한 명은 왕이다. 이들은 이 여자를 지키고 있는가, 소유하고 있는가? 답하기 어려운 문제다.

이 여자는 신화 속 미와 사랑의 신 비너스다. 그러나 있는 그대로 보자면 실오라기 하나 걸치지 않은 여성, 다시 말해 1640년대 말에 엘리트 사회의 다른 남성들과 토론하고 과시할 미술 수집품의 선망의 대상이 되는 트로피 혹은 은밀히 즐기려는 남성 후원자를 위해 이 작품을 제작한 남성 화가 디에고 벨라스케스를 위해서 비너스로 분한 여성을 그린 것이다. 작품의 주문 배경에 대한 기록은 남아 있지 않지만 완성 직후였던 1651년부터 카르피오 후작이 소장하고 있었다. 벨라스케스의 현존하는 유일한 누드화이자, 부유한 남성의 권력과 지위를 과시하는 귀중한 유물로 소개되는 이 그림은, 벨라스케스가 성과 사치를 엄격하게 통제했던 17세기 스페인의 종교적인 환경을 피해 더 관용적인 이탈리아에 체류하던 시기에 제작된 것으로 보인다. (그는 위험을 감수하고 이 그림을 그렸다. 17세기 스페인에서는 누드의 여성을 그린 화가는 파문을 당했다.)

'로크비 비너스Rokeby Venus'는 이 그림의 원래 제목이 아니다. 1906년에 그림이 내셔널갤러리에 들어오기 전에 걸려 있던 장소들 중 한곳과 연관된 제목이다. 1813년에 J. B. S. 모릿은 이 그림을 구입하고 로크비파크의 자택에 걸었다. 1820년에 친구 월터 스콧에게 쓴 편지에서 빛이 비너스의 엉덩이를 돋보이게 하기 때문에 벽난로 위에 이 그림을 걸었다고 설명하고, 여성들이 이 그림을 보고 얼마나 당황해하는지도 언급했다.4 이 영국인의 저택으로 가기 전에 그림은 스페인의 재상 마누엘 고도이가 소장하고 있었다. 역사적으로 이 그림을 소유했던 남성 권력자들이 편안하게 보고 싶어했던 것이 무엇인지 (적어도 부분적으로) 짐작할 수 있다. 그러나 벨라스케스의 비너스는 100년이 넘는 긴 세월 동안, 내셔널갤러리를 누비는 학생들과 관광객들 사이에 전시되어 있었던 '(영국의) 국민 비너스'다. 가이드의 안내로 이 그림 앞에 선 단체 관람객들은 벨라스케스의 대단한 성과를 우러러보거나 그림 속 시선들의 움직임—자신을 바라보는 우리를 응시하는 비너스—에 놀림을 당한다. 그리고 무엇보다도 나체의 여성 그림에서 영감을 얻고 교육을 받으며 깨우친다.

누가 그런 걸 시시콜콜 따질까 싶을 정도로 미술관에 걸린 여성의 누드는 너무나 당연한 것이 되었다. 현재 내셔널갤러리에는 이 비너스 외에도 수많은 여성 누드화가 전시되어 있다. 비너스는 고대 신화의 사랑과 다산, 아름다움의 신이고, 고대 그리스와 로마의 문화적 권위에 대한 흔들림 없는 믿음을 상기시키는 존재다. 비너스는 대문자 'A'로 표기되는 예술Art을 의미한다. 훌륭한 예술. 고급문화. 신뢰할 수 있는 가치. 존중되어야 하는 미의 전통. 미술관의 기념품 숍을 돌아다녀보라. 문화산업의 신화 만들기의 수단인 엽서에도 비너스가 있다. 당신은 비너스 포스터를 사서 집으로 가져오거나 비너스가 프린트된 면 토트백을 멜 수 있다. 비너스는 최고 인기 상품이다.

신화 속 비너스는 성과 사랑, 다산과 아름다움, 그리고 응시와 찬양을 정당화하는 인간의 모든 측면이 함축된 이름이다. 하지만 나

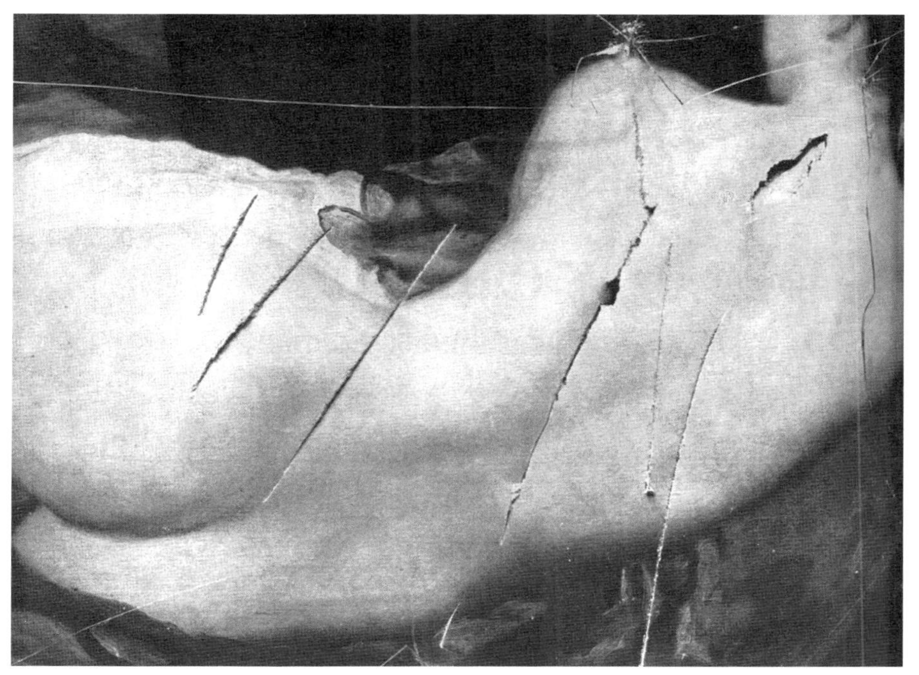

『일러스트레이티드 런던뉴스』, 1914년 3월 14일 또는 1966년 1월부터 3월 발행된 『런던 라이프 매거진』에 게재된 출처가 불분명한 사진. © Illustrated London News Ltd/Mary Evans

는 내셔널갤러리 30번 전시실의 유일한 누드화로서 저명한 남성들의 초상화 사이에 걸려 있는 「로크비 비너스」는 부유한 남성의 노리개와 다를 것 없다는 생각을 하게 된다.

「로크비 비너스」와 관련된 중요한 이야기가 있다. 그러나 전시실 어디에서도 그러한 이야기를 찾을 수 없다. 「로크비 비너스」에게 너무 가까이 다가가면 경보음이 울린다. 그녀를 보호해야 하기 때문이다. 그녀는 다친 적이 있었다. 몸을 자세히 들여다보면 봉합선들이 보일 것이다. 상처는 잘 가려졌지만 그녀의 등과 둔부에는 긴 은색 선들이 남아 있다. 1914년 3월, 서프러제트• 메리 리처드슨Mary Richardson이 코트 속에 식칼을 숨기고 내셔널갤러리로 들어왔다. 조용히 벨라스케스의 그림으로 다가간 그녀는 칼로 캔버스를 난도질하여 희고 매끄러운 비너스의 몸에 깊은 상처를 남겼다. 내셔널갤러리의 가장 중요한 누드화를 지키기 위해 경비원들이 그녀에게 달려들었고, 별 저항 없이 체포된 리처드슨은 경찰서로 이송되었다.

언론은 이 사건을 두 가지 유형의 여성성에 관한 이야기로 보도했다. 한편에는 수동적인 희생자로 되살아난 난도질된 캔버스, 즉 상처 입은 이상적인 여성성의 본보기를 상징하는 매력적인 비너스 그림이 있었고, 다른 한편에는 훗날 '슬래셔 메리Slasher Mary'로 불리게 되는 일탈한 여성의 괴물 같은 전형인 메리 리처드슨이 있었다. 그들의 파괴적 충동은 공공 재산을 존중하거나 정치적 책임이 따르는 일을 그들에게 맡길 수 없다는 증거로 받아들여졌다.

그러나 메리 리처드슨의 그림 훼손은 세간의 이목을 끌려는 무

• suffragette, 20세기 초 영국의 여성참정권운동가.

분별한 반달리즘 행위가 아니었다. 비너스를 파괴할 사명이 있었던 그녀는 자신의 행동을 다음과 같이 정당화했다.

> 근대 역사에서 가장 아름다운 인물 팽크허스트를 죽이려는 정부에 대한 항의의 표시로 신화의 역사에서 가장 아름다운 여자 그림을 파괴하려고 한 것입니다.[5]

리처드슨은 여성참정권운동을 이끈 에멀린 팽크허스트를 비롯해 투옥된 서프러제트들의 무자비한 처우에 대해 말하고 있다. 교도소는 수감자들에게 강제로 음식을 먹였고, 경찰은 자신의 삶이 어떻게 통제되고 있는지에 대해 말할 권리를 요구한 여성들을 길거리에서 구타하고 중상을 입혔다. 메리 리처드슨은 비너스를 공격하여, 세상의 절반인 여성의 실제 몸보다 누드 여성 그림을 더 존중하라고 요구하는 위선을 강조하고자 했다. 그러므로 그녀의 행동은 공공 재산을 훼손함으로써 서프러제트의 목표에 관심을 집중시키는 넓은 범위의 게릴라 전술이라고 할 수 있다. 몇 년 후에 리처드슨은 남자들이 온종일 얼빠진 듯 그림을 쳐다보는 게 싫었다는 말을 덧붙였다.

리처드슨은 수동적이고 아름다우며 유혹적인 여성성의 이상적인 재현이라고 할 수 있는 그림을 난도질하는 행동을 통해 환상을 무너뜨렸다. 그녀는 그림의 표면을 찢음으로써 교도소에서 학대당하는 서프러제트들과 달리 (그려진 비너스는) 실제 몸이 아니라 사물이므로 피를 흘리거나 고통스러워하거나 죽지 않는다는 사실을 증명했다.

런던 내셔널갤러리를 방문하는 사람들은 이런 사연을 거의 모른다. 학생들을 가르치거나 공개 강의를 할 때, 나는 여러 번 이 이야기를 했고 그때마다 늘 엇갈린 반응이 나왔다. 대부분은 분개했다. 그들은 "이렇게 아름다운 작품에 어떻게 그런 불경스러운 짓을 할 수 있는 거죠?"라며 속상한 마음에 고개를 절레절레 흔든다. "복원은 잘 되었나요?"라고 물어보는 사람도 있었다.

슬래셔 메리의 과격한 공격에 숨은 의도는 내셔널갤러리의 다마스크 천으로 장식된 화려한 벽 속으로 사라진 지 오래다. 작품을 설명하는 문구에도, 해당 전시실의 해석 자료에도 이런 이야기가 끼어들 자리는 없다(당신은 왜 그런 거냐고 자문할지도 모르겠다. 그러나 나에게 이 사실은 여성들의 비판적인 목소리들이 어떻게 묵살되고 무시되는지에 관해 많은 것을 말해준다).

국민대표법• 제정 100주년이었던 2018년은 모든 사람들이 여성 참정권운동에 대해 말하던 때였는데, 그 당시 나는 「로크비 비너스」 그림 앞에서 내셔널갤러리 에듀케이터가 하는 강연을 들었다. 강연자는 성적 대상화의 관점으로 「로크비 비너스」를 보는 해석들은 일절 언급하지 않았다—마치 여성 참정권에 대한 반대와 남성 후원자의 시선을 만족시키는 성적 대상으로 여성들을 보는 것이 서로 연관되어 있을 리가 없다는 듯이.[6]

「로크비 비너스」의 신체에 각인된 젠더 정치학의 의도적인 은폐를 보면서 나는, 보고 즐기는 데 익숙해진 아름다운 이미지들의 소비에 방해가 되는 불편한 진실들을 사람들이 원하지 않거나 혹은

• Representation of the People Act, 일부 여성에게 투표권을 부여한 법

젠더, 계급, 인종, 자본에 관한 복잡한 이슈들이 문화의 매혹적인 하이라이트의 물감 아래에 있음을 인정하고 싶어하지 않는다는 생각이 들었다. 무엇보다도, 여가 시간에 그림을 감상하는 것이 어떻게 이와 연관되는지 정말 생각하고 싶지 않은지도 모르겠다.

어쩌면 우리는 공공 미술관이 골치 아프지 않은 활기를 주는 여가와 기분전환의 공간, 인간의 문화적 성과를 음미하는 공간이 되어야 한다고 여기는 듯하다. 충분히 그럴 수 있다. 그러나 공공 미술관은 사회적 열망과 지위, 또 미술관 방문으로 얻는 복잡한 도덕의식과 연관되어 있다. '문화' 혹은 '예술'은 접근하기가 가장 어려운 분야 중 하나다. 내셔널갤러리에 전시된 그러한 종류의 미술품을 감상한다는 것은, 일정 부분 고대 그리스·로마 신화에 관한 저서와 성경 같은 텍스트에서 상징과 서사, 전거라는 새로운 언어를 습득해야 함을 의미하기 때문이다—그러므로 단순히 겉으로 보이는 것을 넘어서서 미술사를 심층적으로 이해하려면 특권화된 지식에 접근할 수 있는가의 여부가 중요하다. 미술관의 관장과 큐레이터도 어떤 작품을 전시실에 걸고 어떤 작품을 수장고에 보관하며 어떤 작품을 새로 구입하고, 혹은 그림의 의미에 대한 화두를 어떻게 변경할지 결정할 때, 특정한 종류의 지식을 우선시한다. 전시실의 벽에 누가 걸려 있고, 그들이 어떤 식으로 전시되어 있으며, 누가 혹은 무엇이 사라지는가는 결코 가벼운 문제가 아니다.

내셔널갤러리 같은 곳은 사회적 열망이 깊이 스며들어 있는 장소다. 1824년 미술관 설립 이래, 노동자들은 언제든 미술관으로 가서 국왕의 미술품들을 무료로 감상할 수 있었다. 관람 요금이 없어야 한다는 것이 미술관의 설립 정신이었다. 또 런던 서쪽의 부유층 거주지와 노동자들이 거주하던 동쪽의 빈민가의 중간 지점에 건립함으로써 누구나 쉽게 접근할 수 있도록 했다. 웅장한 신전처럼 보이는 내셔널갤러리를 품고 있는 트라팔가광장은 영국의 군사적 패권과 나폴레옹 군대와 싸워 승리한 넬슨을 기념하기 위해 조성되었고 화려한 행사들이 개최되는 곳이다. 내셔널갤러리 파사드의 주랑현관으로 쏟아져나온 관람객들은 영국 정치의 심장부에서 황금빛으로 빛나는 거대한 빅벤을 마주한다. 또 그들 바로 앞에는 포효하는 사자 조각상들이 지키는 넬슨 기념비가 서 있다. 이로써 미술관에 전시된 작품들과 영국의 체제의 안정감 사이의 모종의 상관관계가 암시된다. 따라서 애국심과 열망, 그리고 이러한 그림들을 감상하는 행위가 도덕적이고 의식을 고취시키는 취미라는 만족감 등이 뒤섞인 경외심으로 「로크비 비너스」를 열렬히 옹호하는 사람들이 있다는 사실은 전혀 놀랍지 않다. 하지만 여성 누드화의 자랑스러운 전시가 어째서 그것에 적합한 것일까?

벨라스케스의 「로크비 비너스」의 원래 소장자는 17세기 유럽 남성으로서의 지위와 정치적 정체성을 확보하는 수단으로 이러한 그림들을 감상해야 했다. 지금도 여전히 그러하지만, 1650년대에 「로크비 비너스」를 감상한다는 것은 교육, 취향, 사회적 열망, 호화로움 등과 연관된 행동이었다. 이 그림의 최초 '주인'에 대한 기록은 남아 있지 않다. 그러나 그는 아름다운 물건들—복잡하게 그려진 정물화부터 관능적인 여성 누드화까지—을 소장하고 감상하는 행위를 통해서 남성들 사이에서 그의 위상을 고취시킨 사회적 엘리트 계층으로 추정된다. 미술사학자 마리아 로가 말한 대로, "'여성'은 남성들이 서로의 앞에서 권력과 위업을 과시할 수 있는 암호였다"**7**(별

거벗은 여성을 본다는 것은 지금도 여전히 이성애 중심의 남성 연대의 수단이라고 말할 수 있다. 총각파티나 남자들의 모임에서 스트립 클럽을 가는 관습도 그러한 연대 수단의 예라 할 수 있다).

비너스의 고전적인 혈통 역시 그녀의 매력이며, 이는 서양문화에서 인간 '문명'의 이해의 기준으로서 고대 그리스와 로마에 대한 믿음을 나타낸다. 이로 인해 고대 지중해 이외 지역의 문화에서 유래한 미와 취향, 문화적 성취의 표현의 가능성은 가려졌다(나쁘게 말하면 사라졌다). 따라서 미와 취향은 정치적인 이슈다. 세계 모든 지역에 고유한 미의 전통이 있다고 해도, 글로벌 문화의 기본 값은 늘 고전적인 백인 비너스였다. 비너스와 고전문화 숭배는 여성의 몸을 바라보는 방식과 여성의 몸에 대한 우리의 기대들 속으로 조금씩 침투했기 때문에 이 사실은 중요하다.

어린 시절, 내 방 침대 위에는 금색 액자의 '로크비 비너스' 포스터가 걸려 있었다. 대학에서 미술사를 전공하기로 결정하고 나서 어머니가 내게 주신 선물이었다. 나는 그 포스터를 정말 좋아했고, 비너스는 여성성에 대한 가부장적 환상을 내면화도록 나를 유혹했다. 1980년대에 유년을 보낸 나는 텔레비전에서 방송되는 미인대회와 신문가판대의 제일 높은 선반에 보일 듯 말 듯 꽂혀 있던 남성 잡지들과 함께 자랐다. '로크비 비너스'는 소녀들의 환상에 꼭 들어맞았다. 그녀는 디즈니 공주나 청소년 잡지 모델의 성인 버전이었고 『플레이보이』의 핀업 사진의 더 기품 있는 버전이었다. 나는 비너스가 되기를 열망해야 한다고 생각했고 세상이 나에게 바라는 모습의 정점에 비너스가 있었기 때문에 비너스에 대해 더 많이 알고 싶었다. 즉, 나는 생식력이 있고, 우아하고, 욕망받고, 더 나아가 생물학적으로 이미 결정된 여성이라는 운명의 또다른 원형으로 위축되기 전에 욕망의 대상이 되기를 즐겼다. 또한 노동자 가정 출신의 소녀인 나에게 비너스를 안다는 것은 문화와 예술의 고상한 계급에 접근하고 이해함을 의미했다. 그러나 지금, 나는 자기 발전과 비밀들이 가득한 성소聖所였던 사춘기의 내밀한 나의 침실에 비너스 그림을 걸어두지 말았어야 한다고 생각한다.

메리 리처드슨의 캔버스 훼손 사건 이후, 비너스는 본래의 모습으로 돌아가서 다시 사람들의 눈을 즐겁게 했다. 질서는 회복되었다. 그리고 비너스는 시대마다 달라졌다. 나는 우리가 다시 한번 비너스 개념에 대해 터놓고 이야기하고, 미술관의 안과 밖에서 비너스 이미지가 어떻게 여성들이 살아가고 자신의 몸을 인식하는 방식에 영향을 미친 수많은 모방작을 만들어냈는지 이해하기를 바란다.

서양미술을 전시하는 미술관이라면 전 세계 어디에나 비너스가 있다. 문화와 미술에서 비너스의 높은 위상과 존재감은 미술사학자 그리젤다 폴록이 말한 "문화에 깊이 뿌리내린 남근 숭배 의식"의 징후다. 그러나 비너스는 당신의 호주머니 속 휴대폰의 소셜미디어 피드에도 있다. 당신이 며칠 후에 사올 잡지나 몇 시간 후에 시청할 텔레비전 광고에도 등장한다. 버스정류장 광고판에 있는 그녀는 패스트 패션을 광고하고 소녀들이 자기 가슴에 실망하도록 만든다. 비너스는 남자들이 당신을 좋아하게 하려면 다리를 제모해야 한다고 당신에게 이야기한다. 아니면 첫 성관계에서 무엇을 기대해야 하는지 소년들에게 알려준다. 그녀는 얼마 전까지도 영국 신문의 3면에 매일 나왔다.[8] 르네상스 회화에서부터 빅토리아시크릿 패션쇼 무대, 화장품 광고에서부터 피카소의 그림에 이르기까지, 비너스는 여성의 성과 아름다움, 부와 지위와 관련된 개념을 상징하는 여성의 몸이 있는 모든 곳에 존재하고 있다.

이러한 비너스의 신화적 이미지를 만드는 것이 무엇인지에 대해 좀더 면밀하게 살펴보면, 집단의 문화의식 속 여성의 몸에 투사된 억압된 욕망과 두려움에 대해 고찰할 수 있다. 그러한 두려움들 가운데 인간의 생리현상, 즉 우리의 몸이 피를 흘리고 털을 자라게 하고 병이 드는 것에 대한 두려움이 있다. 이제, 비너스 그림들이 어떻게 인종과 성적 차이에 관한 대화들이 시작되도록 만들었고, 남성의 천재성과 창조성의 개념들을 만들기 위해 여성의 몸을 어떻게 활용했는지에 대해 함께 생각해보자. 비너스 그림은 어떤 방식으로 여성의 섹슈얼리티를 억압하고 유색인종 여성에 대한 인종차별적인 가정들을 조장했는가. 비너스 그림은 어떻게 성적 대상화의 합법적인 구경거리가 되었는가. 또 비너스는 여성성의 이상적인 버전들을 정상적인 것으로 보이게 하고 우리에게 가부장적인 성을 가르치기 위해 어떻게 활용되었는가.

비너스는 더 앞선 시기 메소포타미아의 성性의 신 이슈타르에서 유래한 그리스신화 속 아프로디테의 로마식 명칭이다. 초기에 비너스는 다양한 모습으로 그려졌다. 때로 사랑과 전쟁을 상징하는 갑옷 입은 전사로 등장하기도 했다. 그러나 우리는 기원전 4세기의 조각에서 가장 널리 알려지고 가장 많이 복제된 비너스를 만나게 된다. 이 조각상은 미술사 전체와 현대의 시각문화뿐만 아니라 이상적인 여성의 모습에 대한 내면화된 환상에 영감을 주었다.

비너스의 완전한 독립 누드 조각상이 처음으로 등장한 것은 기원전 350년이었다. '크니도스의 아프로디테Knidian Aphrodite'라고 불

프락시텔레스, 「크니도스의 아프로디테」, 로마 국립박물관-
팔라초 알템프스.

리는 이 조각상은 아테네 조각가 프락시텔레스가 제작한 대리석 조각이며, 아프로디테 신을 모시는 그리스 크니도스의 한 신전에 숭배의 대상으로서 서 있었다. 그리고 내가 아는 한, 이미지를 상대로 하는 성관계의 최초의 예로 기록되었다.

「크니도스의 아프로디테」는 체중을 한쪽 다리에 싣고 다른 쪽 다리는 무릎을 굽힌 채 앞꿈치로 바닥을 딛고 서 있는 젊은 여성을 묘사한 조각이다. 흰 대리석은 티끌 하나 없이 매끄러운 피부를 연출한다. 다수의 고대 조각들이 그러하듯 그녀는 완전한 나체다. 그녀가 왼손에 들고 있는 가운은 오히려 감질나게 만든다. 마치 우리가 비너스의 은밀한 공간에 갑자기 들이닥쳐 목욕을 막 끝내고 수건을 집으려고 손 내민 순간을 포착한 듯하다. 로크비 비너스처럼 그녀도 누군가가 자신을 보고 있음을 너무나 잘 알고 있다. 한 손이 급히 음부를 가린다—남의 시선 따위 아랑곳하지 않는 고대 남성 누드 조각상들과 달리, 이 여성은 자신이 연약하며 무언가를 감추어야 한다는 태도를 보이고 있다. 그녀의 손은 음부를 가리고 있지만 동시에 유혹하듯 우리의 관심과 흥미를 그곳으로 이끈다.

「크니도스의 아프로디테」는 큰 명성을 얻었고 신전을 섬기는 지역 주민들뿐 아니라 조각상을 보기 위해 이곳으로 온 여행자들을 비롯해 많은 이들의 관심을 끌었다. 고대 로마의 그리스 풍자작가 루키아노스가 4세기에 그리스어로 집필한 『에로테스Erotes』에는 많은 이들이 칭송하는 이 자극적인 조각 미인을 직접 보려고 여행을 떠난 두 친구 이야기가 나온다. 그들이 이 대리석 조각상이 있는 성소에 둘만 남게 되었을 때, 한 친구는 조각상의 입술에 입을 맞추려고 했고, 동성애자였던 다른 친구는 조각상의 엉덩이가 젊은 남성의 엉덩이처럼 자극적이라며 조각상에 달려들었다. 조각상의 허벅지에 있는 얼룩을 발견한 두 사람은 성소를 지키는 여성 사제에게 어찌된 일인지 물었고, 사제는 선원 한 명이 조각상과 성행위를 하려고 시도하다 사정한 흔적이라고 답했다. 고대 로마의 저술가 플리니우스도 조각상을 보며 자위행위를 하는 남자들로부터 조각상을 어떻게 보호할지에 대해 논의한 적이 있었다.9

우리는 남학생들을 웃기려고 만든 것 같은 이야기에 킥킥대다, "하하! 멍청하긴, 음탕한 고대인들. 우리 정말 많이 발전했구나!"라며 너털웃음을 터트릴지도 모른다. 그러나 우리는 여성의 누드 이미지에 대한 성적 대상화가 이미지 자체의 역사만큼이나 오래되었다는 사실을 놓치고 있다.

2018년에 셰필드의 한 가정집 현관을 장식하던 '비너스'가 남성들의 공격을 받은 사건이 발생했다. 글로리아라는 이름의 이 비너스는 대리석이 아니라 쥐똥나무로 된 토피어리 조각이었는데, 남성 찬미자들이 그 위에 올라타 유사 성행위를 하는 과정에서 망가져버린 사건이었다. 18세기에 그랜드투어를 떠난 귀족들이 남자들을 미치게 했던 「크니도스의 아프로디테」의 복제품에 성욕을 느끼는 일은 다반사였다. 「크니도스의 아프로디테」의 로마시대 복제품인 「메디치 비너스」는 지금도 여전히 피렌체 우피치미술관의 트리부나에 전시되어 있다. 외국 여행자들이 필수적으로 봐야 하는 작품 중 하나였던 이 조각상은 열광적인 편지와 보고서, 그리고 심지어 매혹적인 비너스의 몸과 함께 보내는 밤을 상상하는 시 등으로 널리 알려졌다.

요한 조파니의 「우피치미술관의 트리부나」는 「메디치 비너스」를

요한 조파니, 「우피치미술관의 트리부나」(세부), 1777년, 로열컬렉션트러스트.

향한 그랜드 투어리스트들의 욕망을 잘 보여주는 작품이다. 그림 속에서 가발을 쓴 남자 다섯 명이 조각상 뒤에서 엉덩이를 쳐다보며 큰 소리로 떠들고 있고, 흥분한 남자 한 명은 대리석 엉덩이를 더 자세히 들여다보려고 돋보기를 들어올렸다. 우피치미술관의 트리부나 방문이 이탈리아의 명작들을 감상하는 것만큼이나 문화적으로 용인된 여성 누드 이미지들을 음흉하게 보는 일이었다는 점은 이보다 더 명백할 수 없다(그리고 그것을 이보다 더 냉소적으로 조롱할 수 있을까). 조파니 그림의 노골적인 음란성에도 불구하고, 「메디치 비너스」는 새뮤얼 테일러 콜리지에 의해 "인간의 천재성을 보여주는 가장 고귀한 작품들" 중 하나로 숭상되었다. 우리는 다음과 같은 난제에 봉착한다. "인간 천재성을 보여주는 가장 고귀한 작품들"(혹은 로크비 비너스처럼, 가장 소중하게 수호되는 작품들)은 때로 여성들을 '성적 대상'으로 만드는 작품이기도 하다.

여기서 문제는 성적 욕망을 자극하는 이미지들이 문화적으로 가치 있는 표현으로 비춰질 수 없다는 게 아니라(그럴 수 있다), 여성에 대한 가장 고귀한 문화적 표현이 여성을 예술가 또는 문화의 창조자가 아니라 소극적인 성적 대상으로 묘사하고 있다는 점이다. 여성의 섹슈얼리티에 대한 고정관념으로부터 여성들의 가치를 분리하는 것이 불가능한 가부장제 사회에서, 이는 여성들이 성취할 수 있는 것을 제한했다.

2014년에 스웨덴 국회는 신문의 헤드라인을 장식했던 어떤 한 결정을 하게 된다. 이때도 이와 비슷한 주장이 암묵적으로 제기되었다. 스웨덴 국회의 부의장 수산네 에베르스타인은 젖가슴을 드러낸 자극적인 여신 그림을 국회의사당에서 철거해달라고 요청했다. 그녀는 일터에 걸린 에로틱한 여성 그림이 고위 인사들과 손님들의 정신을 사납게 만들 뿐 아니라, 그러한 직업 환경에서 여성들이 인식되는 방식에도 영향을 준다는 의견을 피력했다. 나는 그녀가 말하고자 했던 것이 타블로이드판 신문에서 상반신을 노출한 여성 사진을 퇴출하자는 캠페인의 주장과 동일하다고 생각한다—신문에서든 유화에서든, 성적 대상으로서 여성의 이미지는 성평등을 저해하고 위협하는 원형들을 만들어내는 힘이 있다. 여성들은 어릴 때부터 빠르게 움직이는 미디어와 '순수예술'과 문화적 재현들, 이 모두에서 발견되는 성욕 과다의 고정관념들을 따르도록 사회화된다. 그 결과, 그것은 기본적인 규범이 된다. 미술관과 일터, 등교하면서 타는 버스 등 모든 곳에서 발견되는 이미지들에서 여성을 성적으로 언제든지 이용 가능한 대상으로 보는 시각은 이성애자 남성들에게 성적 특권을 부여하는 환경을 조성한다.

남성이든 여성이든 누드 자체는 문제가 되지 않는다. 고대의 이미지에서 오늘날까지, 남성과 여성의 나체를 바라보는 시각이 다르다는 것이 문제다. 고대 그리스에서 프락시텔레스가 「크니도스의 아프로디테」를 조각했을 때, 남성 누드 조각상은 이미 400여 년 전부터 제작되고 있었던 반면, 여성 누드는 하나도 없었다. 고대 그리스인들에게 남성 누드 조각은 그들이 동경하는 지적 관념과 정치사상을 상징했다. 벌거벗음은 약한 상태나 옷을 입고 있지 않은 상태로 여겨지는 것이 아니라, 갑옷처럼 그려진 근육들과 함께 영웅의 겉옷의 한 형태를 나타냈다.

그 이후, 고전적인 남성 누드는 수많은 회화와 조각에서 정치적 힘과 영웅주의를 상징했다. 나폴레옹 보나파르트는 황제로 등극하고 나서 자신의 모습을 투영한 전쟁의 신 마르스 누드 조각상을 만들라고 지시했다. 미켈란젤로가 조각한 구약의 영웅 다윗의 조각은 피렌체의 시뇨리아광장의 정부청사 앞에 설치하기에 적합한 상징물로 선택되었다. 또 런던의 팰맬가의 육해군 회관 앞에는 샌들과 투구만 걸친 고대 전사의 누드 조각상이 전쟁기념비로 설치되어 있다. 이들 조각상들은 벌거벗음을 망각하고 당당하게 서 있다. 이는 누군가가 자신의 몸을 보고 있음을 인식하며 욕조에서 나오는 비너스와 엄청난 차이가 있다.

남성과 여성의 나체를 바라보는 시선에 차이가 있다는 사실을 믿지 못하겠다면, 공공장소에 누드 여성의 조각상이 있다는 상상을 한번 해보자. 그러한 장소에서 여성의 몸은 현실의 실제 권력을 의미하고 정부 혹은 존경받는 기관을 상징하게 될 것이다. 하지만 그러한 표현 형식은 존재하지 않는다.

남성과 여성의 신체에 대한 인식의 차이는 미술작품과 기념비를 바라보는 방식을 넘어서서 실질적으로 영향을 미친다. 남성들은 사람들 앞에서 거리낌 없이 가슴을 노출한다. 반면에 미국의 여성은 상반신을 노출하면 체포되고 벌금을 낸다. 혹은 사람들이 있는 곳에서 모유 수유를 하는 것을 부끄러워한다. 인스타그램이나 페이스북 같은 소셜미디어 채널은 여성의 유두가 포함된 사진들을 삭제하며, 맥락을 고려하지 않은 채 그러한 이미지들이 공동체의 규범에 위배된다고 주장한다(반면 남성의 유두는 전혀 문제되지 않는다). 이는 다양한 집단의 여성에게 영향을 미친다. 그중 하나는 온라인 커뮤니티에서 자신의 신체 변화를 보여주는 사진을 공유하면서 서로 도움을 주고받고 정보를 교환하는 유방암 환자들이다. 인스타그램은

유방절제술 이후 변화한 신체를 촬영한 사진이 공유 플랫폼에 타당한 콘텐츠라는 의견을 밝혔지만, 그들의 알고리즘은 계속해서 검열을 하고 그런 사진을 공유한 수많은 계정을 삭제했으며 '성적 활동'을 묘사하기 때문에 부적절하다는 플래그를 지정했다. 2020년 10월에 인스타그램은 '더 브레스티스The Breasties' 계정에서 유방암 환자들을 교육하는 실시간 방송을 금지했다.

여성들이 자신과 자신의 경험을 공유하는 사진, 그리고 일상의 실제 여성의 몸에 대한 이러한 검열은 여성의 신체적 자유를 억압할 뿐만 아니라 우리의 집단의식에 더 심한 위기를 초래한다. 즉, 여성의 몸은 언제나 금기시되고, 중립적인 시선이 아니라 용인되기 위해서 통제되고 조작되어야 하는 대상으로 보는 인식이다.

산드로 보티첼리의 그림 「비너스의 탄생」에 나오는 미술사의 기준이 되는 비너스를 보자. 떨어지는 장미꽃들 사이로, 바다에서 태어난 비너스가 거대한 조가비를 타고 해안으로 밀려오고 있다. 매끄럽고 구불구불한 곱슬머리가 바람에 흩날리고 피부는 매끈한 대리석처럼 티 하나 없이 깨끗하다. 멍 자국도 상처도 호르몬의 급증으로 생긴 임신선도 보이지 않는다. 가슴은 사과처럼 봉긋하고, 볼록한 배는 필라테스 스튜디오에서 보낸 시간들을 상기시킨다. 비너스의 몸에 있는 털이라곤 얼굴을 감싸며 나부끼는 굵은 금빛 머리카락뿐이다. 그녀의 머리카락은 우리의 시선을 감질나게 아래쪽으로 이끌어 음부에 관심을 집중시키는 동시에 음부를 가린다.

보티첼리의 기념비적인 이 여성 누드화는 현재 피렌체 우피치미술관의 가장 중요한 작품이자 이탈리아 르네상스미술의 위대한 창작물이며 여성의 아름다움의 상징이 되었다. 비너스가 없는 미술사를 상상할 수 있는가? 「비너스의 탄생」은 잡지 『뉴요커』의 표지를 두 번이나 장식했고, 앤디 워홀부터 레이디 가가, 비욘세에 이르기까지 수많은 아티스트들이 차용했을 뿐 아니라 이탈리아의 10센트 동전에도 새겨졌다. 비너스는 고급문화high culture와 저급문화low culture에 모두 속하며, 비너스와 그녀의 원형인 크니도스의 아프로디테는 다른 모든 비너스 이미지에 DNA를 전달한다.

이 그림의 최초 소장자는 15세기와 16세기 초에 피렌체의 지식인들과 예술가들을 후원한 피렌체의 은행 가문인 메디치가 사람이었던 것으로 추정된다. 산드로 보티첼리는 1486년경에 피렌체 근교의 메디치 여름 별장들 중 한 곳을 장식하기 위해 이 그림을 그렸던 것으로 보인다. 보티첼리의 비너스는 소수의 특권계층의 기분전환용—원하는 만큼의 쾌락을 얼마든지 누릴 수 있는 권력을 지니고 있음을 상기시키는 존재—노예였다. 그러나 이러한 쾌락은 즉각적이고 감각적인 것에 머물지 않고, 미에 대해 사고하는 지성적 체계로 포장되었다. 보티첼리의 그림은 두 가지 유형의 비너스, 즉 천상의 비너스와 세속적 비너스가 존재한다고 믿었던 르네상스의 인문주의자들의 영향을 받았다. 천상의 비너스는 신성한 사랑과 영혼의 아름다움에 대한 사상들을 자극하는 순수하고 신비한 여성의 몸으로 여겨졌던 반면, 세속적 비너스는 다산, 성, 출산, 현세의 아름다움과 연관되었다. 비너스가 보는 사람에게 불러일으키는 감정들—감각적인 것이든 정신적인 것이든—에 따라 결정되는 두 가지 정체성은, 남성들이 역사적으로 받침대 위에 놓인 이상화된 처녀 신 또는 성적인 대상으로 여성들을 바라보고 이해하는 환원주의적 시각이라는 익숙한 틀을 설정한다.

보티첼리의 비너스는 신성한 천상의 비너스 개념을 따른다. 그녀에게는 로크비 비너스 같은 부드러운 관능성이 없으며, 핏기 하나 없는 창백한 그녀의 몸은 피부라기보다는 광물처럼 느껴진다. 르네상스 이상들에 따르면, 이 비너스의 물리적인 형상은 우주의 조화와 우아함, 영혼의 비물질적인 아름다움을 관조하는 하나의 방법이었다. 이러한 맥락을 알고 있으면 성적 대상화에 대해 비난하기 어렵다—어쨌든 인간 몸의 형상에서 세계의 신성한 아름다움을 관조하는 것이 도대체 무슨 문제가 있느냐고 말할 수도 있을 테니까.

하지만 보티첼리의 비너스는 여성들에게 강요되었던 비현실적인 미의 기준들과 여성의 성적인 성숙에 대한 억압을 상징하면서 지속적으로 영향을 미쳤다. 이제 그 이유를 살펴보자.

보티첼리의 「비너스의 탄생」은 르네상스시기에 고전학자 폴리치아노의 시로 개작된 호메로스의 신화 이야기에 영감을 받았다. 신화에서 비너스의 탄생은 이 작품에 그려진 것과 달리 달콤한 향기가 나는 바다 거품 파도타기 이야기가 아니라 훨씬 더 폭력적이다. 우라노스와 가이아(하늘의 신과 대지의 신)의 아들인 크로노스는 아버지 우라노스가 어머니 가이아와 사랑을 나누려는 순간, 아버지의 고환을 잘라버렸다. 그가 자른 고환을 바다에 던지자 거품이 일면서 아름다운 여자가 태어났다. 미와 사랑, 다산의 신은 거대한 조가비를 타고 해안에 도착했다.

여기서 잠시, 서양의 여성의 미와 섹슈얼리티의 상징인 비너스가 여성의 몸이 아니라 남성의 성기에서 탄생했다는 사실을 다시 한번 살펴보자. 비너스는 아버지의 몸에서 거세된 고환이며 어머니가 부재한다. 아마도 처음 듣는 이야기일 것이다. (고대의 누드 조각 연구와 함께 시작되는 서양미술을 전공하고도 많은 세월이 흐른 후에 이 사실을 알게 되었을 때, 나도 그러했다.)

우선, 비너스가 여성의 몸에서 태어나지 않았다는 것은 보티첼리와 메디치 주변의 학자들과 예술가들이 좋아한 신플라톤주의 개념 아래서 그녀를 더욱 신성하게 만들었다. 폴리치아노의 시는 비너스가 살이 있고 피가 흐르는 실제 인간으로 보이지 않으며, 비너스의 얼굴에는 인간미가 없다고 기술한다. 그녀는 비물질적인 존재로 여겨졌다. 그러므로 신에 가장 근접한 높은 차원에 존재한다. 처음에는 분명하게 드러나지 않을 수 있지만, 비너스의 탄생 신화는 여성의 몸에서 생식능력을 없애버린다. 라틴어에서 '어머니mater'는 '물질matter'과 '재료material' 같은 단어와 어원이 동일하다. 그러므로 어머니가 되는 것은 세상이라는 직물의 일부가 되는 것이다. 그러나 비물질적이고, 생식능력을 가진 세속적인 여성의 몸에 눌리지 않는 천상의 비너스는 신성하다.

보티첼리의 「비너스의 탄생」에서 비너스는 불가해한 아름다움을 지닌 차가운 여신을 만들기 위해 폭력적인 기원은 말끔히 지워졌다—완전히 봉인된 비너스의 차갑고 탄탄한 피부를 다시 한번 살펴보라. 우리가 현실에서 보는 것은, 여성의 지저분하고 원시적인 생식능력이다. 통제 가능한 합리적인 형태로 봉쇄되고 고급문화로 전환된 여성의 몸은 부풀어오르고 피를 흘린다(제모를 하고 생리를 금기시하는 정치학에 대해 생각하게 될 때 이 사실을 기억하라).

크니도스의 아프로디테와 수없이 많은 파생물에서 다시 등장한 비너스는 여성성의 불변의 아이콘이 되었다. 몸의 곡선을 강조하기 위해 한 다리는 곧게 펴고 다른 한 다리는 굽힌 자세는 미인 대회의 수영복을 입은 미의 여왕, 혹은 보편적으로 이해되는 여성스러움을 연기하는 캠프에 의존하는 드래그퀸drag queens의 기본자세다. 또 여성이 사진을 찍을 때 취하라고 배운 자세이기도 하다. 여성들은 허리께 손을 올리고 몸의 한쪽의 굴곡을 강조함으로써 그들이 배웠던 그것이 그들의 가장 큰 자산임을 보여준다.

미술사 강의에서 당신은 이 자세를 '베누스 푸디카Venus pudica'로 부르며, 다른 사람의 시선을 의식하며 한 손으로 음부를 가린 누드의 여성을 지칭한다는 사실을 배우게 될 것이다. 그래서 '푸디카'는 정숙함을 의미하게 되었다. 하지만 이 용어가 음부를 지칭하는 해부학적 용어이며 수치심을 의미하는 라틴어 'pudendus'에서 유래했다는 사실은 아마도 알려주지 않을 것이다.

베누스 푸디카(모든 비너스의 원형)는 성적 욕망, 그리고 나중에 문화적인 성취의 상징이 되었던 다산과 사랑의 여신을 묘사한 것일 뿐 아니라, 비너스 그림들이 생식기와 섹슈얼리티에 대한 여성들의 수치심을 문화적으로 어떻게 강화했는지를 보여주는 하나의 예이기도 하다.

대략 1970년대부터 페미니스트들이 질과 음부의 이미지를 수치심과 가부장적인 연관성으로부터 되찾아오고 거기에 여성의 힘을 다시 불어넣은 것은 바로 이 때문이었다. 이러한 예들은 「디너 파티」(「괴물 같은 여성들」 장에서 살펴볼) 같은 주디 시카고Judy Chicago의 여성의 질에서 영감을 받은 1970년대의 작품과, 욕설로서 여성 성기를 뜻하는 단어 'cunt'가 갖고 있는 영향력을 약화시킨 저메인 그리어Germaine Greer의 시도에서 발견된다. 이 두 사례는 힘과 경외의 원천으로서 여성의 몸을 인정하라고 권한다. 21세기 펑크punk와 주류 페미니즘도 러시아의 페미니스트 활동가 밴드인 푸시 라이엇Pussy Riot과 최근 전 세계에서 벌어지고 있는 여성들의 가두시위에서 분홍색 '푸시햇pussyhats'의 착용을 예로 들며, 여성의 생식기를 사회운동가의 상징으로 주장했다. 그러나 질과 음부의 힘과 주체성이 가부장적 이상들의 모욕적인 억압에 맞서는 행동주의의 제스처로 여성들에 의해 채택되는 사이, 보디-스컬프팅body-sculpting 피트니스 클래스에서부터 체모 없는 매끈함에 대한 우리의 문화적인 강박에 이르기까지, 도처에 존재하는 고전적인 비너스는 여전히 여성의 몸이 어떤 모습이어야 하는지에 대한 기대들을 형성한다. 그리고 c로 시작하는 금기어(c-word)는 전혀 중립적이지 않다.

비너스는 또다른 모습으로 우리 앞에 나타난다. 그녀는 수줍어하기보다 뻔뻔하다. 당신은 완전한 정면이나 뒤(로크비 비너스처럼)에서 바라본, 더 유혹적인 자세로 침대에 비스듬히 기댄 베누스 푸디카를 본 기억이 있을 것이다. '비스듬히 기댄 비너스' 혹은 '오달리스크odalisque'라고 불리는 이 비너스는 구경꾼의 시선에서 자신을 보호하려는 노력을 전혀 하지 않는다. 그녀는 자신을 감상하고 성적으로 향유하라고 우리를 졸라댄다. 침대에 누워 누드로 소비되기를 기다리는 그녀는 자신의 몸을 보는 특권을 가진 주인인 구경꾼들을 우쭐하게 만든다. 이 비너스는 티치아노부터 피카소, 향수 광고주들과 비욘세까지 서양미술과 시각문화 전반에서 복제되며 우리의 집단의식에 깊이 각인된 비너스 원형의 또다른 버전이다.

1534년에 베네치아 화가 티치아노가 그린 「우르비노의 비너스」는 가장 오래 지속된 원형들 중 하나다. 르네상스시대의 저택 내부를 배경으로 하는 이 작품은 행복한 결혼생활에서 성적 만족감의 중요성에 관해 말하는 그림으로 간주되고 있다. 침대에 비스듬히 누운 비너스는 기대에 부풀어 교태를 부린다. 한 손으로 작은 장미 꽃다발을 손가락으로 집어 올리고, 다른 한 손으로는 성기를 가리는 동시에 시선을 집중시키는 고전적인 베누스 푸디카의 제스처를 따라한다. 이 비너스는 사실 별로 조신하지 않다—그녀의 과장된 성적 매력은 르네상스시대 사람이라면 바로 알아볼 수 있는 결혼의 상징들, 즉 창문의 은매화와 장미에 의해 누그러진다. 배경에 놓인 커다란 상자 두 개는 결혼식과 연관된 전통적인 목재함 카소니로 보인다. 신부의 지참금을 담거나 신혼집에서 가구로 사용되던 것이다. 이러한 모티프들로 보아, 이 비너스는 약혼을 했거나 갓 결혼한 신부로 추정된다. 그녀의 발 옆에서 깜빡 잠이 든 작은 개는 당연히 정절을 상징한다. 짖을 일이 없는 개는 평온하게 낮잠을 즐기고 있다—비너스를 감상하고 있다고 상정된 관객은 이 집의 주인이다.

티치아노의 관능적인 비너스는 우르비노 공작, 귀도발도 2세 델라 로베레의 소유물이었다. 하지만 결혼의 상징들을 생각하면, 그의 어린 아내에게 보여주려고 주문한 그림이었을 가능성도 있다. 그림 속 성경험이 풍부한 여성은 어린 신부에게 행복한 결혼생활을 유지하기 위해서 무엇을 해야 하는지 정확하게 보여줄 수 있었을 터이다. 이런 관점에서 「우르비노의 비너스」는 어린 신부의 집으로 들어간 또다른 버전의 그리셀다 그림으로 해석된다. 다시 말해, 어린 신부에게 어떻게 행동해야 하는지를 가르치는 교육용 그림인 셈이다. 아내에게 가장 필요한 덕목은 부부의 침대에서 비너스처럼 행동하는 것이라고 말하는 듯하다.

현대의 기준에서 보면 따분하기 짝이 없겠지만 학계에서는 이 그림을 '엘리트 계층의 포르노'라고 평가했다. 그리고 이 그림은 심지어 마크 트웨인을 언짢게 만들었는데, 19세기 연대기•에서 그는 이 그림이 사창가에 걸어두기에도 과할 정도로 음탕한 분위기를 풍긴다고 말했다(이 기록은 티치아노의 그림보다 트웨인에 대해 더 많은 것을 알려준다). 나는 많은 사람들이 숭배하는 미술작품이 자극적이거나 '외설스러운' 의도를 갖고 있다는 주장에 대한 공개 토론이 시작되었을 때 나온 반응들이, 이미지 자체에 대한 해석들을 조명하기보다 여성의 몸과 섹슈얼리티에 대한 대중의 태도에 관해 더 많은 것을 말해주고 있음을 알게 되었다. 반응들은 "미쳐버린 페미니즘!" 같은 격한 질책에서부터 파시즘의 조짐과 가혹한 검열—심지어 검열이 언급조차 되지 않았던 시기에—이라는 비난에 이르기까지 매우 다양했다.

BBC 텔레비전 다큐멘터리 「누드의 충격」 방송 직전에, 고전학 교수 메리 비어드가 '누드화는 엘리트 계층을 위한 소프트 포르노인가'라는 설문을 트위터에 올렸을 때도 이러한 비난들이 쏟아졌다. 소셜미디어에서는 열띤 토론이 펼쳐졌다. 일부 미술비평가들은 미술과 포르노그래피를 단순하게 연관 짓는 것은 100년 전 「로크비 비너스」처럼 미술품이 찢기고 검열당하고 심지어 난도질되는 상황을 볼지도 모르는 '위험한' 동원령이라는 게시물을 올렸다(앞서 살펴보았듯 '슬래셔 메리'의 공격의 동기가 음란성에 대한 검열이 아니라 그림 속 여

• 마크 트웨인은 1880년에 출간한 여행기 *A Tramp Abroad*에서 「우르비노의 비너스」에 대해 "세상에서 가장 역겹고 부도적하며 음란한 그림"이라고 혹평했다.

성들과 여성 수감자들을 다루는 방식에서의 위선을 강조하려는 것이었음에도 불구하고).

나는 「로크비 비너스」와 「우르비노의 비너스」 같은 그림이 아름다움과 탁월한 기교에 대한 과장된 찬사를 제외한 모든 판단으로부터 필사적으로 보호되는 방식, 그리고 마치 공존할 수 없는 것인 양, '고급미술'로서 그림이 가진 명성과 그림의 성적인 내용에 대한 솔직한 인정을 구분하는 것을 왜 그렇게 꺼리는지 궁금하다.

성, 누드, 대상화에 관한 대화들이 공공 토론장에서 시작될 때 그 문제에 대한 완전한 분석 없이, 성적 긍정성sex-positivity에 관한 토론에 의지하는 경향이 있다. 주로 섹슈얼리티에 억압적인 태도들로 인해 표현과 욕망의 자유가 제한된 시대로 되돌아갈지도 모른다는 미술 검열에 대한 두려움이 대화의 중심이 된다. 섹스 없는 삶에서 여성을 해방시키려고 정말 노력했다고 말하며 이러한 대화들에 적극적으로 참여한 2세대 페미니스트들은 '욕망의 악마화'에 실망한다(미투운동에 대응해, 프랑스 배우 카트린 드뇌브를 비롯한 100명의 여성들이 남성의 유혹에 더 많은 관용을 요구하며 서명한 공개서한•).

어쨌든 누군가는 로크비 비너스와 우르비노의 비너스가 자신에게 쏟아지는 관심을 즐기고 있는 것처럼 보이는가, 라는 질문을 할 수도 있다. 그들은 우리의 시선에 당당히 자신의 몸을 내어주고 그들이 우리에게 제공하는 즐거움을 즐기고 있는 것은 아닐까? 그러나 누구의 시선을 위한 것인가? 그를 위해 연기하는 그림 속 여성

• 2018년 1월 9일 프랑스 신문 『르몽드』에 카트린 드뇌브를 포함한 기자, 영화인, 작가, 지식인으로 구성된 프랑스 문화계 여성 100명이 '성의 자유에 필수불가결한, 유혹의 자유를 변호한다'는 글을 공동으로 기고했다. 그들은 이 글에서 최근의 성추행 폭로를 '마녀사냥'인 동시에 '성적인 자유'의 장애물이라고 묘사했다.

과 이미지, 둘 모두 소유하고 있는 암시된 남성 관람자의 시선을 위한 것이다. 여기서 존 버거의 『다른 방식으로 보기』와 미술사에서 여성 누드가 보여주는 것은 "그녀의 섹슈얼리티가 아니라 그림을 볼 수 있었던 사람들의 섹슈얼리티와 상관적 요소로서 그녀의 벌거벗음이다"라는 그의 주장으로 돌아가는 것이 유용할 듯하다. 다시 말해서, 그녀의 섹슈얼리티는 암시된 주인과 연관된다.

엘리트 남성들이 전리품으로서 비스듬히 기댄 여성 누드화를 은밀하게 즐기던 원래의 맥락에서 많은 것이 달라졌다. 이제, 모든 사람들이 섹슈얼리티뿐 아니라 훌륭한 문화와 예술의 암호로서 여성 누드화에 호감을 갖고 유혹을 당하고 교화되리라는 기대를 한다. 그러나 「로크비 비너스」와 「우르비노의 비너스」 같은 그림들은 다른 방식으로 다양한 집단에게 매력을 발산한다. 즉, 어떤 이들은 그녀를 소유하고 싶어하고, 또다른 이들은 그녀를 모방하고 싶어한다. 하지만 그녀에게서 자신의 욕망들을 발견하지 못하는 사람들에게 그것은 어떤 의미가 있을까? 또 이러한 몸을 감상하는 여성 관람자는 그녀의 모델이 되었던 원형으로부터 자신의 욕망과 섹슈얼리티를 어떻게 구별하는가—특히 그것을 소유자와 연관시켜 이해해야 하는 경우에는?

메디치 비너스와 관련해, 메리 비어드는 『누드의 충격The Shock of the Nude』에서 어디에나 있는 남성의 시선에 대해 비슷한 의견을 개진했다. "여러분은 성, 젠더, 욕망의 힘과 연관된 (또다른) 질문들을 피해갈 수 없습니다……. 나는 조각상의 엉덩이를 응시하는 남자들과 함께 있는 것인지, 아니면 그들이 응시하고 있는 것이 내 엉덩이인지…… 확신이 서지 않습니다. 누드의 진정한 충격은 자기 자신과 관련된 그러한 난해한 질문들입니다."

「우르비노의 비너스」 덕분에 티치아노는 정말 유명한 화가가 되었고 비너스는 미술사에서 계속 남성의 정력과 창의력을 상징했다(하늘의 신 우라노스의 잘린 성기에서 태어났다는 비너스의 신화적 기원과 연관된 듯하다). 그렇다면, 관람자로서 우리는 어떻게 해야 할까? 어디에나 있는 남성의 시선은 여성들이 「우르비노의 비너스」와 다른 유사한 그림에서 즐거움을 얻을 가능성을 배제하고 있나? 그리고 보는 즐거움은 언제나 우리의 주체성을 희생시키는가?

미술과 주류 이미지에서 비너스의 몸은 아주 오랫동안 인간의 성과 욕망을 탐구하는 합리적인 틀이었기 때문에 일종의 보이지 않는 규범이 되었다. 그렇지만 여기서 분명하게 밝히고 싶은 것은, 미술의 성과 욕망이 아니라 성적 욕망의 하나의 형태가 성적 욕망을 보편적으로 나타내는 것으로 선택되었다는 점이다. 그러한 형태의 성적 욕망은 남성 이성애자의 시선을 만족시키고 현실 여성의 욕망을 침묵하게 만든다. 나는 우리가 비너스의 의도적인 성적 접근가능성 연기에 너무 익숙해졌고 그래서 그것이 여성의 섹슈얼리티와 동의어가 되었다는 생각이 든다. 동시에, 더 현실적이고 미묘하거나 복잡한 여성의 섹슈얼리티 이미지들은 종종 검열되거나 감춰지고 찬사를 받지 못하며 평가 절하된다.

20세기와 21세기의 국제 미술 전시장인 런던의 테이트모던은 화려하고 웅장한 내셔널갤러리와 정반대되는 공간으로 여겨진다. 내셔널갤러리의 금빛 액자들과 다마스크 천이 장식된 벽들은 이곳에서 지그재그로 설치된 에스컬레이터들로 대체된다. 여러 대의 에스컬레이터는, 전시 공간으로 변신한 거대한 산업발전소 주변 커피 장인들의 커피로 카페인을 충전한 관광객과 방문객들을 실어나른다. 테이트모던은 천천히 감상하는 곳이 아니라, 인스타그램에 사진을 올리고 간단한 식사와 쇼핑을 하는 '보여지는' 장소다.

터빈홀에 전시된 포괄적이고 종종 상호적인 작품들과 더불어, 테이트모던에서 우선시되는 것은 의미 이해보다 총체적인 경험—관객을 동원하기 위해 섹시-쿨sexy-cool 시대정신의 개념을 활용하는 수많은 블록버스터 현대미술관의 숙명—이다. 그러나 이는 종종 젠더, 인종, 계급 등 상호교차적인 이슈를 다루는 작품들의 급진적인 정치적 메시지가 여가로서의 문화 장치로 약화됨을 의미한다. 미술을 여가로 생각하는 한, 우리는 정치적 변혁을 이루는 미술의 힘을 상실한다. (여기서 미술관과 박물관 같은 특권적인 장소에서만 미술작품을 보게 된다면 미술이 가진 정치 변혁의 힘이 얼마나 의미 있는가라는 의문을 갖는 것은 너무나 당연하다.)

테이트모던에는 큐피드를 동반한 고전적인 곡선을 가진 전통적인 비너스가 존재하지 않는다. 하지만 더 현대적인 모습의 비너스도 없다는 말은 아니다. 2018년, 테이트모던은 모더니즘 회화의 두 거장의 작품을 소개하는 더블 블록버스터 전시회를 개최했다. 첫번째 전시는 〈피카소 1932—사랑, 명성, 비극〉이었고, 전시의 주제는 연인 마리테레즈 월터를 향한 피카소의 갈망이었다. 거울을 앞에 두고 느긋하게 누워 있는 로크비 비너스를 모방하며 미술사적 전통을 의식적으로 인용했을 정도로, 이 전시는 비너스들의 향연이었다. 「꿈」(1932)에서 의자에 앉아 있는 마리테레즈는 성교 후의 만족감으로 눈을 감은 모습이다. 두 손의 손가락이 집게발 모양을 만들며 음부를 감싸고 있다—티치아노의 당당한 우르비노의 비너스를 참고한 듯하다. 피카소는 마리테레즈 얼굴의 보라색 부분을 자신의 페니스 모양으로 그림으로써 이러한 여성의 섹슈얼리티의 판타지 버전이 누구를 위한 것인지 분명하게 보여주었다.

이 전시에서 신화 강화의 익숙한 과정이 펼쳐졌다. 피카소를 위대한 예술을 위해 리비도의 심층을 탐구하면서 한낱 인간이 갈 수 없던 곳까지 이르렀던 길들여지지 않는 야수로 소개한 것이다. 전시회 어디에도 여성, 그리고 개인으로서의 마리테레즈는 없었다. 그녀를 단순화한 형태들, 원과 오달리스크, 그리고 피카소의 페니스가 우리가 아는 거의 전부다. 게다가 남성, 여성, 게이, 스트레이트, 시스•와 트랜스••는 모두 똑같이 피카소의 호색적인 환상에 매력을 느낄 거라고 기대되었는데, 이러한 환상은 천재성과 미와 가치에 대한 우리의 인식을 백인 이성애자 남성 화가의 시각으로 정의하고 지배한 것이다.

테이트모던의 다른 한편에서는 아메데오 모딜리아니의 예술 활동 전반의 회화와 조각작품을 회고하는 대규모 전시회가 열려 평단과 대중을 열광시켰다. 끝에서 두번째 전시실—비평가들의 관심을 가장 많이 받은 곳—은 관람객의 시선을 되돌려주는 아홉 점의 거대한 여성 누드화로 인한 당혹스러움으로 고동쳤다. 여성 누드화의 일부는 섹시한 오달리스크였고, 가슴을 교묘하게 가리고/드러내거나 혹은 크니도스 아프로디테의 자세를 모방했으며, 완전히 정면으로 그려진 여성들도 있었다. 바꾸어 말하면, 이러한 자세들은 모두

• cis, 타고난 성과 자신의 성정체성이 일치하는 사람.
•• trans, 타고난 성과 자신의 성정체성이 일치하지 않는 사람.

남성 이성애자의 시선을 위해 연기하고 있는 비너스의 내면화된 신체언어를 드러냈다.

테이트모던에 나란히 전시된 피카소와 모딜리아니의 '비너스들'은 서양미술 전통의 완벽하게 마무리된 엄격하고 냉혹한 아름다움을 의식적으로 거부한 일종의 우상파괴를 상징한다. 그들은 현대의 관람자에게 중도좌파의 정치, 반체제적인 태도, 또 의미 있는 것이 되기 위해 고전적으로 보여야 한다고 미술에 요구하지 않는 지성적인 찬사의 증거가 되었다. 또한 남성 화가의 수그러들지 않는 호색적인 환상의 노골성은 엄격한 부르주아의 품위와 취향에서 벗어났다는 증거로 받아들여졌다.

모딜리아니의 당당한 누드화들은 섹슈얼리티를 솔직하게 바라보라고 우리에게 말한다. 이 그림들이 마지막으로 함께 전시되었던 1917년에 경찰은 외설적이라는 이유로 전시회를 금지했다—음모가 그려진 일부 그림들은 사람들의 구미에 맞는 매끈한 대리석 비너스 버전에서 크게 벗어나 있었다. 2018년에 전시를 보러 온 사람들은 자신이 부르주아적이지 않은 더 세련된 방식으로 성과 성숙한 몸을 이해하고 있다는 사실에 자랑스러워했다. 하지만 피카소 전시에서 그랬던 것처럼, 나를 불편하게 만드는 질문이 또다시 떠올랐다. 누구의 시각으로 바라본 성에 대한 이해인가?

테이트모던의 모딜리아니 전시회 벽면에 붙어 있는 설명 문구는, 모델들이 모딜리아니를 위해 옷을 벗어던짐으로써 공장에서 하루 일하는 것보다 두 배나 많은 돈을 벌었고, 최신 유행하는 단발머리를 하고 메이크업을 했기 때문에 어느 정도는 해방적이었다고 암시하며 모딜리아니의 모델들에게 힘을 부여하려고 했다. 그러나 내 생각에 그것은 여성 신체의 상업화의 또다른 사례이자 노동자 계층의 여성들에게 매우 제한적이었던 선택지들 가운데 하나(그리고 메이크업을 이용한 자유와 권위 부여의 헛된 약속)일 뿐이다. 정말 그렇다. 기회가 있다면 나도 공장에서 온종일 뼈 빠지게 일하는 대신 열정적인 화가를 위해 옷을 벗고 나체로 포즈를 취할 테지만, 그래도 그것이 일종의 자유라고 주장하지는 말자.

이 젊은 여성들이 돈을 아무리 많이 번다 해도 현재 이들의 누드화가 경매에서 벌어들이는 수천 만 달러에 비할 바가 아니다. 피카소와 모딜리아니의 그림은 2018년 경매에서 최고가를 기록했다—두 작품 모두 비너스의 원형까지 거슬러올라가는 여성 누드화다. 이는 벨라스케스의 「로크비 비너스」의 가치와 비슷하게 부와 지위와 특권을 전달하는 그림들 속 비너스의 권위를 강화한다.

테이트모던의 피카소와 모딜리아니 전시회가 열린 즈음, 나는 여성 누드화를 주제로 세계여성의날과 여성참정권운동 100주년을 기념하는 강연을 했다. 메리 리처드슨이 「로크비 비너스」를 공격한 사건을 중심으로 비너스의 모습이 어떻게 변했고 또 얼마나 변하지 않았는지 설명한 후, 모딜리아니의 비너스들에 관해 이야기했다. 강연을 들으러 온 거의 모든 사람들이 여성참정권운동가가 벨라스케스의 교태로운 그림에서 파괴한 것이 고전적인 이상이라는 데 동의하고 있었던 그때, 자신이 제일 좋아하는 화가를 내가 권좌에서 끌어내릴지도 모른다는 두려움이 한 여성을 엄습했다. 그녀는 "제발 그림들을 그만 망가뜨리세요. 정말 아름다운 그림들이잖아요!"라고 외쳤다.

나도 그녀의 말에 동의한다. 무겁게 눈꺼풀이 내려온 눈과 우울한 분위기의 여성들은 관능적이고 낯설며 묘한 매력을 풍긴다. 그러나 또다시 유혹에 넘어가서 그것이 우리가 할 수 있는 최선이라고 생각하고 싶지는 않다. 어떤 모습을 하고 있든 비너스는 남성적 시선의 틀에 너무 억눌린 나머지 여성의 섹슈얼리티의 표출을 나름대로 감추고 있기 때문이다.

우리는 비너스가 상징하는 바가 무엇인지 더 분명하게 알아야 한다. 또 비판을 차단하거나 남성의 욕망을 무턱대고 악마화하는 것이 아니라, 이러한 이미지들의 매력과 문제점들을 나란히 놓고 보는 것에 적응해야 한다.

바로 이것이 미국 영화배우 몰리 링월드가 주장한 것이었다. 그녀는 미투운동으로 변화된 의식 속에서 자신의 청년기 영화들을 회고하며 그 속에 내재된 긴장들을 설명했다. 링월드는 2018년에 『뉴요커』에 기고한 글에서 이런 질문을 던졌다. "우리가 정말 좋아하면서도 못마땅해하는 예술에 대해 어떻게 생각해야 하는 것인가? 만약 자신이 창작을 도와주는 특수한 입장에 처해 있다면 어떻게 되는가? 예술에 관한 한, 과거를 지워버리는 것은 위험하다—변화는 반드시 필요하지만, 그 모든 일탈과 야만성 속에서도 과거를 기억하는 일 역시 중요하다. 그러므로 우리가 어디까지 왔고, 또 얼마나 더 가야 하는지 제대로 판단해야 한다."

링월드의 말 중 내게 굉장히 흥미롭게 다가온 대목은 "얼마나 더 가야 하는지how far we still need to go"였다. 비너스에서 멀어지는 방식들로 여성의 몸과 욕망, 섹슈얼리티를 바라보거나, 또는 여성의 몸을 미와 권력, 지위, 문화자본의 위계를 통해 바라보지 않기 위해서는 얼마나 더 가야 하는가. 명확하게 보는 방법과 비판적으로 보는 방법을 알고 있거나 혹은 지금 우리가 보고 있는 것이 무엇인지를 아는 것만으로도, 우리는 여성에게 힘을 부여하는 이미지들과 여성 해방이라는 거짓 약속으로 여성을 옭아매는 이미지들을 구분할 수 있다.

아름답지만 텅 빈 꽃병 같은 비너스의 외면으로 돌아가보자. 비너스라는 비현실적 모델은 현실의 여성들의 몸에 기대되는 행동방식을 감시했다—이는 피를 흘리거나 털이 자라서는 안 되고 항상 조각처럼 매끈한 피부에 대한 환상을 유지해야 하는 몸이다.

공공장소에서 여성이 체모를 드러내는 행위는 일관되게 사람들을 격앙시켰다. 1990년대에 영화배우 줄리아 로버츠가 처음으로 겨드랑이 제모를 하지 않고 레드카펫에 등장해 여성의 체모에 관한 논쟁들이 촉발된 이후, 30년간 거의 아무것도 달라지지 않았다. 2017년 아디다스 광고에서 자랑스럽게 다리털을 드러낸 아르비다 비스트룀은 성폭행 위협에 시달렸다. 이는 다리와 겨드랑이에 국한되지 않는다. 털이 없는 음부에 대한 사회적—비너스 이미지들의 매끈함에 의해 규범화된—기대들이 여성의 몸을 옥죄고 있다. 2017년 잡지 『코스모폴리탄』에서 실시한 음모를 미는 습관과 선호도에 대한 설문에서, 18~35세 여성의 57퍼센트가 음모를 제거한다고 응답했고 남성의 30퍼센트는 여성의 음모의 양이 결별의 이유가 될 수 있다고 답했다. 청소년들은 레이저 제모를 하다가 외음부에 화상을 입고 부인과를 찾고 있다. 이러한 압력들에 굴복한 것은 청소년 시장만이 아니다. 한 인터넷 사이트에서는 출산 전에 반드시 제모를 해야 하는지, 그리고 음모가 조산사들에게 불쾌감을 줄 것인지를 두고 느끼는 수치심에 대한 토론이 벌어진다.

비너스와 비너스가 상징하고 여성들에게 요구하는 미의 교리들은 '털이 없음'과 동의어다. 유명 제모용품 브랜드가 비너스의 이름을 채택하고, 심지어 광고에 바다에서 탄생한 보티첼리의 원형적인 비너스를 인용하는 것은 우연이 아니다. 질레트사의 비너스는 (태그라인이 암시하듯) 여성들이 '더 편해지기' 위해서 모방하는 모델이다. 질레트 광고에 오래 사용되었던 바나나라마의 익숙한 노래 「비너스」가 분위기를 고조시킨다. "나는 당신의 비너스, 나는 당신의 불, 당신의 욕망이에요"라는 가사는 이 여자의 몸이 누구를 위해 존재하는지에 관해 많은 것을 알려준다—그녀의 몸은 그녀를 보고 있는 모든 사람, 그리고 그녀를 제외한 모든 사람을 위해 존재한다. 그것은 벌거벗은 상태로 편안하기—심지어 행복하거나 충만한 것이 아니라, 단지 '편안하기'—위해서는 많은 노력이 필요하다는 메시지를 전달한다. 또한 제모를 하지 않은 여성들은 자신의 몸을 사람들에게 내보이는 데 불편함을 느껴야 한다는 의미를 담고 있다.

질레트의 2017년 TV 광고를 보자. 모델 한 명이 수정같이 맑은 바닷물을 헤치며 걷고 있다. 그녀가 웨트슈트의 지퍼를 내리자 흰색 비키니와 늘씬하고 매끄러운 다리가 드러나고, 카메라 워크는 마치 그녀가 걸어 다니는 조각인 듯 몸의 곡선과 윤곽선을 강조한다. 이 장면은 보티첼리의 「비너스의 탄생」의 직접적인 인용이고, 또 영화 「007 살인면허」에서 흰색 비키니 차림으로 바다에서 걸어 나오는 우르줄라 안드레스의 모습을 한 20세기 '본드 걸' 비너스를 의도적으로 언급한다. 비키니는 흰색이다—사실, 이 해변의 건전한 파티에 참석한 모든 사람이 흰색 수영복을 입고 레몬수를 마시고 있는데, 이는 보티첼리의 그림 속 천상의 비너스의 신성한 몸에 각인

되어 있는 순수와 미덕의 개념들을 강화한다. 이러한 본보기들을 참고한 질레트 비너스는 남성이 대상화하는 시선으로 본 성적 매력이 넘치는 '핀업 사진'으로서의 비너스, 그리고 문화적 가치가 있는 고급미술의 신성한 표현으로서의 비너스를 활용한다(힐끔거리는 사람들의 시선을 받는 동시에 천재의 고귀한 작품으로 불리는 우피치미술관의 「메디치 비너스」가 생각난다).

해변에 있는 모든 사람이 뒤돌아보고 비너스는 사람들이 자신을 보고 있음을 안다. 은발의 원숙한 여성이 호의와 존경의 시선으로 그녀를 바라본다—어쨌든 그녀도 한때 비너스였다. 미술사에서 이 미묘한 디테일은 근대 이전 그림들에서 자주 발견되는 것이며, 젊은 여성의 아름다움을 늙은 여성과 대비시킴으로써 비너스의 가치가 육체의 덧없는 젊음과 아름다움에 좌우된다는 사실을 상기시킨다.

여성들의 머리에 난 털은 성적으로 매력적이지만 몸에 난 털은 '여성적이지 않으며' 추하다고 간주된다. 체모는 생리와 마찬가지로 여성의 성성숙과 생식능력을 나타내는 것이지만, 비너스의 원형적 이미지들은 성숙한 여성의 몸에는 재생산의 가능성을 알리는 호르몬의 흔적이 있어서는 안 된다고 우리에게 말한다. 그러므로 우리의 가부장적인 비너스는 여성들에게 피할 수 없는 역설, 다시 말해 여성들은 성적 대상이어야 하지만 성숙한 신체의 징후들은 부끄러워해야 한다는 역설을 던진다. 어머니가 없는 탄생부터 체모 없이 창백한 피부와 수동적인 대상화에 이르기까지, 비너스 그림들이 상징하는 것은 여성들의 현실적인 섹슈얼리티의 억압이다.

이상적인 비너스에게 체모가 있어서는 안 된다고 한다면, 비너스는 모든 정상적인 생리기능을 감춰야만 한다. 즉, 그녀의 완벽하게 비인간적인 외모는 그녀의 몸이 아무것도 새어나오거나 빠져나오지 않는 오로지 표면일 뿐임을 암시한다. 뿐만 아니라 비너스의 이상을 훼손하거나 거기서 벗어난 여성의 이미지들은 공개 토론의 장에서 엄격하게 규제된다. 시인이자 예술가인 루피 카우르는 2015년 3월에 자신의 인스타그램에 한 장의 사진을 올렸다. 사진 속 그녀는 「로크비 비너스」를 연상시키는 자세로 등을 돌리고 누워 있다. 하지만 그녀의 누드는 부드럽지도 매끈하지도 않다. 큐피드에 대한 고전적인 인용도, 다른 사람이 자신을 보고 있다는 자각을 통해 비너스를 정의하는 거울도 찾아볼 수 없다—소박한 가구들은 이곳이 내보이기와 에로틱한 퍼포먼스를 위한 은밀한 공간이 아니라, 휴식과 긴장 해소의 공간임을 암시한다. 그녀가 잠들어 있는 침대시트에는 생리혈이 묻어 있고 파자마 바지에도 피가 배어나왔다. 인류 절반인 여성이 공감할 수 있는 상황을 묘사하고 있음에도 불구하고, 이 사진은 두 번이나 검열을 받았고 적절한 자료 조항을 위반했다는 이유로 인스타그램에서 삭제되었다. 이러한 검열은 여성의 신체 사진에서 우리가 용인할 수 있다고 생각하는 것에 대해 명백한 위선의 문제를 제기했다. 카우르는 자신의 계정에서 "속옷 차림의 내 몸은 괜찮지만 피가 조금 새어나온 속옷은 용납되지 않는 여성혐오적인 사회의 자부심을 충족시키지 못한 것에 대해 사과하지 않겠다"라고 말했다.

루피 카우르의 이미지는 또 자신도 모르는 사이에 서유럽의 백인 미술사의 비스듬히 기댄 비너스를 참고한 사진 속 소수인종 여성을 보여줌으로써 미술과 이미지의 역사에서 흑인과 황인 여성들의 대상화와 지우기에 관한 중요한 논의로 우리를 이끈다.

우리 문화에서 유색인종 여성은 성적 인종차별과 관련된 폭력을 경험할 가능성이 매우 높다. 그리고 이러한 문제들은 이미지들을 폄하하고 과잉 성애화하고 페티시화하면서 미술사와 시각문화에 날카롭게 반영되었다. 이를 지칭하는 '흑인여성혐오misogynoir'는 2008년에 흑인 페미니스트 학자 모야 베일리Moya Bailey가 처음으로 사용한 용어였다. 의학서에 나오는 흑인 여성 환자의 이미지들을 연구하여 이러한 이론을 발전시킨 베일리는 여성 노예들이 성적으로 문란하고 사악하다는—과거에 백인 주인이 흑인 노예들의 착취와 학대를 정당화하는 방편으로 썼던 말—인종차별적인 환상이 흑인 여성혐오의 근원이라고 주장한다.

흑인여성혐오의 사례는 공인으로 활동하는 흑인 여성을 경멸적으로 묘사하는 데서 여전히 자주 발견된다. 미국의 퍼스트레이디였던 미셸 오바마는 인터넷 트롤internet trolls뿐 아니라, 심지어 웨스트버지니아 시장으로부터 원숭이와 유인원에 비유하는 지독히 인종차별적인 발언들을 들었고, 테니스 챔피언 세레나 윌리엄스는 그녀를 동물처럼 묘사한 모욕적인 만평에 단골로 등장했다. 예를 들어, 『헤럴드선』지에 게재된 마크 나이트의 만평에서 이 테니스 선수는 인종차별적으로 과장된 얼굴과 통제가 불가능한 고약한 성미를 가진 사람으로 그려졌다.

미술사 역시 과잉 성애화되고 동물적이며 유럽의 표준적인 외모와 '다른' 유색인종 여성의 개념을 강화하는 데 일조했다. 비너스의 '백인성'은 문화와 미의 기표로서 지극히 정상적인 것이 되어 잘 드러나지 않지만, 여성 신체의 '흑인성'은 이와 반대로 너무 잘 보인다. 흑인성은 미술사에서 대상화되었고, 미와 문명의 기본 값인 백인의 원형과 '다르고' 부차적이며 이국적인 것으로 간주되곤 했다.

일반적으로 그림 속에서 흑인과 황인 여성은 백인 여성이나 남성을 더 하얗게 (여기에는 더 문명화되었다는 의미가 함축되어 있다) 보이게 하는 익명의 보조출연자였다. 또 흑인과 황인 여성은 오랫동안 지속적으로 작동한 '백인 비너스'와는 다른 종류의 성적 대상화 시선의 중심이었고, 미술 이미지들에서 야만적이고 성적으로 만족할 줄 모르거나 또는 원시적이고 이국적이며 성적으로 복종적인 것으로 묘사되었다.

비너스의 시각 전통은 역사적으로 유색인종 여성을 배제했다. 서양미술에서 아름다우며 가치 있는 문화 감상의 중심으로 그들을 바라보는 것이 저지되었다는 의미다. 이와 동시에 비너스 전통은 역사적인 기호, 상징, 그리고 남성적 시선의 신화적인 기준들을 통해 흑인과 황인 여성들의 몸을 보도록 하는 환원주의적인 틀을 제공했다.

서양미술에서 '흑인 비너스'는 1800년경 토머스 스토사드의 에칭 「앙골라에서 서인도제도까지 흑인 비너스의 여행」에서 처음 등장했다. 거들 하나만 걸친 조각 같은 몸매의 흑인 여성이 돌고래들이 끄는 거대한 소라껍데기 위에 서 있다. 왕관을 쓴 바다의 신 트리톤이 비너스를 수행하고,—하지만 탐욕스러운 의도를 암시하듯 시선은 음부를 향한다—화려한 깃털을 들고 그녀의 도착을 알리는 케루빔들이 하늘을 날아다니고 있다.

이 '비너스'는 남아프리카 서부 해안에 있는 고국을 떠나 서인도제도의 식민지로 가고 있는 노예이지만, 고전 조각 같은 여성 누드와 소라껍데기에 초점을 맞추어 인용함으로써 대서양 횡단의 폭력

토머스 스토사드, 「앙골라에서 서인도제도까지 흑인 비너스의 여행」, 1801년.

성과 트라우마는 「비너스의 탄생」과 한 쌍을 이루는 기분 좋은 그림으로 승화되었다.

이 이미지는 브라이언 에드워즈의 『서인도제도의 영국 식민지의 시민과 상업의 역사The History, Civil and Commercial, of the British Colonies in the West Indies』 1801년판에 아이작 틸의 시와 함께 수록되었다. 틸의 시는 얄팍하게 위장한 인종차별적인 단어들로 '검은 비너스sable Venus'를 보티첼리의 「비너스의 탄생」에 비유한다. 그리하여 백인 비너스가 여성의 아름다움의 기본 모티프라는 개념을 강화할 뿐 아니라, 남성의 욕망하는 시선과 고급문화의 '적절한' 아이콘이라는 틀을 통해 그녀를 바라봄으로써 이 시에 내포된 여성 노예 강간이라는 금기시되는 환상을 약화시킨다.[10]

시인 로빈 코스트 루이스는 「검은 비너스의 여행」을 아름다우면서도 무시무시한 이미지로 평가했다. 이 그림은 한편으로는 흑인 여성이 배제된 고전문화의 틀로 바라본 흑인 여성의 신체를 보여주지만, 이 그림이 흑인 여성 착취와 비인간화를 신화 이야기로 신비롭게 탈바꿈하는 방식은 끔찍하다. 즉 「검은 비너스의 여행」은 르네상스미술과 문화의 권위에 의지해, 대서양 횡단 노예무역이 아프리카 여성의 해방을 위한 자발적인 여행이었다는 환상을 조장하며 여성 노예들이 직면했던 학대와 감금의 현실을 감추고 있는 것이다.

스토사드의 판화가 나온 지 10년 정도 지난 1810년에, 남아프리카의 코이코이족 출신의 여성 사르키 바트만Saartjie Baartman이 런던에 도착했다.[11] 그녀는 '호텐토트 비너스Hottentot Venus'라고 알려졌는데, '호텐토트'는 남아프리카의 식민지를 개척한 네덜란드인들이 코이코이 부족을 일컫던 말이었다(아마도 네덜란드 사람들이 코이코이 부족의 언어를 모방해 만든 단어로 보인다).

바트만은 런던의 피카딜리서커스에 '전시되었다'. 동전 몇 푼을 지불한 사람들이 그녀의 몸을 쳐다봤다. 바트만은 야생동물처럼 우리에 갇혀 있거나 '사육사'의 손에 이끌려 전시장 안을 이리저리 돌아다녔다. 영국으로 온 두 명의 코이코이 부족 여성 중 한 명이었던 그녀는 이들의 거대한 엉덩이—코이코이족 여성에게 둔부지방축적증이라 불리는 이러한 신체 유형은 흔했다—에 관심이 많은 사람들을 위해 인류학 표본으로 공개 전시되었다.

1814년경에 프랑스로 건너간 바트만은 파리의 유료 관객들 앞에 섰다. 그리고 일 년 후, 매독으로 사망했다. 이후 바트만의 시신은 그녀가 동물에서 인간으로 진화하는 과정에서 '미싱 링크missing-link'라고 믿었던 프랑스 해부학자 조르주 퀴비에에 의해 해부되었다. 바트만의 뇌와 생식기는 유리병에 담겨 1976년까지 파리 인류학박물관에 전시되었다. 바트만의 유해가 고향으로 돌아간 것은 2002년이다—『텔레그래프』에 「고향으로 가는 기괴한 아프리카 쇼」라는 헤드라인으로 보도된 사건.

흥미롭게도 여성의 대상화에서 여성의 '선택'이라는 주제와 관련해, 지금 우리가 마주한 것과 동일한 주장이 바트만의 전시를 둘러싼 여러 논쟁에도 수반되고 있다—바트만은 자발적인 참여자였고, 부자가 되게 해주겠다며 그녀를 꾀어 유럽으로 데려온 윌리엄 던롭과 수익을 나누었다는 주장이다. 이러한 주장은 스스로를 착취함으로써 (명목상으로) 돈을 벌 수 있다고 여성을 부추기는 시스템에 대한 검증을 피해가려고 한다.

바트만은 고전적인 백인 비너스를 아주 섬세하게 모방한 비너스의 또다른 유형인 검은 비너스로 소개되었다. 1815년경에 프랑스에서 제작된 판화 「무아지경에 빠진 구경꾼들」(바트만의 신체를 성애화된 구경거리로 패러디한 수많은 판화와 만평 중 하나)에서 바트만은 조각상 받침대처럼 보이는 곳에 서 있고, 여자 한 명과 여러 명의 남자들이 호기심 가득한 눈으로 그녀의 몸을 쳐다보고 있다. 받침대는 바트만의 몸을 미술작품인 동시에 인류학 표본으로 보게 만드는 장치다. 의자에 한쪽 발을 올려놓은 남자가 바트만의 엉덩이를 자세히 보기 위해 몸을 숙였다. 이 남자를 보며 나는 조파니의 그림 속에서 메디치 비너스를 에워싸고 날카로운 눈빛으로 엉덩이를 관찰하던 관람객들을 떠올렸다. 흥분한 선원들과 그랜드 투어리스트들의 사랑을 받았던 백인 비너스 조각이 여성의 몸에서 현실적인 모든 것이 제거된 몸이라면, '호텐토트 비너스'는 육체적인 과잉의 몸으로 보인다—흰색 대리석 여신에게 억압된 모든 것이 넘쳐흐르는 몸이다.

유럽인들은 바트만의 거대한 엉덩이를 성욕 과도와 일탈의 징후로 보았고, 식민지 인종주의에 심하게 편향된 19세기 과학자들은 아프리카 남성들의 주체할 수 없는 성적 본능이 그것 때문임을 암시하는 개념들을 발전시켰다. 이러한 믿음은 20세기 내내 미국에서 계속되었고, 백인 여성에게 성범죄를 저질렀다며 흑인 청년들에게 린치를 가하도록 군중을 선동하는 등 극악무도한 반응들을 유발했다.

화가들이 유럽의 식민지들을 인류가 타락하기 전의 풍경으로 보았던 19세기 말 무렵, 유색인종 여성의 신체를 보는 또다른 시각이 등장했다. 이들은 식민지 여성을 서양의 자본주의와 산업화에 오염되지 않은 순수한 모습으로 묘사했다. 종종 이러한 그림들은 현대

세계와 아카데미 미술의 고루한 전통으로부터 도피처를 찾던 백인 남성 화가들에게 의미 있는 탈출구이자 성적 방종의 상징이었다.

이러한 판타지의 주요 범인들 중 한 명이었던 폴 고갱은 벨 에포크시대 파리의 증권 중개인의 삶을 포기하고 아내와 세 아이를 떠나 프랑스의 식민지 타히티로 향했다. 타히티에서 그는 원주민 여성들과 성관계를 맺었는데, 그들 중 다수가 미성년자였다. 고갱은 몇몇 여성을 그의 '바히네vahine'—또는 아내—로 선택했고 그들의 모습을 그림에 담았다. 고갱은 편지에서 이들을 '님프'라고 부르는데, '님프'는 호색적인 남신들의 이야기에 자주 등장하는 자연을 의인화한 존재를 가리킨다. 고갱은 스스로를 그런 자격이 있는 신이라고 생각했고, 자신이 "구릿빛 피부, 탐색하는 동물 냄새, 열대의 향기를 지닌 여성들의 모습을 영원히 남기기를 얼마나 바랐는지" 말하며, 일부는 고작 열세 살에 불과했던 타히티의 여성들에 대한 그의 욕망을 고백했다.

고갱은 서양미술의 원형적 비너스를 오세아니아의 목가적 풍경의 시각적 표현, 색채, 상징 등을 이용해 이국적으로 표현했다. 전통적인 비너스의 대리석 같은 매끈한 피부와 푸디카 자세는 버린 것 같지만, 소유, 권력, 욕망, 관음증의 역학관계는 여전히 확고하게 자리잡고 있다.

고갱은 1892년에 「죽은 자의 영혼이 쳐다보다」에 그의 바히네들 중 한 명을 그렸다. 그녀는 우르비노의 비너스와 로크비 비너스를 뒤집어놓은 것 같은 자세로 엎드려 있다. 그녀의 갈색 몸은 흰색 시트와 대비되며 반짝인다. 그녀는 베개 위에 손을 올리고 발목을 꼬고 있고, 마치 성적으로 소비될 준비가 되었다는 신호를 주는 것처럼 기대감으로 머리를 관람자 쪽으로 돌리고 있다. 그녀의 자세와 시선은 암시된 관람자가 무엇에 익숙하고 무엇을 기대하는지, 그리고 그의 그녀에 대한 지배가 필연적임을 명확하게 보여준다. 기분 나쁜 검푸른 보라색 배경에 옆모습의 알 수 없는 형상(영혼?)이 있다. 이 그림에는 「우르비노의 비너스」 같은 그림에 보이는 노골적인 에로티시즘을 누그러뜨리는 고전 신화나 결혼의 상징들이 하나도 없다(고갱은 이 그림이 '외설적'이라고 직접 밝히기도 했다).

최근까지도 고갱은 (피카소와 모딜리아니처럼) 자신의 욕망을 충실히 따르고 그것을 아방가르드 미술에서 탐구함으로써 그림을 보는 모든 사람들을 억압에서 해방시킨 현대미술의 거장으로 불리고 있다. 그의 이야기는 숨 막히는 유럽 부르주아사회에 저항한 자유의 이야기로 그려지곤 한다. 고갱의 성적인 모험은 그와 그의 그림에 감동한 사람들을 인간이 타락하기 이전의 동물적인 본능과 해방적인 관능성의 세계로 인도하는 열정적인 여정이다. 성은 미술에서 인간을 속박에서 해방시키는 주제로 자연스럽게 받아들여지는 경향이 있지만, 우리는 이러한 그림에서 성의 해방이 여성들을 위한 것이었는가라고 물을 수밖에 없다.

수십 년간 미술사학자들은 고갱의 식민주의적이고 성차별주의적인 시선을 비판했다. 이러한 비판은 최근에 대규모 전시들에서 인정되었다. 2019년에 런던의 내셔널갤러리와 캐나다 국립미술관이 기획한 전시 〈고갱 초상화들〉의 설명 자료에서는 "고갱이 서양인이라는 특권적인 지위를 이용해 성적인 자유를 얻었음은 의심할 여지가 없는 사실이다"라고 시인했다. 이러한 인정에도 불구하고, '천재성이 있는 괴물' 또는 '예술가로부터 예술의 분리' 문제는 고갱의 타히티 여성 그림들에 의해 야기된 욕망의 권리 및 남성의 천재성과 연관된 난해한 문제들을 재맥락화하는 데 거의 영향을 미치지 못했고, 우리는 아직도 그를 어떻게 다루어야 할지에 대한 해답을 찾지 못한 듯하다.

흑인여성혐오 이미지들은 우리의 시각문화에 언제나 존재하고 있었지만 드러나지 않으며, 엉덩이가 과장된 호텐토트 비너스는 문화적 상상에 자주 출몰하며 인종차별주의적인 편견과 복잡한 문화적, 성적 개념들을 형성한다. 2014년에 미국의 방송인 킴 카다시안은 전시된 조각상처럼 몸에 꽉 끼는 검은 드레스를 입고 받침대 위에 서서 웃고 있는 모습으로 『페이퍼』의 표지에 등장했다. 그녀는 황금기 할리우드의 화려함의 관능을 일깨우는 검은색 장갑을 낀 손으로 사치스러운 생활의 또다른 상징을 들고 있다—사정을 하듯 샴페인 병에서 터져나온 샴페인 줄기는 킴의 머리 위쪽을 지나 해부학적으로 불가능한(포토샵이 된) 엉덩이 위에 놓인 유리잔 속으로 떨어진다. 샴페인 거품은 킴의 상반신을 에워싸는 테두리를 그려 이미지 속 또다른 이미지를 만들어내고 성적 해방과 흥분, 풍요로움 등을 암시한다. 그러나 호를 그리는 샴페인 거품과 밀착된 드레스를 착용한 그녀의 몸은 보티첼리의 비너스의 몸과 바다 거품에서 태어난 비너스 신화로 우리를 다시 데려간다.

그녀의 흑인 비너스 대응물은 고향 남서아프리카에서 떠나온 사르키 바트만의 착취당하고 대상화된 몸을 연상시키는 육감적인 엉덩이에 숨어 있다. 킴의 진주목걸이는 유럽에서 호화로움의 상징이었던 진주라고 볼 수도 있지만, 진주들이 촘촘하게 연결된 모양은 마사이족 여성들의 구슬 장식 목걸이와 비슷하고 적갈색 배경은 아프리카의 진흙땅에 대한 무의식적인 언급이다. 이 이미지는 밝은 피부를 가진 여성이라는 비교적 안전한 장치를 마련하고 여성의 섹슈얼리티에 대한 인종차별적인 고정관념을 거칠게 차용하여 백인처럼 변장한 흑인 비너스를 만들어낸다. 미국의 예술가이자 비평가 러레인 오그레이디가 여성혐오적인 서양인의 상상 속에서 흑인과 백인 여성의 몸은 서로 분리될 수 없다고 했을 때, 하고 싶어했던 말이 바로 이것이다.[12]

여기서 이 작품의 원작자가 킴 카다시안이 아니라 장폴 구드이고, 유명 잡지 『페이퍼』에 게재된 사진은 사실 1982년에 출간된 구드의 책 『정글 피버』에 실린 사진들 중 하나를 복제한 것이라는 사실을 기억하는 것이 중요하다(구드는 1979년에 "나는 정글 열병을 앓고 있어요"라는 말로 흑인 모델에 대한 관심을 표명했다). '샴페인 사건the Champagne Incident'으로 불리는 문제의 사진에서 흑인 모델 캐롤리나 보몬트의 터무니없이 둥글고 높이 올라간 엉덩이에 샴페인이 포물선을 그리며 떨어진다(구드는 아날로그적 기법으로 사진 이미지를 조작해 모델의 자세와 해부학적 구조를 강조하는 것으로 유명한 작가다). 두 사진은 모두 호텐토트의 비너스로서 사르키 바트만의 인종차별적인 전시를 활용한다.

고갱은 성애화된 이국적인 타자의 상징으로 보았던 여성들의 신체에서 영감을 발견하고 비너스의 전통과 남성적 시선으로 그들을 묘사했던 유럽 남성이었고, 구드는 20세기 고갱이라고 할 수 있다. 『뉴요커』에서 로빈 코스트 루이스가 언급한 대로, "로마시대 이래 우리는 조각상들을 지속적으로 교체한다. 그러나 계속 똑같은 블라인드 게임을 하고 있다".[13]

여성 미술가들은 흑인 여성의 몸을 오직 백인성과 연관 짓거나 혹은 역사적으로 폄하된 모습으로 그들을 바라보는 미술과 역사 이미지의 사슬에서 해방시킴으로써 그것을 되찾았다. 1990년대에 아프리카계 미국 아티스트 르네 콕스는 호텐토트 비너스 자세를 하고 있는 자신을 촬영함으로써 그러한 원형을 비판하고 전복시키며 흑인 여성의 신체가 보여지는 방식에 대한 주체성을 주장했다. 더 최근인 2017년 2월에 가수 겸 퍼포머 비욘세가 임신 사실을 알리기 위해 자신의 웹사이트와 인스타그램에 여러 장의 사진을 올린 것도 이와 비슷한 맥락이다. 미술사를 전공한 아티스트 에이울 에리즈쿠가 촬영한 이 사진들은 베누스 푸디카와 비스듬히 기댄 오달리스크를 비롯해 서양미술사의 낯익은 비너스들을 반복하며 비욘세의 임신한 몸을 중심무대로 가져왔다.

제일 먼저, 크니도스의 아프로디테와 보티첼리의 「비너스의 탄생」을 연상시키는 푸디카가 있다. 바다의 비너스를 안내하는 자애로운 바람과 지중해 해안은 보이지 않는다. 대신, 비욘세는 서양의 신 비너스의 이미지와 아프리카 여왕 네페르티티의 흉상, 그리고 다산을 상징하는 요르바족 신의 상징 등을 종합하여, 복잡하게 얽힌 아프리카 디아스포라와 식민주의의 모티프들을 반영하는 혼합 상징을 만들어냈다.

비욘세의 몸은 보티첼리의 비너스와 달리 어머니가 부재한 차가운 바다에서 오는 것이 아니라 땅에서 자란 식물들에 둘러싸인 모습으로 등장하여, 결여되었던 다산과 젊음의 개념을 비너스의 몸으로 가져온다. 또 남에게 보일까 불안해하며 음부를 수줍게 가리는 것이 아니라 볼록한 배를 자랑스럽게 내보인다.

비욘세가 웹사이트에 게재한 사진들은 케냐에서 태어난 소말리아계 영국 작가 워산 샤이어Warsan Shire의 시 「세 개의 심장」과 함께 출간되었다—이 제목은 비욘세의 배 속에서 자라고 있는 쌍둥이의 심장 두 개, 그리고 샤이어가 '흑인 비너스'라고 지칭한 어머니 비욘세의 몸을 의미한다. 비욘세와 샤이어의 비너스 리믹스 버전에서, 비너스는 모두 흑인이고 엄격하게 통제된 천상의 비너스 이미지에서 볼 수 없는 두 가지 측면, 다시 말해 다산과 번식이라는 측면과 밀접하게 연결된다.

이 사진들은 지금까지 살펴본 미술사의 비너스 이미지들 못지않게 열망 및 지위와 연관되어 있다. 비욘세는 자신이 뱃속의 아이들이 계승할 왕조의 수장이자 여왕이라고 말하기 위해 아프리카 여왕들의 도상을 가져왔다. 그녀는 매우 세련된 방식으로 비너스 원형이 상징하는 아프리카의 미가 배제된 규범 속으로 들어가, 그러한 전통 내에서 자신의 자리를 요구한다. 이 시점에서 중요한 것은 주체성의 인식이다. 화가의 붓과 후원자의 욕망에 의해 비너스로 빚어진 수많은 익명의 여성들과 달리, 비욘세는 자신의 이미지를 직접 설계했다. 그녀가 어떻게 보이게 될지를 결정하는 사람은 그녀 자신이다. 얼굴 표정에서 느껴지는 경고의 분위기에도 불구하고, 비욘세의 관능성과 육체의 아름다움은 힘의 증거로서 강조되고 우리에게 보여진다. 다시 말하면, 그녀를 쳐다볼 수 있지만 만질 수는 없다.

그러나 베누스 푸디카의 몸에 분명 존재하지만 숨겨진 수치심이나 모든 비스듬히 기댄 비너스의 외관에 새겨진 인종과 성 권력의 담론들을 우리가 알고 있다면, 특히 공유하기 위해 선택한 신체 이미지들에 대해서 여성들이 여전히 권력과 권위부여의 가장 확실한 기준으로 미와 관능성에 의지하고 있을 때, 나는 이러한 초상들이 얼마나 전복적이며 권위를 부여할 수 있는지 궁금하다.

휴식을 취하고 있는 흑인 여성을 그린 데브라 카트라이트Debra Cartwright의 대형 작품은 다른 관점으로 비너스에 접근한다. 이제 우리는 비너스들을 알고 있기 때문에, 오래 사용한 침대시트가 보이는 풍경과 오달리스크 자세가 비너스의 시각 전통의 의식적 혹은 무의식적 인용임을 알아볼 수 있다. 「데리카의 LA 아파트」에서 표범 프린트 슈미즈를 입은 흑인 여성이 편안하게 소파에 누워 있다. 그녀는 한 손으로는 팔꿈치를 바닥에 대고 머리를 받치고 있고, 다른 한 손은 음료수 캔에 살짝 걸쳐놓았다. 조명은 지금이 한낮이고 데리카가 자유로이 휴식을 만끽하고 있음을 암시한다. 비좁은 아파트에 있는 그녀를 보고 있는 관람자로서 우리에게 주어지는 불가피한 관음증에도 불구하고, 데리카는 눈을 감고 시선을 마주치기를 거부한다. 비너스의 정체성의 상당 부분은 누군가가 자신을 보고 있고 자신이 거기에 연루되어 있음을 아는 데서 비롯한다. 그러나 잠깐 눈을 붙이고 있는 이 오달리스크는 '보는 사람'의 권력, 다시 말해 보는 이의 쾌락을 위해 연기하고 있음을 인식하고 있는 누드를 보는 데서 비롯하는 어떤 권력도 부정하며, 그러한 회로를 막아버린다. 카트라이트의 쉬고 있는 흑인 여성들은 비욘세가 직접 기획한 관능적인 초상들과는 다른 유형의 주체성으로 비너스 전통의 권력 담론들을 교묘하게 약화시킨다. 즉, 휴식과 기분전환은 급진적인 페미니스트 행위가 되는 것이다.

미국의 작가이자 여성 운동가인 오드리 로드는 두번째 암 진단

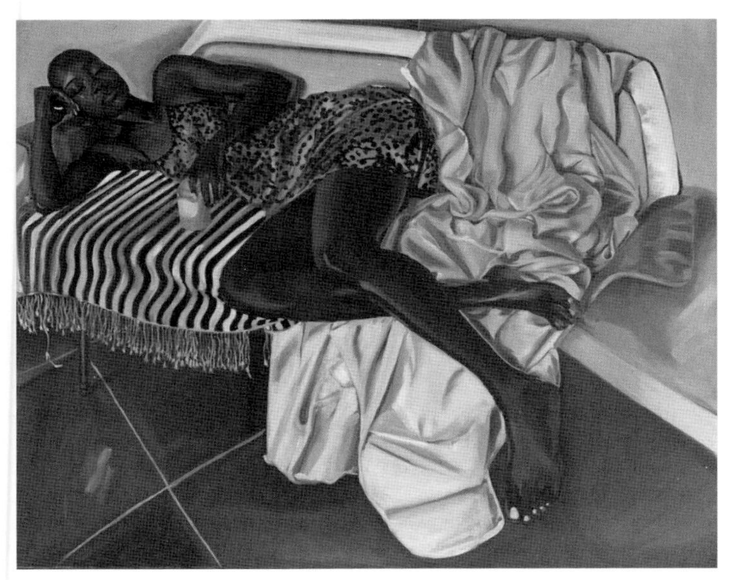

데브라 카트라이트, 「데리카의 LA 아파트」, 2020년, 로스서튼갤러리, 작가 제공.

을 받은 후에 집필한 『빛의 폭발A Burst of Light』(1988)에서 급진적인 저항 행위로서 자기 돌봄의 힘을 이야기했다. 그녀는 "내 자신을 돌보는 일은 방종이 아니다"라고 말한다. "그것은 자기보호이자, 정치적 투쟁 행위다". 자기 돌봄의 정치학은 값싼 노동력으로서 흑인, 특히 흑인 여성에 대한 착취의 역사를 통해 이해할 때 적절하다. 카트라이트의 메시지는 보편적이기도 하다—모든 여성은, 자기보다 먼저 타인을 돌보라고 말하는 동시에 비너스의 외모 유지라는 추가 '업무'를 만들어내는 가부장적 자본주의의 요구(심지어 사춘기 이전의 어린 소녀들에게 '팸퍼링'• 또는 '미-타임'••으로 속여 광고, 판매되는 돈과 시간)에 공감할 수 있다. 가정에서는 돌봄의 책임을 떠맡고 직장에서는 더 적은 돈을 받고 열심히 일하며, 초생산성과 아름다움의 기준을 유지하라고 여성들에게 강요하는 세상에서 휴식을 선택하는 것은 저항의 정치적인 제스처다.

카트라이트의 작품 속 여성들이 휴식하는 장소는 그들이 소유한 공간이다—「데리카의 LA 아파트」라는 제목은 탐나는 부동산을 소유할 만큼 여유 있는 데리카의 지위와 재무건전성을 암시한다. 이 비너스들(우리가 그들을 그렇게 부를 수 있다면)은 소유자—보는 사람의 사회적 지위가 아니라 그들 자신의 사회적 지위, 그들의 쾌락, 그리고 비너스가 되려는 노력과 남성의 대상화하는 시선과 다른 노동들에서 벗어나 쉴 수 있는 그들의 자격 등을 반영한다.

다른 여성 예술가들은 터무니없이 아름다운 비너스를 약하고 더럽고 또는 병든 신체들로 대체하여, 여성의 외모에 대한 사회적 기

• pampering, 소중하게 가꾸기.
•• me-time, 나를 위한 시간을 갖는 것.

대들에 이의를 제기했다. 미국 페미니스트 미술가 해나 윌크는 그녀의 공격적인 마지막 작품 「인트라-베누스」(1992~93)에서 완벽한 육체의 비너스에 대한 환상을 폭로했다. 이 작품은 림프종으로 인한 육체적 쇠약과 치료로 피폐해진 그녀의 몸을 상세히 기록한 일련의 사진, 드로잉, 영상으로 구성되어 있다. 작가로 활동하는 내내 윌크의 작업은 잡지와 광고에서 발견되는 비너스 원형에서 유래한 방식으로 여성다움을 연기하게끔 여성들을 어떻게 부추기는지에 관심을 집중시켰다. (역설적이게도 아름다운 외모를 가졌다고 여겨진 윌크는 자신의 매력적인 나체를 이용해 비너스에 투사된 여성다움의 환상에 영향을 미친 이미지들을 비판했다는 이유로 1970년대에 페미니스트들로부터 나르시시스트라는 공격을 받았다.)

「인트라-베누스」는 윌크의 최후의 반격이다. 흰 시트가 씌워진 병실 침대에서 그녀는 미술사에서부터 성애물에 이르는 모든 이미지에서 볼 수 있는 비스듬히 기댄 오달리스크와 핀업 사진의 의도된 자세를 모방하는 도발적인 포즈를 취하고 있다. 그러나 이 비너스의 숱이 적은 머리, 기운 없이 처진 몸, 상처 드레싱은 그녀의 골수이식과 임박한 죽음에 주목하게 한다. 그녀가 우리에게 보여주는 것은, 예상되는 남성의 시선을 위해 비극적이면서 부조리한 방식으로 여전히 본능적으로 연기하는 병든 인간의 몸이다.

윌크의 사진에서 비너스의 몸은 서프러제트의 칼이 아니라 외과의사의 칼에 찢겼지만, 어떤 면에서 메리 리처드슨의 벨라스케스의 그림 훼손과 윌크의 사진이 암시하는 것은 동일하다. 둘 모두 비너스 이미지가 불안정한 가면, 즉 여성의 신체를 연기하고 있는 예술품으로 변화시킴으로써 밀려드는 현실과 쇠퇴의 파도를 막고 있는 가면임을 폭로한다.

이 안티-비너스anti-Venus는 간혹 의외의 장소에서 발견된다. 1876년 프랑스 인상주의 화가 에바 곤잘레스가 그린 「깨어나는 여성」은 은근히 급진적인 작품이다. '급진적인'은, 라일락 꽃병과 불룩한 베개 등 상류층 부르주아 가정을 상징하는 물건들이 있는 방에서 산뜻한 흰색 시트에 누워 있는 예쁜 여성을 보여주는 이 그림을 볼 때 처음 떠오르는 단어는 아닌 듯하지만, 19세기 프랑스 미술의 기준에서 보면 이 그림은 전복적이다. 섹스나 비너스와 상관없이 침대에 누워 있는 여성을 그렸기 때문이다. 데브라 카트라이트의 느긋하게 쉬고 있는 여성들과 마찬가지로, 이 여자도 보는 사람의 존재를 인정하지 않는다. 그녀는 아침의 푸른빛이 부드럽게 비치는 방에서 매우 편안한 모습으로 잠에서 깨어나고 있다. 옆에 놓인 것은 밤에 읽었던 책인 듯하다. 비스듬히 기대어 누운 그녀의 몸처럼, 그녀의 은밀한 내면세계는 구경꾼들로부터 보호된다. 흰색 베개와 대비되는 검은 머리와 붉은 입술에 이끌려 그림 속으로 들어간 우리의 시선은 그녀를 감싸고 있는 눈 더미 같은 직물의 텅 빈 공간과 마주친다. 이것은 자신의 몸과 자신의 세상에 만족하는, 휴식 상태의 사고하는 인간 주체에 관한 그림이다. 바꾸어 말하면, 그녀는 비너스가 가로막고 있는 우리의 모든 것이다.

2

어머니

옛 에프라강이 아래에 감춰져 있는 우리 집 앞길이 끝나는 곳에 공원이 하나 있다. 이상한 길 이름만이 지하에 강이 흐르고 있음을 알려줄 뿐, 강의 존재를 알아차리기란 거의 불가능하다. 막혀버린 강물은 물의 본성과 상반되고 그것을 덮은 도시 지리학과 어긋나는 기이한 방식으로 지면으로 솟아오른다. 공원은 정돈된 화단들이 있고 사람들이 바글거리는 도시 공원이 아니다. 그곳에는 때로 우울하지만 보통은 아름다운 고독과 공허함이 존재한다. 놀이터 근처에는 기름기가 떠 있는 물이 고인 검은 연못이 있다. 쓸쓸한 오리 떼와 티격태격하는 쇠물닭의 보금자리다. 폭풍우가 몰아치고 폭우가 내리면 지하의 강물이 범람하는데, 그때 강물은 풀이 무성한 도로변에 고이고 잔디밭에서 솟구치며 존재감을 드러낸다. 낮 동안은 강아지를 산책시키는 사람들과 이따금 테니스를 치는 사람들이 돌아다니지만 공원을 차지한 이들은 주로 유아차를 밀고 가는 지친 여성들이다. 그들 또한 자신의 모습을 숨기고 있다. 비가 많이 내려 강둑이 무너지기를 기다리며 표면 아래에서 흐르거나 고여 있다.

놀이터에서는 런던 북쪽의 스카이라인이 잘 보인다. 지평선에 몰려 있는 은색의 고층 빌딩들은 직업과 비즈니스 세계를 나타낸다. 어스름한 겨울 오후가 되면, 휘황찬란한 빌딩들의 희고 붉은 조명은 지평선을 환하게 밝히고 거킨, 워키토키, 치즈그레이터 같은 장난감 가게 이름을 가진 미래의 로켓 발사대로 변신한다. 그곳은 남편들이 일하는 곳이고, 아이스크림 트럭과 다람쥐들과 눈물에 둘러싸여 육아를 하기 위해 일시적으로 경력이 단절되었거나 자책하며, 혹은 행복하게 직장을 그만둔 여성들이 일했던 곳이다.

아이들이 잠든 후에 쓰고 싶은 내용을 머릿속으로 정리하고, 휴대폰을 보지 않으려고 애를 쓰면서 아이들의 콧물을 닦아주거나, 기계적으로 그네를 밀어주며 이곳에 서 있을 때면, 나는 종종 지평선의 런던을 바라보며 화가 베르트 모리조Berthe Morisot를 떠올린다. 모리조는 1880년대 파리의 예술적 삶의 중심에서 살았지만, 여성이었기에 언제나 주변인으로 머물렀다. 인사이더면서 동시에 아웃사이더로 살아가는 긴장감은 화가로서 그녀의 삶에 표출되었다. 여성이 국립미술학교 에콜데보자르에 입학할 수 있게 된 것은 모리조가 세상을 떠나고 2년 후의 일이었지만, 상류층 부르주아 여성이라는 사회적 지위 덕분에 그녀는 부모님의 도움으로 개인 미술수업을 받을 수 있었다. 또 화가 에두아르 마네의 동생 외젠 마네와 결혼함으로써 그림을 그리고 작품을 전시할 수 있는 세계로 들어갈 수 있었다. 물론 제약은 있었다. 여성이기 때문에 모리조는 홀로 현대적인 삶을 찾아 파리를 돌아다닐 수 없었다. 오후에 튈르리정원에서 오

베르트 모리조, 「창가의 화가의 언니」, 1869년, 에일사멜론브루스컬렉션,
워싱턴 국립미술관 제공.

가는 사람들을 보며 그림을 그릴 수 없었고, 오페라와 발레 극장에서 몰래 훔쳐보는 사람처럼 무대 뒤에서 서성대는 것도 불가능했다. 파리의 카페에 홀로 앉아 온종일 압생트를 마시는 부랑자들을 관찰하거나, 수증기가 꽉 찬 곳에서 몸이 부서져라 시트를 말고 있는 세탁부들을 지켜보는 것도 허용되지 않았다. 엄격히 준수되었던 사회적 예절은 여성으로서 그녀가 도시생활의 주변부, 교외의 가정 내에 머물러 있어야 함을 의미했다. 그러므로 모리조의 시선의 중심과 그림의 주제는 여성과 아이들의 세계였다.

이런 이유에서 모리조의 그림은 기분을 좋게 하는 '여성적인' 그림이라며 간과되기 일쑤였다. 여기서 '여성적인'이라는 단어는 '남성 화가들에게 위협이 되지 않는 기분 좋은'을 완곡하게 표현한 말이다. 그러나 파스텔 색채의 외관, 가볍고 투명한 직물과 대기를 제외하면, 모리조 그림의 모든 부분은 은근히 불안하고 걱정스럽다. 모리조가 제일 좋아했던 모티프는 '문턱'이었다. 그녀는 종종 내부와 외부를 분리하는 매개 공간의 역할을 하는 창문과 발코니가 있는 장면에 인물들을 위치시켰다. 모리조는 이 경계선을 심리적인 관점에서 탐구하는 것처럼 보인다. 그녀의 그림에서 겉모습과 내면의 정체성의 경계들이 느슨하게 짜인 다채로운 물감의 태피스트리 속에서 점점 사라져가고 있을 때 표면 아래 의식의 흐름이 드러나고, 여성들은 흩날리는 색종이 조각 같은 두터운 붓 터치 속으로 녹아들어간다. 당대 비평가들의 찬사를 받았던 모리조는 항상 그렇게 불렸던 것은 아니었지만, 간혹 그림에서 발견되는 서투름—타원들, 파편들, 흐트러진 형태들—으로 인해 '미완성의 천사'로 알려졌다.

모리조의 미술은 여성들이 경험하는 질척거리는 권태감과 좌절감을 표면으로 올려보내는 분리—파리로부터, 자신으로부터, 환경으로부터—의 미술이다. 그녀는 급진적인 실존주의자였지만 미술사에서는 그렇게 인식되지 않을 때가 많았다.

모리조는 무거운 드레스에 눌려 공허한 날들을 보내는 중산층 엄마들의 숨 막히는 권태와 나르시시즘을 이해했다. 「창가의 화가의 언니」(1869)는 임신한 배를 완전히 감싼 새하얀 모닝 드레스를 입고 안락한 상류층 부르주아 저택의 창가에 앉아 있는 모리조의 언니 에드마 퐁티용을 그린 그림이다. 초여름의 공기가 큰 창을 통해 집 안으로 들어오고, 길 건너편 발코니에서는 이웃사람 두 명이 발 아래 거리를 내려다보며 대화를 하고 있다. 이들은 인상주의 기호이지만 거만한 태도와 몸의 자신감은 이들이 남성임을 암시한다. 그러나 남자들의 시선과 바깥세계의 여름바람이 방 안으로 흘러들어오는 동안 에드마는 음산한 실내 너머의 세계가 시작되는 지점에 머물러 있다. 그녀는 거리를 마주보고 있지만 눈을 내리떴고, 파리와 자신의 가정을 분리하는 발코니의 문턱에 발을 올려놓았다. 하얀 드레스의 주름들이 그녀의 몸을 짓누르고, 배 속의 아이는 엄마와 태아에게 또다른 감금을 상징한다. 두 포로는 서로 다른 방식으로 내부에 갇혀 있다.

그림만 봐서는 퐁티용이 얼마 전 화가의 이력을 포기했다는 사실—해군장교와 결혼하기 위해 감수한 희생—을 알 수 없지만, 그녀가 주변 환경으로부터 분리되는 방식과 시선을 아래로 내리고 무릎에 놓인 부채를 계속 만지작거리고 있는 모습에서 좌절감을 느낄 수 있다. 당시 미혼이었기 때문에 자유로이 그림에 몰두할 수 있었던 베르트 모리조는 분명 언니의 상실감을 느꼈을 것이다. 여성의 전문적인 미술교육에 대한 당대인들의 경멸적인 태도, 그리고 중상류 계급 여성들이 화가가 되는 것은 파국까지는 아니더라도 혁명적인 행동이라고 말한 자매의 미술 교사 조제프 귀샤르의 경고에도 불구하고, 두 자매는 자유로운 사고방식을 가진 부유한 부모님의 도움으로 대다수의 부르주아계급의 젊은 여성들이 익혔던 소양을 훨씬 넘어서는 교육을 받아 전문적인 화가로 성장했다.

모리조는 3년 후에 「발코니의 여자와 아이」에서 다시 한번 언니를 그렸다. 이번에는 파리의 스카이라인이 보이는 발코니에서 어린 딸 잔과 함께 있는 에드마의 모습이다. 옅은 보랏빛 하늘을 배경으로 파리 7구에 우뚝 솟은 앵발리드의 금색 돔이 빛난다. 앵발리드는 프랑스 군대의 역사를 찬양하기 위해 건립된 기념비와 여러 박물관이 모여 있는 공간으로, 확고한 남성의 상징이었다. 그것은 여성을 위한 제도적 또는 상징적인 공간이 부재한 이 지역을 특징짓는 건물이다. 이 그림은 현대적인 삶을 즐기는 사람들과 그것의 전리품에서 멀어져 있는, 교외의 적막과 지루함에 갇힌 특권계급 여성의 영원히 분리된 여성적인 영역을 포착한다. 아이는 새장의 새처럼 쓸쓸히 난간 사이를 쳐다보고 있고, 아이 엄마의 텅 빈 눈은 그것을 외면한다. 가까이 가지 못할 바에는 안 보는 게 최선이다.

모리조가 결혼하기 1년 전인 1873년에 그린 「숨바꼭질」은 내가 제일 좋아하는 모리조의 그림이다. 우리 동네 공원처럼 보이는 곳에서 엄마와 아이가 숨바꼭질을 하고 있다. 수평의 띠처럼 보이는 풀밭의 가장자리, 울타리, 지평선 등으로 인해 이들은 야외에 있음에도 갇혀 있는 느낌을 준다. 이 초록의 그물에 포획된 엄마와 아이를 볼 때면, 내가 아이들을 돌보며 보낸 환희와 권태의 기나긴 나날들과 공원의 아름다운 풍경 속에서 펼쳐졌던 중요하거나 대수롭지 않은 모든 일이 떠오른다.

소녀와 엄마 사이에 검은 나무 한 그루가 서 있다. 그렇지 않았다면 햇빛이 찬란하게 비쳤을 전원의 아지랑이 속에서 나무는 이들을 엄습하는 음울한 존재다. 나는 이 나무가 마음에 걸린다. 나뭇잎과 나뭇가지는 너무 까맣고 형태는 불분명하다—액상 목탄처럼 엄마와 아이의 드레스에 배어들 것만 같다. 나무는 흔들리는 구름처럼 어린아이의 머리 위에 머물러 있다. 다시 말해, 그것은 말할 수 없는 무엇, 억제될 수 없는 무엇이다.

모리조가 그린 아이를 보살피는 엄마는 완벽한 '성모자' 원형들의 경계를 조용히 무너뜨렸다—엄청나게 많은 기독교의 동정녀마리아 이미지들은 마더링mothering을 지극히 신성하고 기념비적이고 자기희생적이며 부차적이고 탈성화된 것으로 정의한다. 대신, 모리조는 있는 그대로를 보여주는 것 같은 가정의 이미지에 심리극과 존재론적 불확실성을 채워, 모성 경험의 불안정함과 양가감정이 그러한 구속적인 공간에서 넘쳐흐를 수 있게 했다. 431년에 에베소 공의회에서 마리아를 하느님의 어머니로 규정하고 5세기에 마리아 이미지가 처음으로 등장한 이래, 가면이 벗겨진 것은 아마도 이때가 처음일 것이다, 초기 기독교 미술의 모자이크에서 마리아는 층층이 주름진 파란색 옷에 둘러싸여 얼굴만 보이거나 간혹 가슴을 드러낸 모습으로 등장했다. 이후 15세기 초에 발전한 이미지들은 전형적으로 모성의 육체적인 중압감과 정신적인 피로에도 평정심을 유지하며 무릎과 가슴 혹은 팔에 남자 아기를 안고 세심하게 살피는 젊고 아름답고 기품 있는 유럽 여성으로서 마리아를 보여준다. '성모자'로 일컬어지는 이러한 이미지들은 비너스와 함께 그림에 가장 많고 최종적인 '여성성의 전형'일 것이다.

그렇게 많은 모성이 요구된다는 것을 믿지 못하겠으면 수만 가지의 책임을 지고 있는 기독교의 전형적인 성모 이미지들을 보기만 해도 된다. 마리아는 성인이 되어 죽임을 당하는 아들을 가진 10대의 어머니다. 마리아는 절망에 빠진 사람들과 비천한 사람들을 위로한다. 갈릴리 출신의 온순한 여성이지만 천상의 여왕의 망토를 입고 있다. 마리아는 그리스도의 신부이며 인간과 영적세계를 중재하는 교회의 상징이다. 그러면서도 시종일관 불평을 하지 않고 유순하며 수용적이고 조용하다. 마리아는 노인이나 쇠약한 모습으로 그려지지 않는다(아들이 죽었을 때에도 33년 전에 아들을 낳았을 때와 똑같이 젊다). 전해지는 바에 따르면, 순수함을 상징하는 마리아의 영원한 젊음은 그녀가 원죄에서 자유롭기 때문이다. 마리아는 성교를 통해서가 아니라 어머니 성 안나의 자궁에 기적적으로 잉태되었고, 그래서 하느님의 말씀을 거역하고 선악과를 먹은 아담과 이브로부터 내려온 원죄를 물려받지 않았다. 이러한 것들은 다소 추상적인 신학적 용어들이긴 하지만 여전히 밀접하게 관련이 있는 여성들의 정체성에 실질적으로 영향을 미친다. 다시 말해, 세속적인 시각문화로 넘어온 마리아 이미지들에 의해 어머니에 대한 서양인들의 인식이 형성되었기 때문에 겉으로 보이는 어머니들의 모습은 그들이 얼마나 훌륭한지를 나타내는 지표라는 의미다.

기독교 미술에서 마리아 이미지들이 마리아의 순수와 순결을 주장하는 방식은 매우 특별하다. 예를 들어, 마리아는 종종 도덕적인 '흠'이 없는 완전함을 상징하는 깨끗한 거울 같은 시각적 소품과 함께 그려진다. 또 기독교 미술에서 거울은 여성의 이상적인 본보기로서 마리아의 역할을 상징한다. 그리고 마리아와 비교해 다른 여성들의 부족함을 보여준다. '호루투스 콘클루수스hortus conclusus'로 알려진 '닫힌 정원'은 마리아의 봉인된 순결한 몸에 대한 은유다. 이 개념을 전형적으로 표현한 이미지들은 외부로부터 분리되어 담장이 둘러진 정원에 갇힌 마리아를 보여준다—발코니의 모리조의 언니와 조카처럼. 이 개념의 출처는 불가타 성경•의 아가서(솔로몬의 노래라고도 불린다)에 나오는 "나의 누이, 내 신부는 잠근 동산이요 덮은 우물이요 봉한 샘이로구나"라는 구절이다.

닫힌 정원은 마리아를 세상에서 분리시키고 더럽혀지지 않도록 하는 것과 연관되었을 뿐 아니라, 삶정치적biopolitical인 측면도 있다. 정원 너머에는 어수선하고 원초적인 자연의 본능들, (그리고 여성들의 몸)이 날뛰고 있다. 이러한 본능들은 담장 안에서 길들여지고 교화된다. 나는 '덮은 우물과 봉한 샘'으로서 마리아의 몸에 대해 생각할 때면 심란해진다. 마비시키고 말문을 막아버리는 것, 막힌 흐름을 암시하기 때문이다. 그것은 산후우울증으로 터져나온 어수선한 감정들을 약을 복용하며 덮어버렸던 우리 할머니 세대를 생각할 때 느끼는 공포와 동일하다.

성모마리아에 대한 이러한 은유를 연구하면 할수록, 더욱더 말할 수 없는 두려움이 든다. 가장 널리 퍼진 이상적인 모성의 이미지들 중 하나가 생명은 활성화되지만 모든 흐름과 활기가 억제되는 강요된 비옥한 정원이기 때문이다. 딱딱하고 엄격한 마리아의 모

• Vulgate Bible, 신구약성서의 라틴어 번역판. 서양에서 널리 사용되었다.

습 아래 완전히 봉쇄된 몸이 있고 거기서 새어나오는 것은 모유와 눈물뿐이다. 모유와 눈물은 마리아에게 허용된 두 가지 역할, 즉 아기예수에게 영양분을 주고 성인이 된 아들이 죽었을 때 애통해하는 역할을 상징한다. 일단 성스러운 자궁과 젖을 먹이는 엄마 역할을 완수하고 나면, 십자가 아래에 서서 아들이 죽는 것을 지켜보며 고통스러워하는 마리아를 보기 전까지, 우리는 다른 마리아를 좀처럼 볼 수 없다.

마리아의 섹슈얼리티는 경험도 해보기 전에 부인된다. 마리아는 심지어 육체적 쾌락의 기회를 차단하는 부자연스러운 성령의 힘으로 처녀인 상태로 임신을 한다. 그 임무를 완수한 후에 마리아의 자궁은 쓸모가 없어진다. 그녀는 아이를 더 낳지 않는다. 마리아는 정숙하고 순종적인 어머니, 연령이나 섹스로 더럽혀질 수 없는 순수한 천사다. 그녀는 아름답고 자애롭지만 비너스와 마찬가지로 인간이라기보다는 오히려 인간이 만들어낸 상징이다. 철학자 줄리아 크리스테바의 표현을 빌리자면, "가부장제 세계가 전달된, 몸 전체가 텅 비어 있는 여성"이다.

성모마리아는 고대 그리스와 로마의 처녀 모신母神, 즉 순결과 다산의 신 아르테미스와 디아나의 변형이다. 그러나 더 이른 시기 문명들의 상징과 신화 속에서 그러한 어머니의 몸은 조금 달랐다. 5000년 전, 남부 메소포타미아의 수메르신화에는 시체들로 만든 산의 신 닌후르사그가 나온다. 현재 오메가Ω로 알려진 그리스 알파벳이 그녀의 상징이다—지금은 끝을 의미하지만 과거에는 삶과 죽음이 들어가고 나오는 열린 자궁을 의미했다. 고대 바빌로니아 지역에서 그녀는 창조와 바다의 염수를 상징하는 원시의 신 티아마트였다. 그녀는 움무후부르 또는 '만물의 창조자'로 알려진 태초의 혼돈이었다. 덮은 우물이요 봉한 샘이 되기 전에 어머니의 몸은 하느님을 섬기려고 만들어진 것이 아니라 무한하며 불가해한 힘이었던 것이다—그것은 곧 신이었다.

한눈에 알아볼 수 있는 베누스 푸디카 자세가 여성의 아름다움과 섹슈얼리티의 시각적 약칭略稱으로 사용되는 것과 마찬가지로, 반복되는 성모자 이미지는 원시의 어머니로서 인간의 집단의식에 깊이 뿌리내리고 있다. 그러므로 수줍음이 많은 미인으로 마리아를 묘사하는 그림들로부터의 이탈은 거센 반발을 불러일으켰다. 예컨대 찰스 디킨스는 존 에버렛 밀레이가 그린 「부모님 집의 그리스도」(1849)에 나오는 소위 '퇴보한' 마리아의 추함에 반감을 표시했다. 그리고 1999년에 뉴욕 브루클린미술관에 전시된 크리스 오필리의 「신성한 성모마리아」(1996)—금색 반짝이가 뿌려진 흑인 성모와 코끼리 똥 덩어리로 만든 받침대가 있는 작품—는 당시 뉴욕 시장이었던 루디 줄리아니와 보수적인 시정부의 분노를 샀다. 2019년 5월에 폴란드 경찰은 인권운동가 엘즈비에타 포들레시나의 집을 급습해 성모자 그림들을 압수했는데, 이 그림들은 마리아와 아기예수의 후광에 그려진 LGBT• 무지개 깃발로 인해 이단적이라고 간주되었던 것이다.

우리에게 익숙한 성모자 이미지는 원래 기독교의 경배대상이었지만, 18세기와 19세기에 매우 순결하고 순종적인 어머니라는 시각적 정체성은 세속적인 여성 초상화에 스며들었다. 영국 빅토리아시대

• 레즈비언, 게이, 양성애자, 트랜스젠더의 앞 글자를 조합한 것이며 성소수자를 의미한다.

의 화가 프랭크 S. 이스트먼의 「잠깐 눈 붙이기」(1906)는 중세 기독교 성상聖像을 연상시키는 광택이 있는 따뜻한 색채들로 빛나는 그림이다. 그림 속 어머니는 당대의 유행을 반영하는 무거운 벨벳 드레스를 입고 머리를 길게 땋았다. 무릎에 눕힌 아기를 재우고 있는 그녀의 창백한 얼굴은 고분고분하고 참을성 있게 아래를 향하고 있다. 이 그림에서 그녀가 집중해야 하는 다른 일은 없다. 벽에 걸린 커다란 구리 원형 장식물은 거대한 후광처럼 보이고, 양 측면에서 그녀를 에워싸는 기다란 덩굴식물 화분은 '닫힌 정원'을 연상시킨다. 어두운 색채들이 만들어내는 조용하고 내밀하지만 음산한 느낌은 향이 피워진 경건한 성당의 눅눅한 구석 또는 장례식의 응접실을 떠올리게 한다.

성모마리아의 시각적 틀이 종교적 이미지에서 세속적 이미지로 확장됨에 따라, 빅토리아시대와 에드워드시대에 널리 퍼진 아내와 어머니의 신성화, 그리고 그들의 삶이 도덕적으로 고결할 것이라는 위험한 기대가 강화되었다. 이스트먼의 「잠깐 눈 붙이기」 같은 그림은 성모자를 직접 인용함으로써 부드러움, 순종, 그리고 준엄하게 지킨 정절처럼 그 시대에 선호된 여성의 덕목들을 은근슬쩍 강조하고, 여성들을 개인적이고 가정적인 삶에 속박시키는 것을 합리화하고 강화했다. 반면에 남성들은 공적이고 직업적인 영역을 지배했다. 세속적 이미지에서 이러한 어머니의 영성화는 1854년에 처음 출간된 영국 시인 코번트리 팻모어의 시 제목에서 유래한 "집안의 천사"라는 롤모델의 광범한 채택으로 공고해졌다.

이 시는 팻모어가 사랑하는 아내에게 보내는 찬사였다. 남편에게 순종하고 가족을 위해 희생했던 팻모어의 아내는 빅토리아시대 영국과 19세기 미국에서 아내와 어머니의 본보기가 되었다(어머니들뿐 아니라 모든 연령대의 여성들에게 가정의 천사가 되기를 열망하라고 권장되긴 했지만). 팻모어의 시는 경건하고 순종적인 기질을 가진 완벽한 여성, 그녀의 "천사 같은 얼굴" "매혹하는 그녀의 힘에 대한…… 그녀의 기쁨"을 찬양한다. 사람들은 집안의 천사에게 양식糧食, 수면, 또는 혼자만의 시간이 필요할 거라고 생각하지 않는다. 대신 집안의 천사는 타인들의 욕구를 관리한다. 아내와 어머니가 모방하는 이상화된 이미지로서 집안의 천사는, 마더링의 생생한 현실의 요구들과 복잡하고 골치 아픈 신체적, 감정적 보상들과 완전히 다르다.

집안의 천사는 여성의 창조성의 적이다. 타인의 기분을 어루만지는 능력이, 생각하고 원하고 요구하는 능력보다 더 중요하기 때문이다. 이러한 이상을 유지한다는 것은 상상력의 흐름을 검열하고 여성 화가나 작가가 자신의 의견과 비전을 갖지 못하게 한다는 의미이며, 특히 그것이 세상에 도전하고 이의를 제기하는 경우에 더욱 그러했다. 버지니아 울프는 1942년 에세이 「여성의 직업」에서 빛나는 집안의 천사가 자신을 얼마나 괴롭혔는지에 대해 말했다. 울프의 천사는 "스스로 생각하거나 원하는 것 없이 늘 타인의 생각과 욕구에 공감하기를 더 좋아하는" 인물이다. 글에 썼던 것처럼 울프는 책상에 드리운 천사의 날개 그림자를 봤을 때 천사를 죽일 수밖에 없었고, 그렇게 해서 마침내 "제일 큰 물고기가 자고 있는 웅덩이, 심연, 어두운 곳"으로 묘사한 자신의 내면의 상태, 자신의 상상 속으로 마음껏 뛰어들 수 있게 되었다.

천사를 제거한 울프는 자신의 어머니도 제거했다. 울프의 어머니는 당시 많은 사람들로부터 19세기의 집안의 천사로 칭송받는 인물이었다(코번트리 팻모어는 직접 서명한 『집안의 천사』 한 권(4판)을 울프의 어머니에게 선물하기도 했다). 줄리아 스티븐은 여러 그림에서 다양한 모습으로 등장한다. 라파엘전파 화가 에드워드 번존스의 「수태고지」에서는 유령처럼 보이는 마리아로, 그녀의 이모인 사진작가 줄리아 마거릿 캐머런의 초상사진에서는 수심에 잠긴 건조한 모습으로 포착되었다. 우윳빛 오팔을 닮은 눈과 먼 곳을 보는 시선(둘 다 지극한 아름다움의 기준으로 받아들여졌다)을 가진 그녀는 이 그림들에 유령처럼 출몰한다. 그녀의 남편이자 버지니아 울프의 아버지인 레슬리 스티븐은 성모마리아 신화와 교환할 수 있는 단어들로 아내를 묘사했다. 즉, 줄리아의 "아름다움은 영혼, 우아함, 고귀함, 부드러운 인품과 동일함을 암시—분명 대다수는 동반했으므로—하는 듯한 그런 아름다움"이다.

줄리아 스티븐은 1895년에 사망했고, 화가 베르트 모리조도 같은 해 세상을 떠났다. 나는 아름답고 온화한 모리조의 그림 속 여성들도 침묵과 우울함에 갇혀 있는 집안의 천사로 보인다. 버지니아 울프가 어머니의 영향력을 제거하기 전, 이미 모리조는 천사 같은 여성의 예쁘지만 부서지기 쉬운 겉모습 아래 흐르고 있는 의식을 다루었다. 그들의 공간에서 불안정하고 위태로운 모리조의 여성들은 표면 위로 불쑥 나타났다가 다시 아래로 끌려내려가고, 사라져가는 붓 터치 속에서 또렷해졌다 희미해지기를 반복하다가 경계에서 증발해버린다.

조용한 성모마리아와 그녀의 후손인 집안의 천사는 19세기가 끝날 때까지도 사라지지 않고 20세기 내내, 그리고 21세기에도 여성에 대한 사회적 기대들을 형성한 광고와 상업 이미지에 계속 남아 있었다. 하얀 드레스를 입은 순결한 신부의 이미지가 그러한 예들 중 하나다.

1949년 『브라이즈 매거진』 표지는 얼굴을 제외한 온몸을 가리고 있는 흰 레이스 커튼처럼 생긴 면사포를 쓴 옆모습의 여성을 보여준다. 그녀는 경건해 보인다. 팔꿈치로 팔을 괴고 두 손을 모은 그녀는 구유에 누워 있는 아들을 바라보며 무릎을 꿇고 기도하는 성모 마리아 혹은 그리스도의 신부로 입교한 수련 수녀와 비슷하며, 그녀가 앉아 있는 화장대는 제단이나 신자의 좌석처럼 보인다. 화장대의 꽃병은 성모마리아 도상에서 꽃의 상징을 상기시킨다. 신부는 직물과 화장대로 완전히 에워싸여 있고 레이스 베일 아래로 신부의 모습이 어렴풋이 비친다.

이 이미지는 전후戰後 미국에서 대대적으로 받아들여지고 홍보되었던 화이트 웨딩• 판타지—성스러운 신부를 중심으로 펼쳐지는 판타지—의 전형이다. 마리아와 집안의 천사의 칙령은 "사랑하고 존중하고 순종한다"는 결혼예배의 전통적인 신부의 서약에 이미 강조되어 있었던 데다, 유행은 신부들에게 그들의 순결을 상징적으로 드러내는 흰 드레스를 착용하라고 지시했다.

1940년대 말에 화이트 웨딩 산업은 호황을 누렸다. 제2차세계대전 동안에 그들을 구속했던 가정적인 삶에서 벗어나 스스로 돈을 벌 수 있게 되면서 자유로워진 젊은 여성들은 이때 다시 여성의 전통적인 역할인 어머니와 조력자로 돌아가야 한다는 사회적 기대와

• white wedding, 신부가 순결을 나타내는 흰 드레스를 입는 결혼식.

『브라이즈 매거진』 표지, 1949~50년 늦가을과 겨울 호,
브라이즈 매거진 제공.

맞닥뜨렸다—달리 표현하면, 인내심이 있고 순종적이며 희생적인 집안의 천사들의 대규모 복귀였다. 여성들을 가정적 역할로 파견하는 데 있어서 첫 단계가 성스러운 신부였던 것이다.

천사 같은 성모자 이미지는 20세기에 유아용품, 특히 분유 광고에 차용되었다. 종교화를 연상시키는 이미지로 광고를 만든 분유 브랜드들은, 수백 년을 이어온 기독교의 원시의 어머니와 연관된 도덕적 교훈들을 빌려와 '훌륭한' 어머니들이 아기에게 먹이기 위해 선택한 것이 무엇인지 강조했다. 1935년 네슬레의 광고는 이러한 상관관계를 가장 잘 보여주는 예다. 라파엘로—온화하고 상냥한 성모 그림으로 유명한 이탈리아 대가—양식의 이탈리아 르네상스 그림을 차용한 네슬레 광고는 분유병을 들고 무릎의 아기에게 우유를 먹이는 엄마를 보여준다. 광고 하단에는 "라파엘로의 눈에 비친 모성"이라는 문구가 보이고, 문구 중간에는 브랜드명인 네슬레가 들어가 있다.

75년이 지난 후에도 분유 브랜드들은 계속해서 이러한 원형을 활용했다. 2010년 압타밀 광고에는 가슴에 안은 남자 아기의 부드러운 머리카락에 뺨을 대고 인내와 헌신의 눈빛으로 아기를 내려다보고 있는 엄마가 등장한다. 가장자리를 바짝 잘라내 엄마와 아기의 얼굴, 두 사람의 상반신이 부각되었다. 어둠을 밝히는 은은한 조명은 공간을 가득 채운 엄마와 아기를 촛불이 켜진 제단에 놓인 성상처럼 보이게 한다.

분유는 표면적으로 제공하는 것, 즉 배고픈 아기의 유일한 영양공급원이 되는 부담으로부터의 해방, 또는 젖이 잘 안 나오는 여성들, 젖 물림이 잘 안 되는 아기를 가진 여성들, 너무 지치고 체력이

고갈된 엄마들에게 단비 같은 해결책으로 광고할 수 있음에도, 분유 광고 이미지들은 가장 도덕적이고 훌륭한 엄마들이 아기에게 먹이려고 무엇을 선택해야 하는지 말하기 위해 여전히 기독교의 성모 마리아 그림에서 표현방식을 빌려오고 있다.

이미 이 사실을 알고 있겠지만, 광고들은 중요하다. 근대 이전의 사람들이 예배를 통해 이미지들을 접했다면, 오늘날 대다수의 개념들은 끊이지 않는 광고 이미지들을 통해 전달된다(2019년 연구에 의하면 우리는 하루 평균 5000개의 광고를 본다**14**). 광고는 소비자들에게 상품과 서비스의 구매를 조장하는 것을 넘어서서 정체성에 영향을 미치는 메시지들을 전달함으로써 행동을 형성한다. 러시아의 사상가이자 문학비평가인 미하일 바흐친은 이 과정을 "이데올로기적 행위"라고 불렀는데, 이는 (한 브랜드를 위해) 정체성이 만들어지고 조작되고 나서, 사회 집단들 속에서 우리가 스스로를 보는 방식의 기본적이고 표준적인 형태로 다시 팔린다는 의미다. 그러나 본받기에 적절하다고 장려되는 정체성들은 그들이 기여하는 사회집단보다 훨씬 더 많은 집단을 배제하는 경향이 있다. 또 르네상스 제단화부터 현대의 광고에 이르기까지 완벽한 마더링의 본보기들이 주로 백인이고 유럽인이라는 사실은 자세히 보지 않아도 알 수 있다.

2018년에 의류회사 갭의 수유하는 흑인 여성 광고가 화제가 되었다. "러브 바이 갭 보디Love by Gap Body" 라인의 광고는 나이지리아 모델 아다오라 아쿠빌로가 20개월 된 아들 아린제에게 젖을 먹이는 순간을 포착했다. 카메라를 쳐다보는 옆모습의 아기, 고개를 숙인 엄마, 부드러운 포옹, 중간색의 고요한 배경과 함께, 크로핑 방식은 이 이미지를 성모자의 이미지로 보이게 한다.

이 브랜드는 갭의 옷을 입은 어머니는 바른 어머니이기도 하다는 것을 암시하는 일종의 미덕과시로서, 우리에게 깊이 자리잡은 인식에 기대고 있다. 하지만 이러한 비판에도 불구하고, 미술과 광고에서 이상적인 백인 어머니의 자리를 차지한 흑인 여성을 보는 것은 흑인의 마더링의 긍정적인 묘사를 위한 공간을 마련해주었다. 이는 실생활에 영향을 미쳤다. 흑인 모성 운동가인 A. 로카훈 메도우스페르난데스는 『워싱턴 포스트』에 기고한 글에서, 모유를 먹이는 흑인 여성의 긍정적인 이미지의 부족이 자신의 경험에 악영향을 미쳤다고 밝히고, 프레임을 전환하는 갭 광고를 볼 때 느끼는 타당화의 감정에 대해 설명했다.[15]

당시 기준으로 보면 선구적이었을지 몰라도, 서양미술에 모유를 먹이는 흑인 어머니가 등장한 것은 갭 광고가 처음이 아니었다. 독일 화가이자 급진적 사회주의자 에르네스트 노이슐은 1931년에 「흑인 어머니」를 그렸다. 유행하는 옷을 입은 흑인 여성이 공원의 벤치 같은 곳에 앉아서 한쪽 가슴을 아이에게 물리고 있다. 엄마와 아기는 전혀 부끄러워하는 기색 없이 관람자를 쳐다보고 있다. 이들의 모습은 온순하게 시선을 내리고 있는 (종교적이고 상업적인) 전통적 수유 이미지와 매우 다르다. 이 그림은 소외된 여성의 몸에 초점을 맞추고 있을 뿐 아니라 (독일의 6500만 인구 중 아프리카계 인구가 2만4000명에 불과했던 시절에) 모유 수유에 대한 계급적 편견 및 사회적 불안감에 맞선다. 여전히 전 세계 많은 지역에서 그런 것처럼, 1930년대에 '점잖은' 여성들은 공공장소에서 모유 수유를 하면 안 되었다. 이는 역사적으로 부유한 가정에서 아이에게 젖을 먹이기 위해 가난한 시골의 농민 여성을 유모로 고용하던 관습 때문이었는데, 유모가 되는 것은 가난한 여성들에게 가능했던 두 가지 수입원 중 하나였다(다른 하나는 매춘이었다).

노이슐의 그림에 나오는 흑인 어머니는 고용된 유모가 아니며 무릎의 아이는 그녀의 아이로 보인다(이 시대에 독일의 흑인 가정이 유모를 고용할 가능성은 극히 희박했다). 노이슐의 자신감 넘치는 흑인 어머니는 우리가 흔히 놓치는 무언가를 보여준다 — 우리가 동경하는 어머니의 미덕을 드러내는 행위도, 사회적인 계급의 구별 기준과 특권을 드러내는 행위도 아닌 모유 수유의 이미지. 또 하층계급 여성의 수유에 종종 이상 성욕 이미지를 덧씌운 19세기 미술처럼 젖을 먹이는 여성을 성애화하지도 않는다.

그 보다는, 「흑인 어머니」는 백인 주인의 아이들에게 젖을 먹이려고 자신의 아이들과 헤어진 흑인 노예 여성들에게 거부되었던 모성 경험들을 되찾으려는 요구 같은 것이다. 거의 알려지지 않았던 노이슐의 이 그림은 훌륭한 어머니의 역할을 신성화하고 흑인의 몸을 위한 공간이 존재하지 않았던 서양미술의 전통적인 성모자를 전복시킴으로써 인종, 계급, 그리고 마더링과 연관된 복잡한 이슈들을 조명한다.

이와 같은 성모자의 시각적 틀 속에 이상적인 어머니의 모델로서 흑인 어머니가 부재한다면, 서양에서 흑인 어머니가 가장 부각된 시각적 틀을 살펴보아야 할 것이다. 한 예로, 인종차별적인 '흑인 유모' 캐리커처가 있다. 이는 할리우드의 대서사시 「바람과 함께 사라지다」(해티 맥대니얼 출연)부터 앤트 제미마 팬케이크 믹스 같은 상품의 광고 이미지에 이르기까지, 미국의 시각문화 전반에서 감상적으로 묘사되며 성적 매력이 제거된 다소 고집스럽지만 유쾌한 흑인 여성의 원형이다. 흑인 유모는 백인 주인의 아이들의 대리모이자 보호자였다. 그녀가 마더링의 육체적이고 감정적인 노동(백인 아이들의 수유와 돌봄을 포함)을 감당한 덕분에 백인 주인들은 그러한 노동에서 해방되었다. 종종 고분고분하고 충성스러운 사람으로 그려졌던 흑인 유모의 정형화된 이미지는 그들을 위안과 그리움의 상징으로 변화시킴으로써 그들에 대한 착취를 강화하고 정당화했지만(앞 장에 나오는 흑인 비너스처럼), 흑인 노예들이 처한 상황과 그들 아이들과의 이별은 충분히 인정되지 않은 채로 남아 있었다.

흑인 유모의 원형이 점차 자취를 감추는 사이, 현대의 주류 미디어에서 부각된 흑인 어머니의 모습들 중 하나는 국가가 승인한 폭력이나 경찰의 과잉진압으로 사망한 아들을 애도하는 슬픈 어머니다. 국제 뉴스 보도를 위해 선정된 사진들에 등장하는 사회정의운동의 얼굴로서 자식을 잃은 흑인 어머니는 인종차별적인 폭력의 비극과 트라우마의 대명사가 되었다.

격동의 2020년 여름, 미니애폴리스 경찰의 과잉진압으로 조지 플로이드가 사망한 사건은 '흑인의 목숨도 소중하다Black Lives Matter' 시위에 다시 불을 붙였다.[16] 성모자의 틀을 통해 흑인의 트라우마를 강조한, 화가 타이터스 카파의 미국 주간지 『타임』의 표지는 이러한 분위기를 요약했다. 카파의 그림은 고통의 무게에 짓눌려 눈을 감은, 눈썹이 일그러진 흑인 어머니가 아기 형상의 빈 공간을 끌어안고 있는 모습을 보여준다. 그녀가 서 있는 곳은 바깥 풍경이 보이는 창문이 있는 실내 공간이다.[17] 두 사람의 자세는 르네상스시대의 성모마리아 그림에서 가져온 것인데, 거기서 마리아는 미래의 아들의 죽음을 예견하며 어두운 눈빛으로 아기예수를 안고 있는 고독한 모습으로 그려진다. 『타임』 표지에서, 어머니의 풍성한 검은 머리에 두른 띠는 전통적인 후광의 자리를 차지하고 있고, 창밖으로 풍경이 보이는 구성은 가정 예배용으로 제작되었던 전형적인 르네상스 종교화의 배경처럼 보인다. 이 이미지는 기독교 미술에서 예수와 그의 어머니를 묘사한 또다른 시각 전통도—십자가 처형 이후, 마리아가 죽은 아들의 시신을 끌어안고 있는 '피에타' 혹은 '애도'의 시각 전통—가리킨다(가장 유명한 예들 중 하나는 로마의 성베드로대성당에 있는 미켈란젤로의 「피에타」이며, 1498~99년에 흰 대리석에 조각한 작품이다).

카파의 그림은 현재진행중이고 앞으로 일어날 어머니의 상실에 대해 생각해보라고 말한다—이 그림에 부재한 아기는 죽은 아이를 기억해야 하는 어머니의 고통뿐 아니라, 통계적으로 자신의 아이가 백인 아이보다 온갖 형태의 인종적 편견의 희생자로 사망할 가능성이 더 크다는 사실을 알고 있는 모든 흑인 어머니들의 예견된 슬픔을 상징한다. 『타임』은 표지의 붉은 테두리에 최근 수십 년간 경찰의 과잉진압에 희생된 흑인들의 이름을 새겨넣음으로써 희생자들을 추모했다.

국가가 승인한 흑인에 대한 폭력의 영향을 묘사하기 위해 피에타를 암시한 카파의 그림은 현대미술에서 비교적 확고하게 자리잡은 전통에 속한다고 할 수 있다. 특히 유색인종 여성들이 이러한 것들에 공감했다. 여기에는 미켈란젤로의 유명한 조각 「피에타」의 백인 주인공들을 흑인 어머니(작가)와 흑인 남성으로 교체한 르네 콕스의 사진 「요 마마의 피에타」(1996)가 포함된다. 비욘세는 경찰에 의해 사망한 흑인 청소년 트레이본 마틴 사건을 배경으로 제작된 2013년 뮤직비디오 「마인Mine」에서 콕스의 사진을 직접 인용했다. 기독교 미술의 슬퍼하는 마리아를 참고한 그녀의 2019년 비주얼 앨범 『레모네이드』의 「부활Resurrection」 트랙에는 경찰의 폭력으로 사망한 아들의 사진 액자를 끌어안은 어머니들이 나온다. 트레이본 마틴의 사진을 든 사브리나 풀턴, 마이클 브라운의 사진을 든 레즐리 맥스패든, 그웬 카와 에릭 가너 등이 그들이다.[18]

흑인 페미니즘을 연구하는 퍼트리샤 힐 콜린스와 바버라 크리스천은 "'어머니는 희생적인 삶을 살아야 한다는 생각이 규범으로 보일 정도로' 지나친 신성화가 흑인의 모성을 둘러싸고 있다"[19]고 지적했다. 나는 이처럼 전통적인 모티프를 통해 흑인의 모성과 인종적 트라우마를 전달하는 것이, (우리를 동요시키는 것이 아니라) 심지어 어쩔 수 없다는 인상을 주어 그러한 두려움의 진실을 지나치게 '편안하고' 이해할 수 있는 것으로 만드는 것은 아닌가 생각한다.

전통적인 기독교 미술의 성모마리아는 우리의 문화적 이미지들 속에 여전히 남아 있으면서 양극화된 흑인과 백인 마더링의 모델을 제공한다. 즉, 백인 어머니의 이미지가 불가능한 미덕을 보여준다면, 흑인 어머니의 이미지는 상상조차 할 수 없는 큰 슬픔으로 그들을 구속하는 경우가 대부분이다.

흑인 어머니를 주로 아이를 잃고 슬퍼하는 사람으로 보는 것은 그들을 위협하고 소외시키는 다른 이슈들을 덮어버린다. 이를테면 흑인 어머니들은 그들이 애도하는 아들들보다 인종 편견적인 국가의 방치된 희생자가 될 가능성이 크며, 미국에서 백인 여성들의 세 배 이상, 영국에서는 다섯 배 이상의 흑인 여성들이 임신과 출산 혹

은 산후조리 기간에 사망한다.[20]

널리 알려진 원형이 아들의 죽음만 애도한다는 점도 주목할 만하다. 경찰의 무리한 진압으로 사망한 딸을 애도하는 흑인 어머니의 이미지는 거의 없다. 이러한 공백은 2014년에 경찰의 가혹행위의 희생자 대부분이 흑인 남성이라는 일반적인 인식을 바로잡으려는 미국의 사회운동 '그녀의 이름을 불러주세요Say Her Name'를 촉발시켰다. '그녀의 이름을 불러주세요' 운동가들은 도움을 요청하려고 가족이 부른 경찰이 도착하자 불안도가 급격히 올라가 경찰차에 타기를 거부한 조울증 환자 흑인 여성 타니샤 앤더슨과 가정불화로 신고를 받고 출동한 무장 경찰관들에 의해 자신의 집 현관에서 살해당한 이벳 스미스 등을 위해 투쟁하고 있다.

이러한 예는 아주 많다. 그러나 미술사나 종교의 권위 있는 표현 형식으로서 영원히 보존된 흑인 여성 희생자나 그들 어머니의 이미지는 존재하지 않는다. 우리의 시각문화에는 여성 신체의 부당한 희생을 위한 구성이 없기 때문에, 흑인 딸을 잃은 슬픔을 표현하기에 적합한 이미지를 발견하기란 그리 쉽지 않다. (다음 장에서 보게 되겠지만, 여성의 고통을 나타낸 시각적인 표현은 그들의 고통과 죽음에서 부당함이 아니라 아름다움을 찾아내려는 경향이 있다.) 우리가 볼 수 있는 것—그래서 우리가 중요하고 가치 있거나 의미 있다고 여기는 것—은 우리가 이용할 수 있는 시각적인 표현들과 원형들에 좌우되기 때문에 이것은 중요하다.

베르트 모리조부터 비욘세에 이르기까지 예술가들은 어머니의 이미지에 숨겨진 근원적인 정치학과 복잡성에 대해 자유롭게 이야기했던 반면, 현대 모성의 묘사들은 여전히 마더링의 경험을 고통이나 비현실적인 미덕이라는 이분법으로 단순화하는 경향이 있다. 이들은 「마더랜드」나 「배드 맘스」(때로 '빈민가의 엄마들'이라고 불리는) 같은 포스트 페미니스트 시트콤과 코미디 영화의 희극적인 캐릭터, 즉 스트레스가 많고 우울하며 괴로워하는 여성이거나, 또는 수동적이고 자기희생적이며 완벽한 외모의 성모마리아처럼 도달하기 힘든 이상을 보여주는 소셜미디어의 완벽한 '멋쟁이 젊은 엄마들yummy mummies'로 나뉜다.

먼저, 신경쇠약 일보 직전의 피곤한 여성들을 살펴보자. 이들은 20세기 말과 21세기 초에 영화와 텔레비전에 나오는 표준적인 어머니 유형이었다. 몇몇 정해진 개그들이 맘-라이프mum-life의 코믹한 클리셰가 된다. 우리 모두가 알고 있는 장치들이다. 터무니없이 중대한 사회적 이해관계가 걸린 학교 과제나 케이크 굽기 실습이 항상 포함된 '해야 할 일 목록', 게으르거나 부재중인 남편, 중요한 회의에 가는 길에 옷에 커피 쏟기, 아파서 누워 있는 아이와 자신의 경력에 매우 중요한 약속 가운데 하나를 선택할 수밖에 없게 전개되는 엄마의 이야기 등이다. 이처럼 반복되는 전형들은 우스꽝스러운 줄거리 이면에서 자신의 삶의 다양한 형태들을 보는 사람들에게 코믹 릴리프•와 연대를 불러일으킨다. 동시에 감정적, 직업적으로 여성들을 실망시키는 현행 보육 및 육아휴직 시스템을 비판하기보다 당연한 것으로 만드는 데 기여한다.

정형화된 '나쁜 엄마' 유형은 표면적으로 산후우울증, 좌절된 리

• comic relief, 비극적 장면에 삽입하여 관객의 긴장을 일시적으로 풀어주는 희극적 장면이나 사건.

비도, 직장 내 성차별적 억압에 대한 스트레스, 여성의 인생에 놓인 비현실적인 기대와 부담 등을 탐구하지만, 이 캐릭터는 종종 희극적인 가치를 위해 괴상하게 변형되고 과장된다. 그것은 '모든 걸 가진' 여성들에게 불리하게 설계된 몰인정한 가부장적 체제가 뒷받침하는 집단적 트라우마를 당연시하기 때문에 일부 백인 중산층 여성들의 모성 정치에 대한 통렬한 폭로는 불필요해진다. 게다가 이러한 코미디들은 단 하나의 인구집단의 좌절들을 집대성하는 경향이 있으며, 그들의 백인 자매들의 직장으로의 복귀 부담을 짊어진 엄마들, 다시 말하면 특권계급의 슈퍼맘들이 유리천장을 깨는 일을 계속해나갈 수 있도록 그들의 집을 청소하고 아이들을 돌보기 위해 자신의 아이들을 두고 나온 여성들의 경험에는 거의 관심을 두지 않는다.

반면에 '젊고 멋진 엄마'는 일을 하지 않는 것처럼 보이거나 혹은 한다고 해도 그것은 자신의 지위와 정체성이 반영된 생활양식과 브랜드를 홍보하는 일이다. 그녀는 '엄마 블로거'로 화려하게 소개되며, 누구나 부러워하는 엄선된 라이프스타일로 육체적, 경제적, 감정적 한계들을 모두 초월한 듯 보인다. 온라인 영역에서 가장 돋보이는 그녀는 21세기 집안의 천사, 21세기 마더링의 이상적 버전이다.

'엄마 블로거'는 브랜드들의 지명을 받아 대다수의 엄마들이 가질 수 없는 의복과 경험, 라이프스타일을 광고하는 온라인 인플루언서가 된다. 탄탄한 몸과 성적 매력이 넘치는 구릿빛 피부의 그녀는 모성을 소비 범주로 홍보하며 유명 브랜드의 멋진 기저귀 가방, 아기띠, 유아차와 아기 침대가 성공의 기준이 된다. 그녀는 영향력이 있다. 『디 애틀랜틱』의 최근 기사에 '엄마 마케팅' 컨퍼런스에서 비공개로 진행된 대담들이 소개되었는데, 기사에 따르면 미국의 엄마들이 아이들과 연관된 제품 구입에 지출하는 돈은 연간 2조 달러에 달한다.[21] 유럽 '육아용품'(기저귀, 유아차, 이유식, 유용한 액세서리와 가구 등이 포함된)의 최대 시장인 독일의 시장가치는 17억6000만 유로이며, 프랑스가 그 뒤를 바짝 추격하고 있다.[22]

새내기 부모들의 경험을 상품화하는 데 열성적인 브랜드들을 한번 살펴보면 이러한 수치들이 쉽게 이해된다. 대표 상품의 가격이 300파운드에 육박하는 디자이너 아기띠 브랜드 아티포페를 보자. 자이트가이스트 실크와 벨벳 버전을 구입하려면 471파운드(영국의 3주치 법정 출산수당보다 더 비싸다)를 지불해야 한다. 브랜드를 홍보하는 룩북 이미지들은 사람들이 많이 몰리는 고급스러운 장소에서 패션 감각이 넘치는 뚱한 얼굴의 성모마리아들을 보여준다. 엄마도 아기도 행복해 보이지 않는다. 그러나 그들은 부유하고 아름다워 보이고 엄마는 날씬하다(소셜미디어 피드의 아티포페를 착용한 연예인들도 마찬가지다). 우리는 이러한 외적 상징물들이 궁극적으로 행복보다 더 중요하다고 믿게 된다.

룩북의 한 사진을 보자. 어둡고 단출한 방안에서 단정한 차림의 젊고 건강한 얼굴의 엄마가 (바깥을) 응시하고 있다. 그녀가 걸친 늘어진 붉은 재킷은 종교화의 성모마리아의 초라한 옷과 묘하게 비슷하다. 전통적인 후광은 없지만 엄마와 아기 옆 천장에 달린 반짝이는 금색 별 모빌은 축복을 암시한다. 그러나 여기서 축복은 집안의 천사나 성모 그림에서의 축복과는 다르다. 이 모자는 부와 소비능력의 축복을 받았다. 우리는 이들이 진흙탕 같은 육아의 피로에서 빠져나왔고, 얼굴 마사지와 조산사에게 돈을 쓸 여유가 있었

아나 판덴보허르트, 아티포페, 2020년, 아나 판덴보허르트 제공.

기 때문에 충분한 수면을 취하고 원기를 회복했으며, 무질서하고 혼란스러운 마더링의 현실을 극복했기 때문에 축복받았다고 생각하게 된다.

이 브랜드가 그들의 아기띠에 대해서 하고 싶어하는 말은 이것이다. "아티포페 아기띠는 당신의 정체성을 지키고 자신감을 증명하고 당신이 아름답다고 느끼게 하며, 당신의 아기뿐만 아니라…… 자기 자신과 다른 이들에게도 신경을 쓰고 있음을 세상에 보여주는 방편입니다…… 이 브랜드를 가까이하고 아름다워지세요." 아름답다고 느끼는 것이 아기, 자기 자신, 그리고 다른 사람들에게 신경을 쓰고 있다는 증거라는 주장을 보며, 성모마리아의 외적 아름다움이 내면의 미덕과 인간애와 연민을 상징하므로 그림에서 마리아는 언제나 아름다워야 한다는 권고가 떠올랐다.

그런데 만약 우리가 성공한 마더링을 부유함, 날씬함, 스타일과 동일시하여 물건들을 구입하고 아름답게 보여야 한다며 엄마들을 부추기를 중단하고, 대신에 모성의 여러 측면들—현재 저평가되고 거의 사라진 측면—을 찬양하는 그림에 익숙해진다면 어떻게 될까?

미술사와 광고, 온라인 문화에는 어머니 그림이 넘치도록 풍부한 반면, 출산의 순간은 일종의 사각지대로 남아 있다. 출산—다른 생명을 낳기 위한 몸의 열림, 의식과 정체성이 시작되는 순간—은 모든 생물의 공통적인 경험이지만, 예술의 진지한 주제로서 출산은 성, 죽음, 전쟁 같은 인간 조건의 다른 흥미로운 측면에 늘 가려졌다. 출산은 너무 충격적이고 금기시되며 음란해서 생각할 수도 없는 것으로 보이게 되었다. 출산은 닫힌 정원과 대립되는 개념이다. 즉,

우물의 강제적인 개방이요, 샘의 급작스러운 분출이다.

스웨덴 미술가 모니카 스주는 1970년에 「아이를 낳는 신」(1968)이라는 작품을 영국 잉글랜드 서남부에 위치한 콘월의 세인트아이브스시청에 전시했다. 가정출산으로 아들을 낳는 작가의 매우 긍정적이고 개인적인 경험에서 영감을 받은 이 작품은 검은 거대한 우주의 빈 공간을 배경으로 유색인종 여성의 몸에서 아기 머리가 나오는 모습을 보여준다. 천체들이 탄생 신화들을 암시하며 칠흑 같은 어둠 속에 떠 있고, 둥근 형태의 가슴과 머리, 행성들은 출산하는 몸과 우주의 태초의 형태들을 결합한다. 스주의 우주에서 신이 여성임은 의심할 여지가 없다.

이 그림이 설치되자마자, 세인트아이브스 시장은 신성모독을 이유로 이 그림을 철거하라는 지시를 내렸다. 몇 년이 지난 후, 이 그림이 런던에서 전시되었을 때 스주는 외설과 신성모독 혐의로 법정에 설 뻔했다. 신이 백인 남성이 아니라 소수민족 여성으로 그려졌기 때문이거나 출산하는 몸이 두려운 무언가, 이를테면 머리 두 개 달린 괴물을 떠올리게 했기 때문일 것이다. 어쩌면 우리가 출산을 대중의 소비를 위한 것이 아니라 사적인 것이라고 생각하기 때문일지도 모른다. 아마도 우리는 출산이라는 물리적 행위를 고통스러우며 무력화하는 무언가로 여기는 것 같다. 따라서 아이를 낳는 신을 보는 것은 강력한 신이라는 개념을 훼손시킬 수 있다.

이로부터 40년이 지난 2008년에 런던의 출산의례컬렉션Birth Rites Collection에 전시된 또하나의 출산 이미지는 스주의 그림처럼 여러 번 검열을 당했다. 논란의 대상이 된 작품은 허마이어니 윌트셔Hermione Wiltshire의 사진 「황홀한 출산을 하는 테리즈」이다. 작가는 여

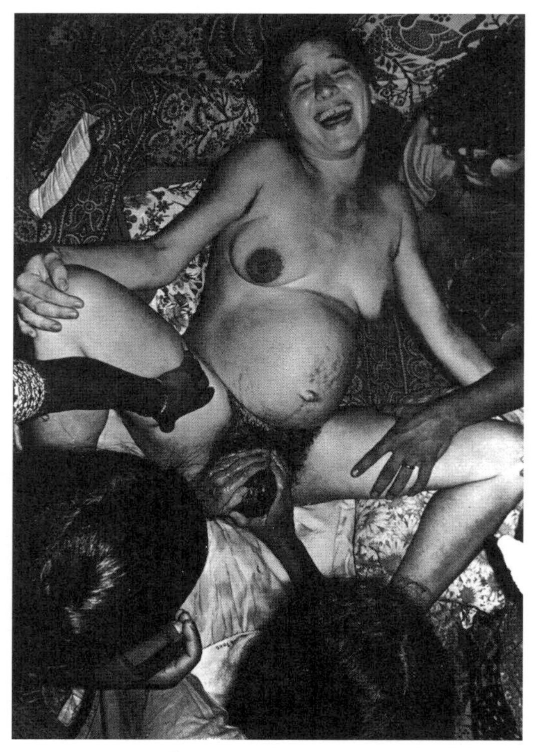

허마이어니 윌트셔, 「황홀한 출산을 하는 테리즈」(이나 메이 개스킨 아카이브에서), 2008년, 허마이어니 윌트셔와 런던 출산의례 컬렉션 제공.

성들에게 긍정적이고 힘을 부여하는 출산을 위해 평생을 바친 여성 건강 전문가인 '급진적인 조산사' 이나 메이 개스킨의 아카이브에 소장된 다큐멘터리 사진을 (허가를 받고) 활용했다. 작가는 영국분만 재단의 임산부 수업에 참가한 여성들에게 정신적 충격을 줄까봐 분만시 태아의 머리가 보이는 사진들을 제공하지 않는다는 사실을 알게 되었고, 출산은 고통스럽다는 일반적인 생각을 반박하기 위해 다른 이야기를 하는 이미지를 찾아나섰다(출산은 위험성이 큰 일임은 분명하지만, 긍정적인 출산 경험을 옹호하는 사람들은 여성들에게 출산이 응급의료상황이라는 인식을 심어주는 대화들을 바꾸려고 노력해왔다).

월트셔의 사진은 평소에 본 적 없었던 것, 다시 말해 고통이 아니라 기쁨 속에서 출산하는 몸을 적나라하게 보여준다. 아기의 머리가 몸에서 나오는 사이, 부드러운 쿠션에 몸을 기댄 '테리즈'는 황홀감으로 흥분해 활짝 웃고 있다. 여기에는 등자도, 기계도, 수술 전에 손을 씻은 의사도, 피도, 정신적 외상도, 고통도 존재하지 않는다. 하지만 이 사진은 소장처였던 의과대학 부속병원의 출산 관련 미술 컬렉션에서도 '너무 충격적이고' 심지어 '외설적'이라는 반응들을 불러오며 전시에 어려움을 겪었다.

우리가 무의식적으로 이 작품을 성적인 것으로 보도록 설정된 방식에 관심이 많았던 나는 2019년 런던에서 내가 기획한 전시회에 이 작품을 전시했다.23 부정할 수 없이 명백함에도 불구하고, 쾌락을 경험하는 여성의 몸은 항상 전제된 시선을 위한 에로틱한 구경거리가 되어야 한다—오직 그것만 가능하다—고 이미지들이 우리에게 가르쳤기 때문에 우리가 너무 빨리 이러한 출산하는 몸에 성애화의 낙인을 찍는 것은 아닌지 고민하게 된다. 나는 황홀함을 느끼는 테리즈의 몸이 사람들을 격앙시킨 이유가 출산을 즐거운 일로 묘사할 뿐 아니라 여성의 신체를 바라보는 또다른 시각—우리가 거의 보지 못한—을 제공하기 때문인 것 같다. 이 작품은 등자에 발을 올리고 병원 침대에 움직이지 못하게 고정된 채, (적어도 역사적으로는) 압도적으로 많은 남자 의사들에 의해 주도되는, 가부장제가 요구한 의료기관 출산의 대안을 보여주기 때문에 급진적으로 받아들여졌다. 또한 사진 속 테리즈는 쾌락을 감추고 억누르고 있는 성모마리아의 경직된 겉모습과는 근본적으로 다르다.

우리가 보고 있는 테리즈의 경험은 페미니스트 철학자 엘렌 식수가 말한 '주이상스jouissance' 같은 것이다. 번역할 마땅한 영단어가 떠오르지 않는 이 프랑스어는 물리적 세계를 초월하여 영적인 세계에 맞닿은 황홀한 정신과 육체의 감각적 과잉의 경험을 의미한다. 전통적으로 시각적, 문화적인 재현에서 설 자리가 없었던 여성의 주이상스는 정치적이다—결국 남성과 연관되지 않을 때, 여성의 쾌락의 과잉은 부재한다. 그리고 여성들은 너무 시끄럽고 지나치게 즐기며, 너무 성적이고, 너무 과하다는 이유로 얼마나 자주 검열을 받았는가? 여성들은 그들 자신과 그들의 생각과 감정, 그리고 쾌락을 얼마나 자주 검열하는가?

여기서 잠시 멈추고 이 점에 관해 생각해보면, 마더링의 전형적인 이미지들이 어머니에게 허용한 유일한 과잉은 고통뿐이다—죽은 아이에 대한 애도나 분만의 고통(아이를 낳는 여성이라는 기본적인 영화적 장치가 일반적인 것처럼)이다. 쾌락을 느끼는 어머니의 이미지를 볼 때, 쾌락은 아기에게 초점이 맞춰지고 아기에 의해 충족되는 경향이 있으며, 또한 어머니의 몸을 제외한 모든 곳에 있다.

그러한 개념이 남성 이성애자의 환상을 채워주려고 특별히 만들어진 것이 아니라면, 어머니들이 섹스를 하지 않는다는 것은 가부장적인 환상이다. 이 전통적인 분리는 '밀프milf'라는 용어로 증명된다—실현 불가능한 예외인 것처럼, 어머니이면서 성적 매력을 가진 여성들을 분류하는 명칭이며 포르노물에서 주류로 건너왔다. 밀프는 어머니의 정체성이 성적으로 소비되는 비너스의 정체성과 교차하는 지점에 위치한다. 이 용어는 대중문화 전반에서 광범위하게 사용되고 있었지만, 1999년 영화 「아메리칸 파이」 이후에 주류로 편입되었다. 영화에서 제니퍼 쿨리지가 연기한 '스티플러의 엄마'—아들과의 관계를 넘어서는 자신만의 정체성이 부재한 인물—는 졸업식을 앞둔 아들의 10대 친구를 유혹한다. 대중문화에서 쿨리지는 여전히 '원형의 밀프'로 불린다. 스티플러의 엄마는 영화 「졸업」의 로빈슨 부인처럼 욕구불만의 주부이며, 젊은 남성의 성적 발달의 수단으로 가치를 가진다. 몇 년 후 2003년에 미국의 록밴드 파운틴스 오브 웨인은 히트곡 「스테이시 엄마」—그가 강박적으로 좋아하기로 결심한 또다른 밀프, 더 구체적으로 말하면 내레이터의 여자 친구의 어머니에 대한 사춘기의 찬가—로 그래미상을 받았다. 레이철 헌터가 출연한 뮤직비디오는 성적 대상화에 관한 시각적 에세이다.

'밀프덤milfdom' 논의는 성적인 표현 및 선택과 연관된 어려운 문제들을 제기한다—겉으로 보기에, 이 용어의 유행은 오늘날 우리가 성모마리아와 집안의 천사로 남아 있던 순결과 처녀성의 부담에서 벗어나 모성이 섹슈얼리티와 성적 욕망을 배제하지 않음을 기쁘게 받아들이고 있음을 암시한다. 또 이 용어는 성숙한 여성이 성적으로 매력적이라는 분위기를 조성한다. 다른 한편으로, 인스타그램(실시간으로 결과가 산출되는 인류학 데이터 보관소)을 검색해보라. 그러면 유명 브랜드 수영복에서부터 뻔뻔한 소프트 포르노에 이르기까지 당신은 밀프 해시태그에서 수많은 변형들을 볼 수 있다. 이러한 이미지들은 어머니들을 임신 전의 비너스로 되돌리기 위한 출산 후 몸매 관리, 메이크업하기, 피부 광택내기 등 밀프의 지위를 얻으려면 많은 노력이 필요하다고 말한다.

해방적이라는 평가를 받고 있는 대중문화의 한 예를 살펴보자. 싱어송라이터이자 배우로 활동하는 퍼기의 2016년 싱글 「M.I.L.F.$」의 뮤직비디오는 여성의 섹슈얼리티를 어떻게 전형적인 남성 판타지들로 나누는지에 대한 패러디라고 할 수 있다. 이 뮤직비디오에 출연한 퍼기의 모델과 연예인 친구들에게 각각 성적 역할극의 상투적인 정체성이 부여되었다. 퍼기는 유연한 요가 버니에서부터 딱 달라붙는 펜슬 스커트를 입고 테가 두꺼운 안경을 쓴 섹시한 선생님, 복고풍 식당으로 보이는 곳에서 일하는 요염한 웨이트리스에 이르기까지 자극적인 모습으로 등장한다.

이 뮤직비디오는 표면적으로 모유 수유 흔적의 감소와 남성들로부터 성적, 경제적으로 독립적인 엄마들에 대한 홍보를 표방한다. 이러한 콘셉트에는 박수를 보내지만, 그것이 실행되는 방식은 여성들을 오직 남성의 욕망과 연관 지어 보여주고 여성들의 가슴을 더욱더 성애화하고 대상화함으로써 정작 중요한 메시지는 가려버리는 것 같다는 생각이 든다. 우리는 너무 흥분해 무력해진 우유배달부 청년의 시선으로 교외에 살고 있는 밀프들을 본다—멍한 모습으로 우유를 줄줄 흘리는 우유배달부의 모습은 이 남성을 어린아이 취급하는 동시에 제어가 안 되는 사정射精을 암시한다.

개념적으로 모유 수유 흔적의 감소와 연관이 있는 이 뮤직비디오는 역설적으로 여성의 가슴과 신체는 성적인 구경거리일 수밖에 없다고 주장하는 것처럼 보인다. 다시 말해, 도입부에서 잠깐 스쳐 지나간 크리시 타이겐을 제외하면, 아이에게 젖을 먹이는 가슴은 전혀 나오지 않는다. 따라서 이 뮤직비디오는 불가피한 역설을 이야기한다. 실제 수유 장면이 나오는 뮤직비디오는 검열로 인해 절대 가능할 것 같지 않다는 역설 말이다.

밀프는 성적으로 소비될 수 있도록 어머니들 위에 그려진 변장한 비너스의 언어다. 반면, 예술이나 대중문화에서 어머니들의 복잡한 성적 정체성은 거의 탐구되지 않았다. 뉴욕 구겐하임미술관에 소장된 캐서린 오피의 「자화상/수유」(2004)는 퀴어 마더링의 초상으로 이성애 중심의 마더링이라는 용인된 규범에 도전한다. 이 작품은 누구나 알 법한 기독교의 성모자 원형에 의존하고 있지만, 오피를 수유하는 성소수자 어머니로 묘사함으로써 전통적인 남성의 응시를 방해한다. 타투를 한 오피의 몸과 축 처진 가슴은 미술사에서든 광고에서든 현대 어머니의 사회적 미의 기준에 부합하지 않는다. 메이크업 같은 전통적인 여성성의 지표들이 부재한 짧은 머리의 오피의 초상이 보여주는 것은 반항적인 남성 역할의 레즈비언 엄마다. 그녀는 레즈비언의 가학피학적 성욕sadomasochistic의 하위문화들을 참고한 과거의 초상에서 '레더-다이크'•로서 자신을 드러내기 위해 가슴에 'Pervert(변태성욕자)'를 새긴 적이 있었는데, 젖을 먹는 아이

• leather-dyke, 구속, 지배, 사디즘, 마조히즘 성향의 레즈비언.

위쪽에 이 단어의 흔적이 희미하게 남아 있다.

오피의 작품은 관습을 거스르는 것으로 여겨졌던 비이성애적 성적 정체성을 어머니들에게 허용함으로써 이성애적 마더링이 도덕적이고 '정상적인' 유일한 선택이라는 우리의 기대를 무너뜨린다. 출산 후 몸과 연관된 수많은 조언과 마케팅, 제품이 증명하듯, 오피의 작품은 어머니들이 가능한 한 모든 수단을 동원하여 비너스 밀프로 돌아가고 남성의 욕망을 충족시킬 때에만 눈에 보이는 어머니의 섹슈얼리티와 뚜렷하게 대비된다. 오피의 작품은 솔로몬R.구겐하임미술관에 전시되었고, 미국 미술사의 주요 작품으로 인정되었지만, 논바이너리• 어머니, 비생물학적 어머니, 트랜스젠더 어머니의 이미지는 여전히 찾아보기 어렵다.

우리 동네 변두리 공원의 하늘이 더러운 수건 색으로 물들고 있다. 기쁨에 겨워 숨을 헐떡거리듯 사람들이 버린 초콜릿 포장지와 녹슨 가전제품들 주위에 야생화들이 삐죽삐죽 솟아나고 풀이 무성한 철길 옆 길을 따라 나는 집으로 돌아간다. 현관으로 들어가서 지루한 노동과 허드렛일을 하다보면 시간이 흐른다. 빨래, 청소, 빨래개기, 요리, 걸레질, 위로하기, 그리고 아이들이 자거나 텔레비전에 넋이 나가 있을 때 틈틈이 다른 모든 역할하기 등. 그러나 일은 해도 해도 끝이 없다. 현관문 너머의 비교적 넓은 교외에서 문턱을 넘어 집으로 들어오면, 분류되지 않은 채 계단에 수북하게 쌓여 있는 세탁물, 카펫 속에 박힌 비스킷 조각들, 소파에서 바닥으로 미끄러

• non-binary, 남성과 여성이라는 기존의 성별 구분에서 벗어난 성정체성을 가진 사람.

져 내려오고 있는 쿠션들의 소리 없는 떨림이 느껴진다. 집 안에 있는 모든 것은 움직인다. 아무것도 느슨해지거나 이동하거나 꿈틀대지 않는데도, 잠시도 쉴 틈이 없다.

이는 공기 없는 진공상태의 행복이 넘치는 가정의 질서로 방부처리된 집안의 어머니와 아이를 보여주는 17세기 네덜란드 그림들의 고요함과는 전혀 다르다. 피터르 더호흐의 「집 안의 아이와 어머니」는 온화한 호박색 빛이 가득찬 공간을 배경으로 그린 그림이다. 창문으로 들어오는 부드러운 빛이 맨틀피스에 놓인 오렌지에 반사된다. 오렌지는 외국과의 무역으로 생긴 부를 상기시키는 모티프다. 창문과 난로 사이에 앉은 어머니는 온순한 아기를 안고 있고 난로 옆에 얌전히 앉아 있는 딸은 개에게 조용히 사료를 준다. 여자아이는 어머니의 행동을 따라하고 있다—언젠가 이 아이가 가정에서 어머니의 자리를 물려받을 것임을 암시하는 그림의 모든 표면(바닥 타일, 창문 유리, 벽난로 덮개 등)은 두 인물을 구분하는 반복되는 기하학적 패턴들로 질서와 분류의 느낌을 강화한다. 여기에는 무질서한 넘침도 과도함도 없이 방의 청결을 유지하려는, 눈에 띄지 않지만 근면한 노동에 대한 암시들만 존재한다.

칼뱅주의를 엄격하게 준수했던 네덜란드공화국에서 가정은 도덕적인 국가의 축소판으로 간주되었다. 청결과 정돈은 절제와 경건함의 증거로 받아들여졌다. 그래서 깔끔한 경계선, 합리적인 각도, 완전히 새것 같은 표면 등을 볼 수 있는 더호흐의 그림 같은 집 내부는 네덜란드공화국의 미덕을 미시적인 차원에서 전달했다. 또한 성모마리아 이미지들을 모방함으로써 여성의 순결과 순종을 상징하는 역할을 했다. 이 정통 칼뱅주의 공화국에서는 종교화가 금지

피터르 더호흐, 「집 안의 아이와 어머니」, 1658~60년경, 샌프란시스코미술관, 새뮤얼 H.크레스재단 기증.

되었기 때문에 성모마리아의 원형과 연관된 어머니의 덕목의 특성들은 다른 수단들을 통해 표면화되었다. 이는 더호흐의 그림에서 아기에게 조용히 젖을 먹이는 붉은 치마의 여성에게서 분명하게 볼 수 있다. 게다가, 패턴들이 보이는 가정의 울타리에 갇힌 도덕적인 여성들을 묘사한 이러한 그림들은 좋은 아내에게 기대되는 덕목들을 보여주면서, 닫힌 정원에 갇힌 성모마리아와 비슷한 역할을 했다.

여성들을 공적 영역에서 분리한 증거라고 오랫동안 간주되었던 이러한 네덜란드 가정 풍경화에 대한 근래의 새로운 연구들은, 이 그림들이 실은 고국에 있는 행복하고 평온한 가정생활에 대한 환상을 조장하여 남성들의 마음을 달랬던 꾸며낸 이미지였다고 주장했다—집을 떠나 오래도록 바다를 항해했던 남성들이 떠올렸던 마음 따뜻해지는 이미지라는 것이다. 이러한 그림들은 안정과 번영이 깃든 가정(더 나아가 안정되고 번영한 네덜란드공화국)의 중심에 있는 도덕적인 아내들의 모습을 홍보한다. 그러나 전염병에 시달리고 경제적으로 불안정하며 홀로 육아를 책임져야 했던 이 여성들의 현실은 훨씬 더 혼란스러웠다.24

가정적이고 여성적인 공간의 이러한 이상적인 모습은 핀터레스트보드, 소셜미디어 계정, 요리책, 그리고 더 흔하게는 '집에 있는 연예인' 사진에서 볼 수 있는 것처럼, 현대의 가정에 있는 여성들의 이미지에서 반복되고 있다. 매우 양식화된 이미지들—네덜란드 가정의 실내 그림처럼 모든 현실과 단절된—은 가정생활과 여성적 덕목의 관념적인 버전이 상연되는 무대로서 '가정'의 개념을 확산시킨다. 이러한 이미지들은 그녀를 둘러싸고 있는 반짝이는 물건들, 세련된 옷(그리고 멋진 옷을 입힌 아이들), 실내 장식과 연관되어 이해되는, 오늘날의 부유하고 성공적인 여성성의 개념을 정의하는 데 기여한다. 성스러운 성모마리아로도, 근면하고 정숙한 네덜란드 주부로도 보이지 않음에도 불구하고 현대의 집 안 여성들의 사진은 서양에서 사람들이 열망하는 현대적인 마더링의 모델을 만들기 위해 두 가지 비유의 상징주의를 활용한다.

더호흐의 그림들, 그중에서 특히 「식료품 저장실의 아이와 어머니」와 사진작가 제나 페플리가 인테리어사이트 마이 도메인을 위해 촬영한 미국의 모델이자 배우, 블로거인 데니스 베이시의 '서사적인 대리석 주방'의 '훔쳐보기' 사진은 평온하고 근면한 가정생활 및 구성에서 분명히 시각적 유사성이 있다.**25** 우선, 그곳에는 티 하나 없이 깨끗한 표면들, 청결과 질서가 존재한다. 더호흐의 그림처럼, 사진의 모든 선—바닥이나 타일, 부엌 수납장과 조리대의 선—이 어머니를 이 가정 풍경화의 중심축으로 설정하며, 우리의 시선을 어머니에게로 이끈다. 딸에게 복숭아를 건네고 있는 데니스 베이시의 모습은 네덜란드 가정의 실내 그림에서 벽난로에 놓인 과일을 떠올리게 한다. 엄마와 딸의 소박해 보이는 (그렇지만 유명 브랜드의) 드레스는 진실성과 소박함의 미덕을 상징하는 17세기의 검소한 스타일을 연상시킨다. 두 사람은 인형의 집에 사는 사람처럼 보인다. 깨끗한 옷은 이들에게 조신하고 고결한 모습을 더하며, 완전히 빗어 올린 베이시의 머리는 더호흐의 그림 속 아내와 어머니가 쓰고 있는 보닛처럼 보인다. 이 사진은 병적일 정도로 하얗다—그림자, 어둠, 불확실성을 전혀 허용하지 않는다.

더호흐의 그림처럼, 베이시의 '서사적인 대리석 주방'의 외관은 그 안에 있는 여성의 미덕을 나타낸다. 그러나 더호흐의 그림 속 질서정연한 가정이 어머니의 겸손함과 근면함을 의미하는 반면, 이 사진 같은 현대의 라이프스타일 이미지들은 전통적인 미덕의 상징들을 빌려와 부와 성공의 초상을 보여준다. 이는 사진 속 다른 상징들에 의해 강화된다. 예를 들어 더호흐의 그림에는 세속적인 소유물들이 없지만, 베이시의 대리석 주방은 넘쳐흐르는 부를 암시하고 있다—심지어 선반에 가지런히 놓인 요리책들 중 한 권은 『풍요』다. 그곳에 있는 과일이 수북하게 담긴 바구니와 스무디 메이커는 특권계급만 누릴 수 있는 '깨끗한 생활'을 위한 돈이 많이 드는 의례들을 가리킨다.

인플루언서 엄마의 성공은 현실의 마더링과 가사노동의 고되고 지저분하고 무질서함을 (적어도 겉으로는) 극복한 것으로 정의된다. 네덜란드의 그림들이 그림 속 여성들의 노동과 정숙함으로 가정과 국가가 유지되고 있음을 암시한다면, 현대의 이미지들은 그림 속 여성이 현실의 마더링에서 벗어날 수 있게 하는 부를 묘사한다. 신자유주의적 가부장제 사회에서 여성의 성공의 기준은 어머니 역할을 얼마나 잘하는가가 아니라 가정에서 실제로 해야 하는 마더링의 일이 얼마나 적은가에 달려 있다.

그러나 우리가 그냥 지나치곤 하는 모성의 보이지 않는 노동은 어떤가? 네덜란드 황금시대 그림의 빛나는 집 안이나 인테리어 블로그와 잡지의 잘 정돈된 행복의 버전의 이면의 진실은 어떤가? 청소, 허드렛일, 길 위의 찢어진 쇼핑백들, 바닥 청소, 아기 옷 세탁은 어떠한가?

1970년대 초에 미얼 래더먼 유켈리스Mierle Laderman Ukeles는 그

러한 노동을 찬양하는 작품을 선보였다. 미술가의 이력과 엄마 역할의 양립이라는 상반되는 요구에 좌절한 그녀는 두 가지 일을 결합하고 보육과 집안일을 자신의 예술적 표현의 주제로 선택하기로 결심했다. 그녀는 마더링을 자신의 '예술작품'으로 승화했다. 1969년에 그녀는 유지관리미술Maintenance Art이라는 새로운 유형의 미술에 대한 선언문을 발표했다. "나는 미술가다. 나는 여성이다. 나는 아내다. 나는 엄마다…… 빨래, 청소, 요리, 회복시키기, 격려하기, 보호하기 등, 내가 하는 일은 어마어마하게 많다…… 이제 나는 이러한 일상의 일들을 유지관리하고 그것들을 의식으로 흘려보내고 예술로 전시할 것이다."

유켈리스는 '발전'과 '유지관리'의 차이를 설명하려고 했다—'발전'이 새로운 개념과 생각을 탐구하는 창조적인 일이고 전통적으로 남성들만 추구한 것이었다면, '유지관리'는 '빌어먹을 시간 전부를 잡아먹는' 지루하고 실용적인 일이다. '발전'은 다른 누군가가 냉장고를 채워넣고 식사를 준비하고 청소를 하고 쓰레기를 버리고 빨래를 하고 아이들을 돌보며 일상에서 '유지관리'의 짐을 떠맡을 때에만 가능한 것이다. 그리고 이 '유지관리'는 여성들의 몫이었다(그리고 지금도 대체로 그러하다).

베르트 모리조처럼 유켈리스도 가정으로 시선을 돌렸다. 그녀는 엄마로서 자신의 임무, 즉 더러운 기저귀를 빨고 식탁을 준비하고 바닥을 청소하고 쓰레기를 내다 버리고, 외출하기 위해 아이들에게 옷을 입히고 집으로 돌아와 옷을 벗기는 따분하고 많은 시간이 드는 일들을 찍은 사진들을 전시했다. 달리 말하면, 창조자로서 어머니의 발전과는 거리가 먼 보호자로서 어머니의 정체성을 가진 그녀

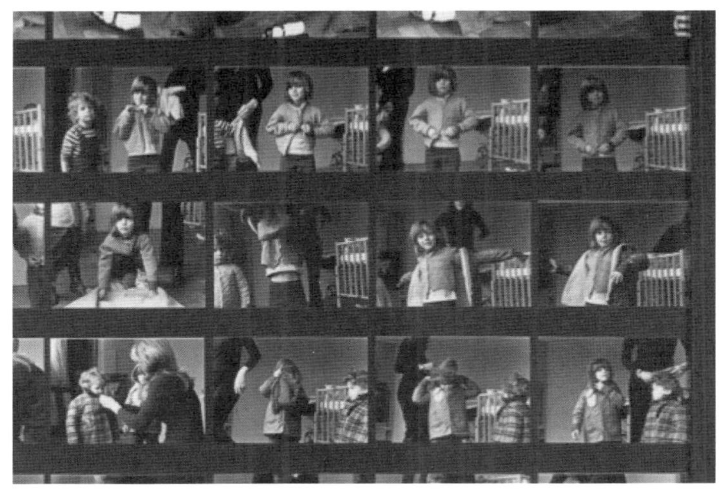

미얼 래더먼 유켈리스, 「외출하기 위해 옷 입히기 / 집으로 돌아와 옷 벗기기」, 1973년

의 작품에는 양립할 수 없어 보이는 두 역할 사이에서 느끼는 좌절감이 담겨 있다. 그리고 유켈리스의 사진들은 널리 퍼진 어머니에게 덧씌워진 판타지 뒤에 숨겨진 고되고 단조로운 노동에 대해 이야기하며 현실의 가사노동이 어떤 식으로 과소평가되고 감추어지는지 보여준다.

일상의 흐름, 심지어 가장 재미없고 사소해 보이는 행위들은, 1950년대 말과 1960년대 초에 앨런 캐프로를 중심으로 모여든 미국의 아방가르드 미술가들과 음악가들의 관심의 초점이었다. 캐프로는 '해프닝'—예술과 일상, 움직임과 의도적인 행위의 경계를 모호하게 만들었던 관람자 참여 이벤트—을 기획했다. 그러나 일상에서 예술을 보는 이러한 미술사조는 유켈리스의 유지관리 연작이 인식된 방식까지 확장되지는 않았다. '해프닝' 개념은 당대 광고에 사용되었을 정도로 관심을 받았던 반면, (그리고 주창자인 캐프로를 이 미술사조와 분리되게 만들었던 슈프림스의 곡에도 등장했다) 유켈리스와 그녀의 작품은 학교에서 가르치는 미술사와 전시 기획에서 선택된 미술 작품의 주변부에 머물렀다. 그녀는 (75세였던) 2016년에 주요 미술관에서 첫 회고전을 개최했는데, 이 시기 대부분의 여성 미술가들과 마찬가지로 전문가 집단을 제외하면 거의 알려지지 않았다.

앞서 언급한 것처럼, 그것은 단지 여성을 배제하려는 남성우월주의자의 음모 때문만은 아니다. 미술에서 가치가 있고 흥미롭다고 간주되는 것은 우리 사회가 중요하고 가치 있다고 생각하는 것을 반영한다는 사실 때문에 생긴 일이다. 그리고 우리는 사회에서 여성들의 노동—그것이 예술, 육아, 집안일 또는 어떤 직업이든 상관없이—을 소중하게 여기지 않기 때문에, 성별을 나눈 가사노동에 관한 미술도 의미가 있고 소중하다고 생각하지 않는 경향이 있다. 그러나 유켈리스의 유지관리미술은 집안의 어머니들의 억압에만 집중하지 않았다. 그녀는 이러한 렌즈를 통해 다른 노동관계들도 고찰했는데, 권위 있는 미술관과 문화의 성전들을 청결하게 유지시키는 일을 하는 보이지 않는 노동자들이 그러한 예이다. 그녀는 관리인의 일이 큐레이터의 일만큼이나 중요하지만 여전히 인정받지 못하고 경시되고 있음을 드러냈다.

유켈리스의 미술은 1970년대 여성운동과 여성들의 무보수 가사노동을 인정할 것을 요구하는 미국과 유럽의 캠페인들을 배경으로 등장했다. 실비아 페데리치는 자신의 책 『가사노동 임금Wages Against Housework』(1975)에서 이렇게 주장한다. "가사노동에 대한 임금을 요구하는 것은 인간 본성의 표출로서의 노동을 거부하는 것이고, 그렇기 때문에 자본주의가 발명한 여성의 역할에 대한 거부다." 거의 반세기가 지났지만, 우리는 모든 부문에서 남성들보다 더 적은 보수를 받고 있을 뿐 아니라, 가정에서 여성들에게 더 많은 가사노동을 할당하는 자본주의의 올가미와 여전히 싸우고 있다. 2020년에 『뉴욕타임스』는 여성들의 무보수 노동이 무려 10조9000만 달러에 이른다고 추산했고, 성별임금격차 보고서는 2020년 미국 여성이 남성보다 평균적으로 약 5분의 1 적은 임금을 받는다고 밝혔다(남성 임금의 81퍼센트 수준이다).[26] 2020년의 또다른 연구는 영국의 모든 여성(18~100세)의 무보수 노동이 총 7000억 파운드에 이른다고 평가했다.[27]

노동계급 시인 틸리 올슨은 1972년에 발표한 에세이 「20세기 여성 작가들—12인 중 한 명Writers Who Are Women in Our Century: One

Out of Twelve」에서 다른 모습, 즉 '필수적인 천사'의 모습을 한 유지관리 노동자를 상상했다.28 전통적으로, 필수적인 천사는 "원하는 대로 거기 있었고 혹은 없었던" 릴케의 독신 누이처럼 남성이 창작에 전념할 수 있도록 집안일을 했던 여성을 일컫는다. 그러나 여성들 역시 필수적인 천사에게 의지한다—그들은 부유한 가정의 엄마들이 '젊고 멋진 스타일'을 갖기 위해 노력을 할 수 있도록 유지관리를 해주고 그 대가를 받는다. 핀터레스트에서 '완벽한 어머니' 이미지 보드에 소개된 가정의 이미지들 속 모든 사물의 표면을 반짝이게 만드는 것은 그녀의 보이지 않는 노동이다. 종종 그녀는 아이들을 두고 다른 집에서 대리 어머니와 유지관리 노동자로 일한다.

필수적인 천사(집안의 천사와 달리)는 거의 눈에 띄지 않는다. 하지만 베르트 모리조의 그림은 그녀를 얼핏 보여준다. 모리조가 1879년에 완성한 「줄리와 유모」는 첫눈에 성모 이미지의 화려한 인상주의적 재해석으로 보인다. 잔디밭에서 한 여성이 옥좌의 마리아처럼 조용히 앉아서 아이에게 젖을 물리고 있다. 그림 속 여성은 베르트 모리조가 고용한 유모다. 모리조는 유모 덕분에 어머니로서 해야 할 일에서 해방되어 그림을 그릴 수 있었다. 공교롭게도 유모의 이름은 앙젤Angele이었다. 유모 혹은 '입주 유모'•는 가난한 여성들에게 매력적인 직업이었다. 모리조-마네의 집 같은 곳에서 일을 한다는 것은, 안정적인 수입, 값비싼 의복, 그리고 어린 부르주아 자손에게 영양분을 공급하는 젖을 만드는 데 필요한 영양가 높은 식사가 보장된다는 의미였다. 그러나 유모가 되려면 아기가 있어야 했

• nourrice sur lieu, 제2제정기 프랑스에서 자신의 집을 떠나 파리의 부르주아 가정에 머물면서 아이들에게 젖을 먹이던 여성들.

다—다른 집에 들어가 살면서 다른 여성의 아이에게 젖을 먹이려면 자신의 아이는 집에 둬야만 했다.

섬세한 깃털 같은 붓질이 인상적인 이 그림은 일하는 두 여성을 보여준다. 한 명은 젖을 팔고, 다른 한 명은 가정생활과 가사노동을 주제로 그린 그림을 판다. 그러나 이 그림은 여태까지 거의 제기되지 않았던 문제, 즉 일을 하거나 창작을 하는 어머니의 능력이 마더링을 직업으로 하는 다른 여성들의 노동에 얼마나 의존적일 수 있는가에 대해서도 이야기한다.29

모리조의 19세기 노동관계망은 아이들을 고국 필리핀에 두고 선진국으로 와서 유모와 가정부로 일하는 여성들을 찍은 영국 작가 에티 웨이드Eti Wade의 초상 연작 「이주노동자 어머니」(2014년경)에서 되풀이된다.

이 연작을 구성하는 각각의 초상 사진은 허름한 아파트에서 화면에 아이의 가상의 이미지가 있는 노트북을 안은 여성을 보여준다—이는 어머니와 아이의 물리적 거리, 그리고 두 사람의 만남의 가상성의 증거다. 멀리 떨어져 있는 아이의 디지털 존재를 안고 있는 이 사진들은 아들의 죽음을 애통해하는 성모마리아의 피에타 그림을 연상시킨다. 그리고 어머니들이 느끼는 또다른 형태의 상실과 슬픔을 전달한다—이는 국가에 의한 청년들의 희생이 아니라 글로벌 케어 체인•이 원인이 된 상실과 슬픔이다.

유켈리스, 모리조 그리고 웨이드의 미술은 계급과 젠더의 교차점, 그리고 다양한 유형의 여성들과 그들의 노동, 어머니 역할에 가치가

• global care chian, 돌봄 노동을 제공하는 노동 시장.

에티 웨이드, '이주노동자 어머니' 연작에서.

부여되고 부정되는 방식에 대해 생각해보라고 말한다—그것이 예술작품을 만드는 창조의 노동이든, 아이들을 만들고 키우는 생식의 노동이든, 혹은 다른 사람의 가족을 돌보는 노동이든 간에 말이다.

마침내 우리 집에서도 하루가 끝나가고 있다. 아이들과 함께 침대에 누워서 차례로 동화책을 읽어주고 대화를 하고, 아이의 머리카락에서 나는 시럽 향을 맡고, 서로의 사랑을 확인하고 뽀뽀를 하고 나면 아이들은 잠이 든다. 나는 이곳에서 내가 갈망하던 고요함을 발견한다. 아이들의 작은 몸의 무게와 온기에 기운을 얻은 내 마음은 자유로이 이리저리 흘러가고 내 생각들은 형광별이 흩어진 천장의 패턴들을 찾아낸다. 아이들이 잠든 후에도 나는 모든 것이 정지된 어두운 침실에 한참을 머무른다. 땅거미가 내리는 조용한 시간에 나는 아이들의 방에서 나와 컴퓨터를 켜고 오래도록 글을 쓴다.

계단의 불을 켜면, 그것이 나라는 것을 알면서도 언뜻 보이는 창문의 흐릿한 그림자에 화들짝 놀란다. 두꺼운 유리 너머 칠흑 같은 어둠을 배경으로, 윤곽선이 두 개로 보이고 겹쳐진 두 형상이 일치되려고 애쓰는 내 모습은 흡사 유령 같다. 내 그림자를 통해 어두운 거리 건너편 집의 창문 안을 들여다본다. 그 집의 주방 싱크대는 아직 불이 켜져 있고 나방 한 마리가 전구 주변을 날아다닌다. 계단에서 잠시 붙들린 나는 창문에서 내가 보고 있는 사람, 즉 어머니이자 작가이고 여성이며 유지관리 노동자이자 사상가인 그 사람을 겨우 반만 알고 있다는 사실을 깨닫는다. 그녀는 닫힌 정원의 축복받은 성모마리아도, 젊고 멋진 부자 엄마도, 집안의 천사도(밀프도) 아니다. 그녀의 존재는 모리조의 여성들처럼 불분명하다. 그녀는 심지어 나에게도 반만 보이는 사람이다. 나는 그녀에 대한 어떠한 상像도 가지고 있지 않다.

3

아가씨와 죽은 처녀

한 젊은 여성이 황소의 뿔에 필사적으로 매달려 있다. 매력적인 다리는 어정쩡하게 구부러진 채 벌어져 있다. 그녀는 황소의 등에서 균형을 잡으려고 애쓰며 사투를 벌인다. 축축해진 가운이 창백한 가슴과 볼록한 배에 밀착되었다. 팔의 그림자가 드리운 얼굴에서 공포에 질린 두 눈이 진주처럼 반짝인다. 이 여자는 페니키아 시돈의 왕 아게노르의 딸 에우로페 공주다. 에우로페에게 욕정을 품은 그리스 신들의 왕 제우스가 온순한 흰 황소로 변신해 그녀에게 접근했다. 제우스는 멋진 회전목마 같은 자기 등에 타보라며 그녀를 유혹했고, 그녀가 등에 올라타자 바다 건너편으로 데려가버렸다. 공주의 고향 크레타섬에서 아주 멀리 떨어진 곳에 도착한 제우스는 다시 본래의 모습으로 돌아와 공주에게 성관계를 강요했다. 시간이 흘러 에우로페는 아들 셋을 낳았다. 훗날 고통과 인내에 대한 보상으로 그녀는 밤하늘의 반짝이는 별자리가 되었다. 싫증을 느낀 제우

티치아노, 「에우로페의 겁탈」, 1560~62년, 이사벨라스튜어트가드너미술관, 보스턴.

스의 계약해지 선물이었다.

티치아노의 「에우로페의 겁탈」은 관능적인 위험과 불길한 예감으로 소용돌이치는 작품이다. 에우로페는 해변에 있는 가족과 친구들을 간절하게 쳐다보지만 그들은 불길한 색의 연기로 변하며 금세 시야에서 사라진다. 흙빛 구름들이 있는 짙은 파란색 하늘에서 날아다니는 날개 달린 아기들이 활과 화살을 가지고 에우로페를 희롱한다. 이들은 에우로페를 도와주는 존재가 아니라 제우스의 공범이다—그림 왼쪽 하단의 아기들은 점잖지 못한 자세를 조롱하듯 에우로페의 다리 사이를 노골적으로 쳐다보고 있다. 흔들리는 황소의 흰 꼬리는 이들의 시선을 에우로페의 가랑이 사이로 유도하면서 제우스의 계획이 정확하게 무엇인지 관람자에게 알려준다. 탯줄 같은 꼬리는 이 납치의 결말이 강제적이고 폭력적인 출산임을 암시한다. 에우로페가 움켜쥔 진홍빛 스카프가 비명을 지르는 혀처럼 격렬하게 흔들린다.

티치아노는 1560~62년에 스스로를 그리스신화 속 올림포스 신들의 후손이라고 생각한 스페인 군주 펠리페 2세를 위해 이 그림을 그렸다. 제국 팽창의 야심이 있었던 펠리페 2세는 16세기의 제우스를 자처했고, 제우스의 신화 세계의 지배는 유럽과 아프리카, 오세아니아, 아시아와 아메리카 대륙으로 확장된 그의 지배권에 반영되었다. 펠리페는 그의 지위를 강화할 목적으로 티치아노 같은 화가들의 도움을 받아 왕의 권력과 남성다움을 과시한 이미지들을 만들어냈다. 제우스와 에우로페의 이야기가 스페인의 왕 펠리페 같은 저명한 남성 후원자들에게 인기가 많았던 이유는 자유로이 욕망을 좇을 수 있는 제왕적 특권을 반영했기 때문이다. 이 그림은 고대 신화 이야기임을 암시하며 선정적인 내용을 의식적으로 억누름으로써, 성적으로 자극적인 동시에 소장자의 지적인 위상을 드러내고, 권력의 속성, 그리고 심지어 보는 행위 자체의 힘에 대해 고찰할 수 있게 했다.

에우로페 이야기는 기원전 8세기 호메로스의 『일리아드』에서 처음 소개되었고 800년 후에 로마의 시인 오비디우스의 신화 모음집 『변신이야기』로 널리 알려졌다(하지만 그 기원은 그보다 훨씬 전인 그리스 청동기시대까지 거슬러올라간다). 이 이야기는 마음에 든 순진한 여성들을 겁탈했던 제우스의 신화적 혹은 '영웅적' 강간들 중 하나였다. 제우스의 이러한 만남들은 훗날 숭배되는 자손을 탄생시켰다고 볼 수도 있다. 다시 말해, 그의 '강간'은 새로운 문명과 국가를 건설한 생식 행위였다.

에우로페의 경우도 여기에 해당된다. 오비디우스의 책이 집필되었던 시기와 르네상스시대에 에우로페는 유럽 대륙의 어머니를 상징했다. 제우스와 에우로페 사이에서 태어난 아들들 중 한 명인 미노스는 '연속된 유럽의 첫번째 고리'로 평가받는 그리스 미노스문명을 세웠다. 납치와 강간은 또한 새로운 세계 질서를 발전시켰는데, 납치된 누이를 찾아나선 에우로페의 오빠들은 레반트 지역을 가로질러 지중해와 아프리카로 이동하면서 여러 도시를 건설했고, 고국의 알파벳과 문자를 전파했다.

성적 쾌락과 천부적인 욕망의 권리라는 가면 아래서, 에우로페 이야기는 팽창주의와 식민주의, 그리고 그러한 야망의 중심에 강간이 자리잡고 있는 방식과 연관되어 있다. 그것은 남성 욕망의 창조적인 힘과 부수적인 피해로서 여성 신체의 더럽힘과 관련이 있다.

바꾸어 말하면, 처녀 희생에 관한 이야기다.

처녀는 미술사와 그 배경이 되는 이야기의 단골 주인공이다—즐거움을 위해 제작된 그림들과 정치를 위해(혹은 간혹 둘 모두를 위해) 제작된 그림들에 자주 등장한다. 젊고 연약한 여자의 몸은 때로 잠들어 있고 때로 아프고 죽었거나 붙잡혀 있다. 그리고 그녀에게 무슨 일이 일어나든 상관없이 거의 항상 남성의 정체성이나 남성다움을 강화한다.

호색한인 신들에게 납치되어 겁탈당하지 않는 경우, 우리는 처녀의 파멸과 죽음에서 미적 쾌감을 얻는다. 종교화에서 아름다운 신체가 훼손되었을 때 더욱 축복받고 매력적으로 인식되는 처녀 순교자를 본 기억이 있을 것이다. 그림과 무대에서 우리가 즐기는 비극 속 사랑으로 망가진 히스테릭한 젊은 여성들, 이를테면 셰익스피어의 줄리엣이나 '상사병'을 앓는 오필리아 등은 종종 자살이나 자기파괴로 스스로를 해친다.

이러한 여자는 미술과 문학에만 있는 것은 아니다. 그녀는 무성영화에서 철도 선로에 묶여 속수무책으로 비명을 지른다. 잠자기 전에 아이들에게 읽어주는 동화책에도 등장한다. 그녀는 빛나는 갑옷을 입은 방랑기사가 구해주러 오기를 기다리는 곤경에 빠진 처녀, 혹은 키스를 받고 구출되어 결혼하는 결말을 고대하는 잠자는 공주다. 또 패션잡지에서 아름다운 옷을 입고 있는 텅 빈 시선과 뒤틀린 몸의 여성이다.

이러한 처녀의 전형은 기껏해야 여성의 고통을 고귀하고 아름답게 포장하고, 최악의 경우 여성에 가해지는 폭력을 시, 종교적 헌신이나 미, 심지어 역사적으로 묵인된 불가피함으로 둔갑시켜 그것의 일상화에 기여한다. 시와 그림에서 고통받는 처녀의 몸은 오랫동안 가부장 문화에서 슬픔과 연민을 총체적으로 탐구하기 위한 도구였다. 에드거 앨런 포가 1846년에 발표한 에세이에서 말한 것처럼, "죽음, 그러니까 아름다운 여성의 죽음이 세상에서 가장 시적인 주제임은 의심할 여지가 없다". 그리고 우리는 '시'에서 욕망과 열망을 모두 발견한다—고통받는 처녀는 우리의 미적 혹은 성적 쾌락을 위해 미술작품에서 자주 묘사되고, 처녀의 눈물과 긴장증적 슬픔은 현대의 밀레니얼 문화millennial culture로 넘어와 여성들에게는 모방할 모델, 남성들에게는 편안하게 응시하는 대상이 되었다.

미술관마다 옆으로 기댄 처녀들의 몸이 늘어서 있다. 이들의 영향력은 여성에 대한 성폭력을 미화하고 그들의 예속과 절망을 탐미적인 것으로 만드는 패션 사진과 광고에 확산되고 있다. 동시에, 현대의 대중문화에서 예쁘고 '슬픈 소녀'에 대한 찬양은 젊은 여성들의 고뇌를 누구나 동경하는 멋지고 매력적인 무엇으로 바꾸어버렸다. 미술과 셰익스피어의 문학에 등장하는 자신을 파괴하는 여성들은 가수 라나 델 레이의 우울한 매력, 그리고 상처를 받고 눈물범벅이 된 사진을 올림으로써 자신의 아름다움과 복잡한 감정에 대한 확인과 '좋아요'를 받는 소셜미디어의 슬픈 소녀 태그#sadgirls에 여전히 살아 숨 쉰다.

우리는 가장 소중한 미술작품들과 정치적 상징들 (그리고 소셜미디어 계정들) 속 희생적이고 수동적인 여성 이미지들에 환호하면서도, 그러한 이미지들에서 벗어나지 못한다는 이유로, 또 남성의 만행 앞에서 힘을 보여주는 게 아니라 '피해자 행세를 한다'며 여성들을 비난한다. 페미니즘은 강간문화와 성희롱 같은 이슈들에 대한 여성들의 불만을 드러내려고 했지만 (남성들 그리고 여성들로부터) 힘을 약화시키는 피해자 숭배라는 비난을 받으며 번번이 실패했다. 나는 우리가 여성들 스스로 조용한 아가씨가 되기를 바라고, 개인적인 경험이 아름다움, 정치, 예술의 거창한 표현으로 변하기를 바라면서도, 여성들이 자신들의 문제에 대해 실제로 목소리를 내고 그 문제를 묵인하는 데 우리에게도 책임이 있음을 직시하라고 요구할 때 외면해버린다는 생각이 들었다.

그밖에 우리가 여성의 불편함과 미적으로 표현된 고통의 이미지를 보는 데 너무 익숙해진 반면, 여성의 쾌락과 자율적인 욕구—성적인 것이든 아니든—의 이미지는 낯설고 역사적으로 은폐되어왔다는 사실이 있다. 미술사를 자세히 살펴보면, 남성 캐릭터의 개입이나 남성의 응시를 위해 비너스처럼 연기하지 않고, 자기만의 방식으로 즐기는 여성들을 보기 어렵다. 처녀의 원형은 여성이 된다는 것이 자신의 고유한 욕망에 의지해 행동하기보다 강제로 (혹은 주변 상황에 의해 어쩔 수 없이) 끌려다니기를 기다리는 것을 의미한다고 말하는 듯하다.

문화적 이미지들에서 여성의 쾌락과 욕망은 거의 눈에 띄지 않지만, 신화의 강간과 성폭력은 미술관과 박물관에서, 그리고 공공 기념비나 심지어 주머니 속 동전에 새겨진 그러한 이미지들을 발견할 때 이상하다는 생각이 들지 않을 정도로 지나치게 많이 보인다. 티치아노의 「에우로페의 겁탈」처럼 과거 엘리트 계층을 위해 그려졌던 관능적인 유화들은 이제 토트백과 세면도구 가방에 프린트되어 쉽게 소화할 수 있는 문화와 고급미술의 예로 존재하고 있다. 반면에 역사적인 성폭력의 일상화에 반대하거나 수동적인 처녀의 원형 너머로 우리를 데려가는 여성들에 의한 미술은 주류 문화기관 주변에서 배회하고 아방가르드 페미니즘 미술사 책과 세미나에 무기력하게 방치되어 있다.

「에우로페의 겁탈」은 티치아노가 펠리페 2세의 주문을 받아 에로틱한 사랑과 욕망, 그리고 그것의 위험성을 주제로 그린 여섯 점의 그림들 중 하나다. 다층적인 의미를 가진 이 그림들은 '포에지poesie' 혹은 '시각적 시'로 불렸다. 그러나 이 그림들은 자극적이기도 했다. 여섯 점의 그림은 한 공간에 걸도록 계획되었고, 그림을 소유하고 있는 사람의 욕정으로 가득찬 응시를 위한 관능적인 디오라마로서 보완적인 여러 시점(완전한 정면, 뒤, 4분의 3 시점)에서 본 누드 여성들을 보려주려고 했다.

「에우로페의 겁탈」은 보스턴 이사벨라스튜어트가드너미술관에 소장되어 있다. 하지만 나는 하비 와인스타인•이 다수의 강간과 성폭행 혐의로 징역형을 선고받은 바로 그 주에 런던 내셔널갤러리에서 이 그림을 보았다. 순회 전시 〈티치아노—사랑, 욕망 죽음〉에 포함된 이 그림은 펠리페 2세가 주문한 다섯 점의 다른 그림들과 수백 년 만에 조우했다.

전시회 개막식 전날 아침에 언론 시사회가 열렸고, 나는 사람들이 가득한 전시실 입구의 작은 대기실로 들어갔다. 그곳에 설치된 스크린에서는 펠리페 2세와 그의 사냥과 여성에 대한 열정을 개관

• 미국 할리우드 영화 제작자로서 2017년 『뉴욕타임스』에 의해 지난 30년간 저질러온 성추행 전력이 드러나 할리우드 여성 배우들로 하여금 미투운동을 촉발시킨 장본인이다.

하고, 티치아노를 에로틱한 회화의 전문가로 소개하는 영상이 흘러 나왔다. 문을 열고 전시실로 들어가자마자 관람자의 눈높이에 맞게 걸린 화려한 금빛 액자에 둘러싸인 여섯 점의 그림들이 눈에 들어왔다. 모두 오비디우스의 『변신이야기』에서 가장 흥미로운 이야기들이 주제였다. 이 그림들의 등장인물은 총 스물네 명이었는데, 그중 열아홉 명이 여성 누드였고 대다수가 처녀 역할을 맡았다. 에우로페 외에 아버지의 명령으로 지하 방에 갇힌 아르고스의 공주 다나에 그림이 있었는데, 다나에를 찾아온 제우스는 황금비(벽과 잠긴 문에도 구속받지 않는 그의 욕망)로 변해 제멋대로 그녀의 다리 사이로 미끄러져 들어갔다. 오비디우스의 이야기에 따르면, 다나에는 임신을 했고 페르세우스(훗날 고르곤의 여왕 메두사를 죽이는 인물) 낳았다.

페르세우스는 다른 그림에도 등장한다. 이번에는 안드로메다와 함께 나온다. 에티오피아 공주인 안드로메다(여기서는 관례대로 백인의 얼굴로 서구화된)는 어머니가 바다의 신 포세이돈을 노하게 만든 대가로 나체로 바위에 묶여 바다괴물의 제물이 되기를 기다리고 있다. 그녀는 한 팔을 머리 위쪽에 두고 다른 한 팔은 우아하지만 불편하게 등뒤로 보낸 자세로 그려졌다(발레와 하프넬슨 자세가 섞였다). 그녀의 희고 매끄러운 팔다리에는 부드러운 살결과 극명하게 대비되는 번쩍이는 무거운 쇠사슬이 채워져 있다. 얇고 고운 천으로 음부만 가린 그녀의 몸은 우리의 시선에 구속되어 있다. 안드로메다는 입을 벌린 바다괴물을 향해 검과 방패를 휘두르며 날아드는 페르세우스를 쳐다보고 있다. 페르세우스의 몸은 안드로메다의 몸과 시각적, 상징적으로 대비된다. 즉, 그의 혈기 왕성한 구릿빛 피부는 그녀의 부드러운 우윳빛 피부와 대조되고, 자유롭게 움직이는 그의 사지는 안드로메다의 속박된 몸의 에로틱한 무기력함과 대비되는 남성적인 힘과 민첩성을 표현한다.

이러한 대비들은 또다른 대비를 만들어낸다. 다시 말해, 영웅을 더 위대하게 보이게 하려고 젊은 여성의 고통을 이용하는 유서 깊은 전통 속에서, 쇠사슬에 매인 안드로메다의 성적 대상화는 페르세우스의 영웅적인 성공을 더욱더 인상적으로 만든다. 안드로메다를 구한 후, 페르세우스는 그녀와 결혼해 아홉 명의 아이를 낳는다. 이 사실을 알게 된 우리는 안드로메다의 아름다운 몸을 페르세우스의 용기에 합당한 상으로, 그녀의 아름다움과 생식능력이 있는 몸을 그에게 주는 것을 당연한 보상으로 여기게 된다.

기자회견에서 내셔널갤러리의 관장이 무뚝뚝한 표정으로 지켜보는 가운데 전시회 담당 큐레이터의 전시 소개가 있었다. 수백 년 만에 처음으로 한데 모인 작품들(그리고 내 휴대폰 문자로 온 와인스타인 재판에 대한 최신 정보)에 대해 으레 나올 수 있는 흥분들 속에서, 나는 무언가가 변하고 있음을 알아차렸다. 즉, 붓 터치와 아름다움과 구성이 중시되는 일반적인 미술사적 기준으로 이러한 그림들을 보는 것은 더이상 맞지 않았다. 이런 식으로 함께 전시된 여섯 작품들은 순수한 미학적 걸작이라기보다 오히려 성정치학과 훨씬 더 관련 있다고 말할 수 있을 듯했다. 나는 이 그림들의 의미와 그림들을 보는 우리의 시각이 어떻게 변화하고 개선되는지에 대해 생각하기 시작했다.

큐레이터도 그렇게 느끼는 듯했다. 에우로페와 다나에의 강간을 설명하면서 말을 더듬거렸고, 이 그림의 모델들에 대해 이야기할 때 베네치아의 (창녀나 고급 매춘부라는 단어 대신) '성-노동자sex-workers'

라는 정치적으로 올바른 용어를 사용했다. 그러나 에우로페라는 인물에 대해서는 전통적인 전문가의 분석을 인용했고 에우로페가 곤경에 처해 있는지 아니면 성적으로 자유로운 것인지에 대해서는 애매한 태도를 보였다(상대가 우주의 지배자 제우스라면, '아니요no'는 사실상 '승낙yes'을 의미할까?). 그의 입에서 에우로페의 음부를 쳐다보는 케루빔 이야기가 나오자 청중들 사이에서 피식 웃음소리가 들렸고 나는 그가 입을 다물기를 바랐다. 익숙하고 편안한 장소에 있다는 데 안도한 비평가들이 뱉어낸 조용한 웃음소리가 물결처럼 번지고 있었다. 그 순간 나는 학교에 있는 딸 생각이 났고, 내 딸은 이런 모욕을 당하지 않았으면 좋겠다고 바랐다.

그러나 이러한 일상적인 성차별은 이 큐레이터가 강간당한 또다른 여성의 피해자 비난에 대해 말할 때 선택한 신중하고 민감한 용어들과 대비되었다—아르테미스를 섬기는 님프 칼리스토는 순결을 맹세했지만 그녀를 유혹하기 위해 아르테미스로 변신한 제우스에게 속아 넘어가 임신을 했다. 티치아노의 그림은 칼리스토가 다른 여성들에 의해 아르테미스 앞으로 끌려나온 결정적인 순간을 보여준다. 신이 난 여자들은 두려움과 고통으로 잿빛이 된 칼리스토의 옷을 벗겨 창백하고 볼록한 배를 드러냈다. 괴로워하는 칼리스토의 눈은, 벌을 받게 될 사람이 제우스가 아니라 강간 피해자인 자신임을 알고 있다고 말한다. 아르테미스는 칼리스토를 무리에서 쫓아냈고 질투심이 많은 제우스의 아내 헤라는 그녀를 곰으로 만들었다. 그리고 칼리스토의 아들은 곰이 된 엄마를 죽일 뻔했다. 이러한 사실들은 그림에 나오지 않는다(하지만 르네상스시대 사람들은 알고 있었을 것이다). 칼리스토의 수치심은 강간이 피해 당사자의 신체에 대한 범죄가 아니라, 사회적, 법적으로 그 신체에 대한 권한을 소유하고 있는 사람에 대한 범죄임을 씁쓸하게 일깨워준다. (이 이야기는 우리 시대의 명예살인과 강간당한 여성들의 '수치심'을 가족들이 다루는 방식과 소름 돋을 정도로 닮아 있다.)

이 강간당한 처녀는 권력자들을 위한 신화그림에, 혹은 21세기 미술관 관람객과 언론인을 압도하는 데에만 머물지 않는다. 그녀는 우리가 미술관 밖에서 접하는 정치적, 시민적 이상들의 공적 상징물에 깊이 뿌리내리고 있다. 알아채지 못했을 뿐, 처녀의 강간은 현대 유럽 프로젝트의 기반으로 항상 그 자리에 있었다. 다시 말해, 그녀의 이야기는 동전으로 주조되었고 유럽연합 기구 건물들 앞에 공공 조각으로 서 있다. 유로화 지폐의 워터마크이자 이탈리아와 그리스의 2유로 동전에 에우로페가 새겨져 있지만 의식하지 못하고 매일 수없이 스쳐지나간다. 그녀는 에우로페빌딩 외에도, 브뤼셀의 유럽연합 정상회의와 유럽연합이사회 본부 건물인 유스튀스 립시위스빌딩 앞에 조각상으로 서서 마치 체조선수처럼 황소의 뿔을 붙잡고 함께 비상한다. 스트라스부르의 유럽의회 앞에는 강철로 만든 황소의 등에 걸터앉은 에우로페 조각상이 있다.

이러한 공공 이미지들은 미술관에서 보는 것보다 훨씬 은밀하게 대중의 정체성을 형성하기 때문에 중요하다. 다수에게 노출된 그러한 이미지들은 세심하게 검토되지 않는 경우가 많고 또 눈에 띄지 않게 일상적인 삶으로 침투해 그것이 내포한 상징적인 메시지와 함의들이 보편적인 규범으로 받아들여진다. 그리고 강한 남성의 난폭한 욕정에 굴복하는 여성은 사실상 협력, 정치적인 화합, 상호 이익,

유대감 공유와 공공 이익의 상징이 되었다. 티치아노의 그림은 폭력과 에로티시즘으로 소용돌이치고 있지만, 에우로페와 황소의 공공 조각상들은 자유롭고 모험적이고 역동적인 느낌을 주며, 거기에 숨어 있는 성적이고 공격적인 힘들은 유토피아적인 화합과 정치적 자부심의 상징으로 중화된다.

고전 학자들은 신화의 강간 행위를 현대의 범죄 용어로 이해해서는 안 된다고 주장하곤 한다. 일리 있는 주장이다. 호메로스가 에우로페와 황소 이야기를 썼던 기원전 8세기와 티치아노가 그 이야기의 에로틱한 버전을 그렸던 16세기에 우리가 지금 생각하는 강간이라는 단어는 존재하지 않았다. '강간'이라는 단어의 기원이 된 라틴어 'raptus'는 성폭행이라는 특정 물리적 행위라기보다 '강탈'을 의미했다. 이런 이유에서 raptus는 재산의 강탈을 뜻하는 용어이기도 했으며, 사람들은 강간을 재산에 대한 범죄로 생각했기 때문에 이는 의미론적으로 매우 타당하다. 처녀가 강간을 당하면 '도난당한' 것은 처녀성이다. 역사적으로 보면, 여성의 의사에 반하여 그녀의 몸에 침입하는 것은 그녀의 몸을 소유한 사람—아버지 혹은 남편(여성 본인을 제외한 모두)—에 반하는 범죄행위였다. 고대 그리스와 로마 여성들은 동의의 권리, 특히 남편에 대한 발언권이 거의 없었으므로 동의 역시 쟁점이 아니었다.

최근까지도 고전학자들이 강간을 인정하기를 주저했던 것은, 신화 이야기에서든 실생활에서든 우리가 강간의 의미—다시 말해, 무엇이 강간으로 간주되는가—를 파악하지 못했고 여전히 그런 상태이기 때문인 듯하다. 20세기까지 여성을 대상으로 하는 성범죄—

'데이트 강간'과 '성희롱', 그리고 더 최근에는 '업스커팅'•과 '성기 사진' 보내기 등—를 지칭하는 단어가 없는 경우가 허다했다. (그러므로 법적으로, 혹은 대중의 담론에서 범죄가 아니었다). 이러한 행위들은 페미니스트들과 피해자들이 강력한 목소리를 낸 다음에야 비로소 범죄로 규정되었다. 영국에서 강간 유죄판결의 기록이 2007/2008년에 시작되었다는 사실은 강간이 최근에 와서야 다른 흉악 범죄들과 마찬가지로 범죄사전에 등재되었음을 시사한다. 이는 강간당했다고 말하는 사람들, 강간으로 고발당한 사람들, 그리고 배심원들에게 동의의 의미와 언어 문제로 귀결된다. '그는 말한다, 그녀는 말한다'•• 식의 불분명한 서사는 여전히 강력하다. 그러므로 티치아노가 정말 우리에게 보여주는 것이 강간인지 아닌지에 대한 논의에서 터져나오는 질문들은 우리가 오늘날에도 여전히 직면하고 있는 동의의 모호한 경계선들과 사실상 동일한 이슈라고 할 수 있다.

여기에는 'raptus' 용어의 모호성을 이용한 지적 교활함이 존재한다. 이러한 교활함은 또한 티치아노의 「에우로페의 겁탈」 같은 그림 속 강간의 언급들이 권력의 속성, 징벌, 욕망의 대가라는 보다 넓은 철학적 은유로 승화되어야 한다고 비전문가들을 설득한다. 물론 그럴 수 있다. 그러나 신화 속 강간을 미화하는 역사적 이미지들은 학문적인 영역 안에 머물러 있지 않고, 엽서와 선물, 일상용품 등에 복제되고 취향과 예술적 천재성을 보여주는 고귀한 증거들로 숭배되고 있다. 내 생각에는 먼저 권력과 욕망의 남용과 부담을 탐구하는 수단으로 여성의 신체를 이용하는 기이함에 관해 논의하는

• upskirting, 여성의 치마 속을 몰래 촬영하는 범죄 행위.
•• he says, she says, 증거 없이 각자의 대립되는 주장만 난무한 상태.

것이 더 효과적이다. 그러한 강간—즉, 어떤 사람의 신체가 다른 사람의 신체에 가하는 폭력—은 은유적인 것들을 이해하기 위한 지시문이 되어야 한다.

미술사도 이러한 그림들 속 강간을 이해하는 다양한 가능성과 뉘앙스를 간과하고, 대신에 문학적 암시와 은유, 정치적 상징, 미학적 기준 등에 집중해왔다. 티치아노는 큰 사랑을 받는 화가이기 때문에, 그의 그림들을 오늘날의 성정치학과 와인스타인의 범죄라는 프리즘을 통해 보는 시각은 대부분의 미술 애호가들에게 신성 모독적이고 학자들에게는 허무맹랑하게 느껴질 터이다. 나는 왜 그런지 알 것 같다. 이 그림들의 빛과 색채와 살결의 리듬에 매혹당하도록 내버려두는 편이 훨씬 더 쉽기 때문이다—이 전시회에 대한 비평을 썼던 다수의 평론가들처럼. 하지만 스페인 왕을 위해 그려진 티치아노의 에로틱한 그림들을 보는 행위는 우리에게 이러한 '걸작'을 감상할 때 우리의 역할이 무엇이고 본다는 것은 어떤 의미인지에 대해 생각하게끔 한다.

에우로페의 벌어진 허벅지를 볼 때 우리가 동일시하는 사람은 누구이고 또 중요한 것은 무엇인지에 대해 (비너스 이미지들을 고찰할 때처럼) 다시 한번 생각해보자. 우리는 에우로페의 절박함에 공감하고 있는가? 아니면 그녀를 정복한다는 흥분으로 벅차오르는가? 결론적으로 그것은 그리 단순한 문제가 아니다. 티치아노는 이 그림이 가학적이고 관음증적인 쾌락으로 빠지지 않도록 하기 위해, 감질나는 불확실성을 도입했다. 고대 시의 대본을 연기하는 황소는 '정말 이렇게 하기를 바라는 거야?' 하는 표정으로 애걸하듯 캔버스 바깥을 바라보며 황급히 무대 밖으로 빠져나가면서, 비통한 눈으로 관람자를 찾고 있다. 티치아노는 우리들, 다시 말해 관람자들에게 책임을 전가하는 듯하다. 우리는 외면하는가, 아니면 더 자세히 들여다보며 이러한 그림들을 다른 시각으로 보려고 애쓰는가? (보는 방식을 바꾸면 우리가 보는 것들도 변한다.)

나는 티치아노의 포에지에서 오직 처녀들만 고통받는다고 생각하도록 유도하는 것 역시 부당하다고 생각한다. 이 전시회에서 볼 수 있는 신체 대다수는 처녀들의 몸이기는 하지만, 다른 이야기가 수동적인 처녀들 사이에 숨어 있기 때문이다. 칼리스토의 폭로 그림 옆에 님프들과 목욕하는 아르테미스를 우연히 목격한 악타이온 그림이 걸려 있다. 악타이온은 아르테미스가 목욕하는 모습을 보았고 이에 격노한 아르테미스는 그를 사슴으로 바꾸었다. 사슴이 된 그는 사냥개들에게 물려 죽었다. 악타이온 이야기는 본다는 행위가 누구에게나 허용되는 것은 아님을 시사한다. 아르테미스의 분노와 악타이온의 죽음은 우리가 원하지 않는 방식으로 누군가에게 보여질 때 무슨 일이 벌어지는지, 그리고 우리가 보고 있는 것뿐만 아니라 우리가 보여지는 방식에도 우리의 운명을 바꾸는 힘이 있음을 상기시킨다.

잠볼로냐의 조각 「사비나 여인의 겁탈」(1583)은 피렌체의 로지아 데이 란치—피렌체 정부청사가 위치한 시뇨리아광장의 야외 조각 갤러리—에 우뚝 솟아 있다. 관광객들은 이곳의 계단에 앉아 잠시 쉬어가고 학생들은 서로 만나 담배를 피운다. 이 조각상이 위치한 장소는 피렌체 정치의 중심일 뿐 아니라 일상생활의 배경이다.

나선형으로 움직이며 얽혀 있는 몸들의 정점에서 가슴을 드러낸

한 여성이 비명을 지른다. 그녀는 남성적인 짧은 고수머리와 근육질 엉덩이를 가진 누드의 남성에 의해 공중으로 들어올려졌다. 이 남자는 로물루스를 추종하는 사람이다. 전설에 따르면 기원전 8세기에 로마를 건국한 로물루스는 아내로 삼을 여자들이 부족하자 축제를 구실로 이웃의 사비나 부족을 초청했다. 축제날이 되자, 로마인들은 영문도 모르는 사비나 여인들을 납치해 아내로 삼았고 아이들을 낳게 했다. 플루타르크는 처녀들만 납치되었다고 전한다(유일하게 기혼 여성이었던 헤르실리아는 예외였다고 한다).

에로틱한 전율이 느껴지는 이 조각상은 미술작품으로는 그리 미묘하지 않다. 머리를 들어올려 이 조각상을 쳐다보면, 이름 모를 사비나 여자의 훤히 드러난 가슴을 마음껏 감상할 수 있다. 조각상 주위를 돌며 사방에서 감상하다보면, 남자의 맨 가슴에 짓눌린 사비나 여자의 매력적인 엉덩이를 멍하니 쳐다보게 된다. 납치당하는 급박한 순간에도 여성은 성적으로 매력적이어야 한다는 것이 이 조각가에게는 아주 중요했던 것 같다.

조각상이 완성되고 나서 오랜 시간이 흐른 뒤에 작품의 제목이 붙여졌다는 사실은 이상하다. 피렌체의 가장 명망 있는 후원자들로부터 주문을 받으려고 경쟁하던 재능 있는 미술가들 사이에서 돋보이고 싶었던 조각가 잠볼로냐는 구매자의 주문을 받아 제작하는 일반적인 관행을 따르지 않고 작품을 미리 제작했다. 그리고 수정 가능한 요약본을 본 잠볼로냐는 성적 의도가 있는 납치 장면을 묘사하기로 결정했다—땅바닥에 쓰러진 남자가 여성을 보호하지 못하고 공포에 질려 쳐다보고 있는 사이에 다른 남자가 여자를 납치하는 장면이다. 조각상의 가장 아래의 남자는 단순한 구성적 장치가 아니다. 그는 사비나 부족을 이끄는 아크론 왕이다.

익명의 로마인 강간범은 우리에게 또다른 종류의 은유적 '강간'—로마인은 아크론의 공간에 침입해 그의 남성성을 가리는 행위를 통해 그를 무력화한다—을 보여주기 위해 육중한 다리 하나를 아크론의 벌어진 허벅지 사이에 두었고, 아크론은 그에게 굴복하여 몸을 웅크리고 있다. 아크론의 추가는 이러한 이야기들과 이미지들에서 '영웅적인 강간'의 의미를 이해하는 데 필수적인데, 그것은 대를 잇기 위해 여성의 신체를 장악하는 수단일 뿐 아니라 다른 남성 경쟁자를 제압하는 수단이며, 이 처녀의 고통이 어떻게 남성의 남자다움을 강조하는 도구가 되는지를 다시 한번 상기시켜준다.

잠볼로냐는 바라던 대로 성공을 거머쥐었다—토스카나 대공 프란체스코 1세 데 메디치는 누구나 볼 수 있도록 시뇨리아궁 외부에 이 조각상을 두라고 명령했다. 고대 신화에서 나온 적절한 이야기가 조각에 덧붙여져야 했던 것은 바로 그때였다. 강간의 주제로 선택할 수 있는 이야기는 너무 많았다—잠볼로냐가 조각상의 작은 청동 모형들을 보며 생각에 잠겼을 때, 그의 조각상은 트로이의 헬레네의 강간, 지하세계의 신 하데스에게 납치된 페르세포네, 사비나 여인의 겁탈도 될 수 있었다. 16세기 이탈리아에서 강간은 성적인 지배와 정치적 통제의 제스처로 매우 일상화되었기 때문에 그것은 일반적이었다.

에우로페와 황소 이야기처럼, 사비나 여인의 겁탈도 시간이 흐르면서 처녀들의 강간으로부터 유래한 국가적 정체성의 토대를 찬양하는 이야기로 계승되었다. 이탈리아에서 르네상스시대 내내, 이 이야기는 남성과 여성 모두에게 로마 건국의 애국적인 순간으로 기념되었는데, 남성들은 남성적이고 승리했다는 이유로 찬양되었고 사비나 여성들은 로마의 어머니로 숭배되었다. 이러한 이미지들은 심지어 결혼식 배너와 혼례용 함(카소네), 그리고 귀족 여성들의 방 안을 장식했다. 이 이야기는 고통과 폭력의 이야기가 아니라 영예로운 것이 되었다—원래 납치된 여성들이 견뎌야 했던 것이 무엇이었든, 납치되었다는 사실보다는 그로 인한 결혼, 새로운 세대와 국가의 탄생이 더 중요했기 때문이다. 이는 마거릿 애트우드의 『시녀이야기』에 나오는 길리아드처럼 국가에 의한 강제적인 출산의 디스토피아적인 이야기를 연상시킨다. 소설 속 정부는 여성들을 강제로 데려가 '시녀'로 만들고, 그들을 겁탈하여 임신을 하게 하며 인구증가에 기여하는 데 자부심을 느끼라고 강요한다.

저자였던 리비우스는 결혼과 애정을 약속받은 후에 사비나 여인들이 고향과 가족을 강제로 떠나온 원한을 풀었다고 말하며, 이어진 임신은 합의된 것임을 시사했다. 이는 사랑과 결혼의 약속이 보상으로 주어진다면, 여성들은 어떤 학대도 견딜 수 있음을 암시하는 듯하다(끊임없이 괴롭힘을 당했던 그리셀다 이야기와 상당히 비슷하다). 이러한 가정은 전 세계의 강간 법률 제정에 반영되어 피해자와 결혼을 하거나 피해자의 가족에게 지참금을 주면 강간범에게 무죄를 선고하는 법들이 제정되었다—강간이 처녀라는 성적인 시장가치를 떨어뜨렸으므로 강간당한 여성의 신체를 소유하고 있는 가장에 대한 범죄로 이해되던 시대로의 회귀다. 이탈리아에서는 1981년에 이러한 법이 폐지되었지만, 튀르키예는 2016년과 2020년에 피해자와 결혼한다는 조건으로 유죄를 선고한 강간범을 석방하는 법을 재도입하려고 했다. 라틴아메리카의 여러 국가들과 필리핀, 타지키스탄에는 아직도 이와 유사한 법이 있다.

강간범을 보호하고 용서하려는 튀르키예의 시도들에 미디어들이 일제히 비난을 퍼부었던 데서 볼 수 있듯이, 자유주의 세계에서 성폭력의 범죄화와 잠볼로냐의 조각상처럼 무해해 보이지만 강간을 암묵적으로 묵인하는 공공장소의 작품들 사이의 간극을 어떻게 해소할 것인가가 나의 관심사다. 이를 위해서는 작품에의 몰입, 그리고 거기서 우리가 느끼도록 요구받는 것에 대해 다시 한번 깊이 생각해볼 필요가 있다. 즉, 그것은 피해자에 대한 공감인가? 새로운 국가를 건설하기 위해 어려운 결정을 한 로마인들의 용기에 대한 존경심인가? 아니면 일부 여성들이 결혼 상대에 대해 주체성을 갖지 못하고 의무적으로 성관계를 한다는 사실을 상기시키는 것인가?

만약 현실에서 참을 수 없다고 생각하는 부분과, 기념비 또는 미술작품에서 찬양하는 것 사이의 괴리가 보이기 시작한다면—일상적인 삶과 그러한 이미지들 아래 숨겨져 있는 힘과 폭력의 성 역학을 더 적나라하게 들추어내고, 더 잘 보이고 더 낯설게 만듦으로써—여성에 대한 조직적인 성폭력에 관해 논의하는 방법들을 발전시킬 수 있을 것이다. 필연적으로 이는 현실에서 우리가 자랑스러워하는 자유주의적 가치들과 모순되는 미술작품과 공공 조각을 어떻게 해야 하는가, 라는 당면한 문제로 이어진다. 그러한 작품들을 치워버려야 하는가? 만약 그렇게 한다면, 그 작품들을 어떻게 처리하고, 그 자리에 무엇을 두어야 하는가?

잠볼로냐의 조각이 전하는 메시지의 노골성은 전시된 장소의 일상성에 흡수되어버린다. 만약 우리가 폭력적인 납치와 강간의 트라우마를 존중받는 정치적 상징과 기념비로 승화시킨다면, 아마도 일상에서 벌어지는 성적 강압 혹은 위협(미묘한 차별부터 트롤링, 가중 폭행까지)의 트라우마를 인정하는 것은 훨씬 더 어려워질 것이다. 특히 거기서 변혁적이거나 고상한 서사를 끌어내지 못할 때, 혹은 그것이 만족스러운 예술 이미지나 작품이 되지 않을 때 그러하다. 납치된 사비나 여인의 비명은 비둘기와 관광객들이 가득한 광장을 조용히 떠돌고 있다—하지만 아무도 눈치 채지 못하거나 혹은 신경을 쓰지 않는 듯하다. 바로 그 점이다. 강간은 늦은 밤길과 첫 데이트, 택시 탑승에서부터 미술관 방문, 역사 수업, 결혼에 이르기까지 수많은 이야기들의 주변에 숨어서 서성이며, 항상 존재하고 있지만 드러나지 않는다.

미투와 타임스업Time's Up운동의 쏟아지는 증언들로 확실해진 것은 여성 대다수가 할 말이 있다는 사실이다. 2000년 초, 피렌체에서 공부하던 젊은 외국인 학생이었던 나 역시 잠볼로냐의 조각상이 있는 이 광장에서 그리 멀지 않은 곳에서 그러한 경험을 했다. 파티에서 돌아오는 길에 강 근처에서 경미한 차 사고를 당했다. 부상이 큰 심각한 사고는 아니었지만 두려움으로 몸이 벌벌 떨렸고 충격으로 인해 제정신이 아닌 상태로 혼자 길을 헤매다가 문이 닫힌 기차역으로 들어갔다. 기차역 전담 경찰관은 나를 사무실로 데려가 물과 커피와 화장지를 주었다. 사무실 문은 닫혀 있었고, 그는 책상 가장자리에 걸터앉아 내가 울면서 무슨 일이 있었는지 더듬거리며 하는 말을 듣고 있었다. 그가 팔을 뻗어 나를 부드럽게 잡아당겼을 때 그의 유니폼에서 나던 풀 먹인 냄새가 기억난다. 그는 자신의 다리를 내 다리 사이에서 조금씩 움직였고 내 머리를 쓰다듬으며 목에 키스를 하기 시작했다. 그때 내 뺨 부근에서 반짝이던 그의 견장에 달린 단추의 광택을 기억한다.

안전하고 개방된 공간이 절실했던 나는 잠볼로냐의 조각상이 어둠 속에서 조명을 받으며 서 있고 밤의 방랑자들이 술을 마시고 있는 시뇨리아광장을 가로질러 황급히 내 아파트로 돌아왔다. 상황이 악화되고 기차역의 낯선 경찰관의 음란한 기대에서 벗어나지 못했더라면, 나의 비명도 사비나 여인들의 비명처럼 아무런 소용없이 허공을 맴돌았을 것이다.

우리가 찬양하는 문화적 이미지들 속에 스며든 또하나의 처녀 유형이 있다—강간을 당하지는 않았지만 스스로를 망가뜨리는 생기없고 저주받은, 그러나 엄청나게 매력적인 여자다. 런던 테이트브리튼미술관의 빅토리아시대 회화 전시관의 분위기는 갑갑하게 느껴진다. 이곳은 사랑의 열병으로 실성해 익사한 셰익스피어의 『햄릿』의 비극적인 인물 오필리아를 그린 존 에버렛 밀레이의 작품을 비롯해, 미술사에서 가장 사랑받는 여성들의 서식지다. 밀레이의 오필리아 그림은, 온실의 꽃처럼 밝은 색으로 그려진 몽롱하고 게슴츠레한 눈의 여성들로 유명한 빅토리아시대 회화양식이었던 영국의 라파엘전파 운동의 가장 대표적인 작품이다. 이 그림에서 오필리아는 물에 떠 있는 상태로 우아하게 죽어가고 있는데, 텅 빈 시선의 창백한 그녀의 얼굴을 감싸고 있는 머리카락은 해초처럼 넘실거리고 바람 빠진 풍선 같은 드레스는 수면 아래에서 부풀어오른다.

이는 『햄릿』의 무대 밖에서 일어난 장면이다. 다시 말해, 우리는 햄릿의 어머니 거트루드의 대사를 통해 오필리아가 버드나무 가지에서 떨어져 익사했다는 것을 알게 된다. 희곡에 나오지 않지만 이 순간은 우리가 집단적으로 흠모하는 목가적인 자연 속에서 평온하게 죽음을 맞이한 예쁜 처녀의 이미지들로 미술사와 대중문화에 길이 남았다. 의심할 여지없이 그중에서 가장 유명한 밀레이의 그림은 오필리아라는 인물뿐 아니라 미학적으로 만족스러운 슬픈 여자의 죽음과 낭만화된 현대의 자기 파괴적인 인물과 동일시되었다. 당신은 독립영화에서, 그리고 잡지사진 촬영과 여성잡지의 메이크업 설명서에서도 그러한 것을 볼 수 있다(덴마크 영화감독 라스 폰 트리에의 「멜랑콜리아」와 소피아 코폴라의 「처녀 자살 소동」이 그러한 예다).

『보그』 편집자들이 큐레이팅하는 사진작가들의 사진공유 플랫폼인 포토보그에 따르면, 수천 장의 이미지가 축적된 그들의 데이터베이스에서 가장 많이 반복되는 테마 중 하나가 비극적인 주인공 오필리아다. 포토보그의 웹사이트는 "오필리아는 순수함의 정수, 청소년기의 불안정함에 대한 은유이고, 사랑으로 인한 그녀의 죽음은 존 에버렛 밀레이의 상징적인 그림처럼 지금도 여전히 미학적인 선언이다"라고 밝힌다. 내 생각에, 이는 의도적인 오역, 심지어 슬픔과 좌절감을 멋있고 아름다우며 열망하는 무언가로 만들도록 여성들을 부추기는 위험한 발상이다. 젊은 여성을 "순수함의 정수"라고 확정지어버리는 것은 그들의 쾌락과 성적 자기실현을 부인하는 괴상한 받침대 위에 그들을 올려놓는 행위다. 또한 남성들에 의해 '망가질 수 있는' 존재로 스스로를 바라보고, 그러한 결말을 위해서는 매력적이어야 한다며 젊은 여성들을 옭아맨다.

사실 오필리아는 '사랑 때문에 죽은' 게 아니다. 희곡에서 오필리아의 역할은 세 명의 남성, 즉 아버지와 오빠, 그리고 연인과의 관계를 중심으로 전개된다. 오필리아는 아버지가 기대하는 순종적인 딸,

정숙한 아내, 어머니 역할과 사랑에 빠진 처녀라는 낭만적인 정체성의 실현 사이에서 갈팡질팡한다. 오필리아는 햄릿의 조종과 가족들에 의한 구속에 고통을 받는다. 그런데다 아버지는 살해되고, 연인은 여성혐오적인 비난을 퍼부으며 그녀에게서 등을 돌린다. 이로 인해 오필리아는 '히스테리'를 일으킨다. 히스테리는 여성의 적절한 행동에 대한 가부장제적인 기대들을 벗어난 여성의 모든 반응들을 가리키는 병리학적 용어다.

아버지와 연인을 잃은 후, 오필리아의 '광기'는 중요한 남성들과의 관계가 부재한 세상에서 의미를 찾지 못하고 역할을 하지 못하는 무력함으로 표출된다. 이 남성들 없이(오빠는 해외에 있다) 오필리아는 살아갈 힘도, 그녀를 붙잡아줄 내면의 자존감도 없다—먼저 그녀는 외설적인 말을 내뱉으며 궁정 사람들에게 충격을 주고, 그런 다음 흐르는 강에 빠져 아름다운 모습으로 죽는다.

나는 여성의 정신적인 안정과 성적이고 낭만적인 행복이 남성의 존재 혹은 부재를 중심으로 전개된다는 사고방식에 우리가 여전히 의미를 두고 있다는 생각이 든다. 오늘날, 우리는 여전히 삶에서 가부장적인 존재가 부재한 여성을 (마치 그것이 나쁜 것인 양) '대디 이슈 daddy issues'라는 성차별적 용어로 평가하고 비난하는데, 이는 아버지가 없는 딸들은 더 히스테리컬하고 비이성적이며 '애정에 굶주렸고', 난잡한('부적절한'으로 정정해서 읽을 것) 성관계로 삶의 공백을 채우기 위해 덤벼들며 데이트 용어로 표현하면 '불량품'이라는 가정에 의지한다.

밀레이의 「오필리아」와 수많은 파생 이미지들은 여성들의 삶을 의미 있게 만들기 위해 여성들의 고통을 낭만적으로 그려낸다. 이 경우에는 오필리아가 실제로 죽는 극단적인 상황으로 치닫는다. 바로 그 죽음의 순간에 그녀가 가장 아름답고 가장 사랑받으며 가장 완벽해진다는 점은 주목할 만하다—오필리아의 장례식에서 그녀의 오빠와 햄릿은 오필리아에 대한 사랑의 힘을 두고 경쟁하고 그녀는 순결과 순수함을 간직한 채 '천사들에게 가버린' 것으로 표현된다.

오필리아의 변형적 죽음의 메아리는 1947년 『라이프 매거진』 전면에 실린 '이 주의 사진'에서도 찾을 수 있다. 사진 속 주인공은 에블린 맥헤일Evelyn McHale의 시신으로, '세상에서 가장 아름다운 자살'로 불리는 죽음이다. 맥헤일은 뉴욕 엠파이어스테이트빌딩의 86층 전망대에서 투신했고, 거리에 주차된 리무진 위에 믿기 어려운 멋진 자세로 추락했다. 마침 그곳을 지나던 사진작가가 그 순간을 카메라에 담았는데, 사진 속 그녀는 구겨진 강판 위에 잠자는 숲 속의 공주처럼 누워 있다. 이 사진은 맨해튼에서 일하는 평범한 경리 직원이었던 맥헤일을 국제적 명성이 있는 아름다운 시체로 변화시켰다. 훗날 앤디 워홀은 '죽음과 재난' 연작 중 한 작품인 「자살—떨어진 몸」(1962)에서 이 사진을 여러 번 복제했다. 오필리아와 마찬가지로 불행한 운명을 맞이한 처녀였던 맥헤일은 아름다운 시체로 사람들의 기억에 남았고, 그녀의 시신은 우울함, 어쩌면 아메리칸드림에 감춰진 우울을 시적, 미학적으로 고찰하기 위한 도구가 되었다.

맥헤일의 사진과 「오필리아」 그림에서 죽음과 자살의 두려운 면들은 아름다운 무언가로 굳어지면서 이상화된 여성성의 완벽한 이미지—인형같이 조용하고 수동적인 이미지—를 만들어낸다. 그러므로 죽음은 히스테리컬한 처녀에게 잠재된 파괴적인 힘을 잠재우는 방법이다—그리고 열정과 아름다움에 대한 통제를 표현하는 데 있어, 그러한 힘을 진정시키고 영원히 변하지 않게 만듦으로써 그것을 보존하는 것보다 더 좋은 방법이 있을까? 물에 빠져 죽었기 때문에 오필리아에게 연민을 느낄 때, 거기에는 성적으로 매혹되는 경향, 즉 시간증屍姦症에 가까운 애정의 시선이 존재한다—그것은 그들을 완전히 소유하려는 남성들에게 목이 졸려 죽은 순종적인 미인들에 대한 시(로버트 브라우닝의 「포피리아의 연인」 같은)와 더불어, 빅토리아시대 문화에 숨겨져 있던 부글부글 끓어오르던 충동이었다.

하지만 여성 관람자의 충격은 어찌해야 하는가? 오늘날과 같은 시대에는 오필리아 그림들이 미술관 담장을 넘어 여성의 행동에 영향을 끼칠 수 있게 되었다. 문학에서 영감을 얻은 그림들과 실제 여성들에 대한 태도들의 경계가 모호해졌기 때문이다. 심지어 허구적인 인물 오필리아는 정신병원에 입원한 젊은 여성 정신병 환자들의 상태를 판단하는 유사 의학적 진단의 전형으로 자리잡기도 했다. 여성 정신병 환자들은 신경증에 걸린 오필리아와 유사한 자세로 촬영되었다. 오필리아의 비극적인 이야기의 여러 측면들은 이 그림의 모델이었던 여성의 실제 삶과 오버랩되었다. 라파엘전파 화가들과의 관계로 더 유명했던 화가이자 시인인 붉은 머리의 엘리자베스 시달은 그들의 뮤즈이자 모델, 정부였으며, 결국 그들 중 한 명인 단테이 게이브리얼 로세티와 결혼했다. 그녀는 중세의 단테 알리기에리의 시 『신곡』에 등장하는 안개 같은 미인 베아트리체처럼 신화와 문학의 이상화되고 우울한 여자 배역을 그녀에게 맡긴 남성 화가들의 시선을 통해 가장 많이 알려져 있다.

시달은 부서질 것처럼 허약했다고 전해진다—너무 마르고 약해서 결혼식 날에 로세티에게 안겨서 5분 거리에 있는 교회까지 갔다고 전한다. 그녀는 병과 아이의 사산이라는 고통에서 자신을 해방시키는 아편에 중독되었고 서른두 살에 아편 과다복용으로 사망했다. 시달의 인생은 화가의 모델에서 뮤즈와 연인이 되고 천사 같은 병약자가 되었다가 마침내 아름다운 모습으로 세상을 떠난 한 여성의 비극적인 이야기로 찬양되었다. 오늘날에도 열성 신자들은 그녀를 만나기 위해 런던 북쪽에 위치한 하이베리 묘지로 순례를 떠난다.

라파엘전파 회화를 통한 엘리자베스 시달의 창조와 그녀의 삶과 죽음을 둘러싼 신화 같은 이야기들은 빅토리아시대의 가장 매력적인 여성 유형, 즉 야위고 가련하고 병약하며 고분고분한 여자를 사람들의 마음에 각인시켰다. 하지만 그것은 역할일 뿐 진짜 시달은 그 아래에 숨겨져 있다. 실제로 시달은 화가로서 충분히 성공적인 삶을 살았고, 염세주의자로 악명이 높았던 미술비평가 존 러스킨으로부터 천재라는 평가를 받았으며, 오직 아름다운 육체 때문에 여성들을 사랑하는 남성들의 위선을 주제로 시를 쓰기도 했다(그녀의 시 가운데 하나인 「눈의 정욕」은 "나는 내 여인의 영혼을 사랑하지 않는다"로 시작한다). 시달과 생각이 같았던 시누이 크리스티나 로세티는 남성 화가와 여성 뮤즈의 관계에 대한 글을 썼다. 그녀의 시 「화가의 작업실에서」(1856)에서 "그 여성 자체로서가 아니라, 그녀가 그의 꿈을 충족시키는 방식"으로 그녀를 그린 남성 화가에 대해 이야기한다. 수많은 빅토리아시대의 뮤즈들과 마찬가지로, 시달의 정체성도 화가의 꿈에 맞도록 개조되었다. 다시 말해, 그녀의 정체성은 남성의 시선, 남성의 욕망과 열망에 의해 형성된다. 결혼 후에 로세티는 심지어 아내 이름의 철자를 자신이 더 우아하다고 생각하는 형태로 바꾸었다. 시달(Siddall)에서 두번째 'l'을 없앤 것이다.

수많은 사람들이 좋아하는 밀레이의 「오필리아」 제작에 관한 일화 중에 정말 유명한 이야기가 있다. 이 그림의 모델을 할 때, 시달은 밑에 석유램프로 데워지는 욕조의 물속에 몇 시간 동안 들어가 있었다. 램프가 꺼졌지만 그림에 너무 집중한 밀레이가 그 사실을 인지하지 못하는 바람에 그녀는 얼음장처럼 찬 물속에 그대로 누워 있었다. 이후, 시달은 폐렴에 걸렸고 밀레이는 시달 아버지의 강한 요청으로 그녀의 병원비를 지불해야 했다. 이 이야기는 시달이 자신의 불편을 참고 단 한 마디 불평도 없이 위대한 예술을 창조하는 데 헌신했고 거의 종교적일 정도로 뮤즈로서의 역할에 충실했음을 증명하는 일화로 종종 소개되었다. 자신이 위험한 상황이었음에도 불평하지 않고 밀레이의 영웅적인 창작활동에 응했으므로 그녀가 탁월하다고 암시하는 이 같은 입에 발린 칭찬에 나는 화가 났다. (지금처럼 그때도) 사람들이 미적 즐거움을 위해 고통을 인내하는 여성들을 좋아한다는 사실을 알고 있던 시달은, 얼음장처럼 찬 욕조의 고문을 견딘다면 그림을 보는 사람들이 자신을 더 사랑할 것임을 알고 있었을 것이다. 그게 아니라면, 그날 그녀는 다른 것에 전혀 신경이 쓰이지 않을 정도로 많은 아편을 투약한 것인지도 모르겠다.

새로운 도시를 건설하기 위한 납치와 강간이든, 시와 이야기, 그림을 위해 겪는 고통이나 괴로움 등 그게 무엇이든 상관없이 불편함을 참아내는 것은 처녀의 미덕이었다. 이는 일반적으로 여성들에게 편안함이 얼마나 부인되는지를 반영한다. 여성들은 외모를 더 열심히 가꾸고 직장에서 혹은 창작을 위해 더 열심히 일하지만 그러한 노력들은 밖으로 드러나지 않아야 한다. 편안함은 (대부분이 그렇듯) 특권과 정치의 문제다. 리베카 솔닛은 『이것은 누구의 이야기인가?』의 서문에서, 직장에서 (그리고 남성들의 사회적, 경제적, 성적 특권에 맞추어진 다른 상황들 속에서 암묵적으로) 더이상 '편하지 않다'는 남성들의 불평이 미투운동에 대한 일반적인 반응의 하나라고 밝혔다. 그것은 여성의 성적 대상화를 반대하는 사람들이 자신들을 두고 여성혐오자라고 낙인찍는 말을 들을 때 불쾌하다고 주장하는 것으로, 솔닛이 시사하는 바와 같이 "모르고 있을 권리…… 고통을 생각하지 않을 권리"가 얼마나 편안한지 생각하게 한다.

불편함, 그리고 훨씬 더 나쁜 것을 견디는 것이 처녀의 미덕이라면, 그에 따른 보상은 그녀를 공격한 사람이나 그녀를 정제해 아름다운(심지어 그녀의 모습이 아닌) 이미지로 만든 화가와의 결혼이다. 『햄릿』의 오필리아처럼 시달의 몸은 그녀를 속박하는 남성들의 예술적 성장의 도구였다. 자신의 열기와 의견과 비전이 고갈된 시달은 남성 화가 로세티의 꿈으로 충만해지고 남성의 창조 능력에 대한 찬양, 비애, 비극 등을 공개적으로 보여주는 그의 성공의 버팀목이 되었다. 오필리아와 엘리자베스 시달은 아카이브의 유령들이다. 그들은 납치된 사비나 여인, 에우로페, 안드로메다, 다나에와 만나는데, 이들은 모두 자신의 이야기와 정체성이 처녀로서의 임무에 가려진 여성들이며, 여성이 자유로이 자신의 이야기를 하고 자신의 몸을 받아들이는 것이 그렇게 쉬운 일이 아님을 상기시켜주는 인물들이다.

1972년에 미국의 미술가 주디 시카고, 수잰 레이시Suzanne Lacy, 아비바 라마니, 샌드라 오겔 등은 프레즈노의 대학교 강당에 청중들을 초청했다. 희미한 조명 아래, 녹음테이프에서 강간당한 여성들의 증언이 흘러나오는 가운데, 여성 포퍼머들이 달걀, 피, 흙이 가득 찬 양철통에 들어가 몸을 씻었다. 퍼포먼스 참가자들은 흰 벽에 동물들의 신장을 못 박아 걸었고, 그들 중 한 명은 미라처럼 붕대를 감았다. 무대 주변에 생긴 얽힌 밧줄들의 망이 참가자들을 거미줄처럼 옴짝달싹 못하게 잡아두었다. "나는 힘이 없고 무력하다고 느꼈다. 누워서 조용히 우는 것 외에 그곳에서 내가 할 수 있는 일은 아무것도 없었다"라고 웅얼거리는 소리가 반복되었다.

이 작품의 제목은 「세정식」이다—정화를 목적으로 몸을 씻는 기독교 의식에서 유래한 제목이지만, 무대에서 펼쳐지는 과정들은 그것과 매우 상충된다. 이 퍼포먼스는 1970년대 여성 미술가들이 강간을 주제로 제작한 급진적인 페미니즘 미술작품 중 하나로, 성폭력을 아름다움과 존중되는 정치적 상징의 문제로 만들어버린 고전적인 가부장적 이야기들과 작품들에서 벗어난 것이다. 강간을 다루는 페미니즘 미술은 말하기 어렵고 제도적으로 감춰져 있던 성폭력의 여러 가지 면을 표현하는 수단이었고, 여성이 만든 시각적 전통을 갖지 못했던 여성들의 경험을 표현할 방법을 찾으려는 시도였다. 참혹한 음성 기록들과 무대에서 펼쳐진 혼란스러운 행위들은 강간이라는 엄청난 신체적, 감정적 경험들—더럽혀지고, 결박되고 강제로 침묵하고, 인간성이 말살되고, 거미줄에 걸려 옴짝달싹 못하는 느낌—을 전달하려고 했다.

「세정식」 같은 작품은 남성의 힘을 상기시키고 남성에게 성적 즐거움을 주는 미술작품에 대한 남성의 응시라는 역사적인 기본 값을 거부함으로써, 관람자를 새로운 방식으로 작품에 참여시킨다. 「세정식」을 보는 여성 관람자(아마도 성폭력을 경험한)는 고백적인 성격의 이 작품에 공감하고, 역사적인 처녀의 강간 이미지들에서는 불가능한 방식으로 자신의 경험을 검증받을 수 있었다. 이와 같은 퍼포먼스미술은 또한 티치아노의 「에우로페의 겁탈」이나 보티첼리의 「비너스의 탄생」 등의 전통적인 작품을 보듯이 관심을 가지고 일상생활을 바라보라고 관람자들에게 권한다.

「세정식」은 1960년대 말과 1970년대에 등장한 새로운 형태의 미술 표현인 퍼포먼스미술에 속한다. 퍼포먼스미술은 이른바 '인사이드inside' 미술—즉 미술관과 박물관에서 볼 수 있는 미술—과 거리 또는 동네에서 선보이거나 정치에 주목하거나, 실제 사람들의 몸, 움직임, 경험 등을 활용한 '아웃사이드outside' 미술을 나누는 것에 이의를 제기했다. 퍼포먼스는 미술관 같은 엘리트주의적인 공간에 있는 고정된 오브제를 만드는 데 관심이 없었던 데다 의도적으로 금전적 가치가 있다는 느낌이 들지 않도록 했기 때문에, 티치아노의 그림들과 달리 세간의 주목을 받지 않았다. 그리고 중요한 것은, 퍼포먼스미술이 특히 판타지, 엔터테인먼트, 에로티시즘으로 볼 수 있었던 무언가와 동일시되는 것을 피했다는 점이다.

「세정식」에 참여한 미술가들 중 한 명인 수잰 레이시는 1977년에 혼합매체 프로젝트 「5월의 3주」로 넘어 갔다. 이는 퍼포먼스, 보도, 여러 번의 공개 토론, 그리고 로스앤젤레스에 '미국의 강간 수도rape capital of the USA'라는 오명을 남긴 성폭력 팬데믹에 대한 반응들의 기록 등이 결합된 작품이다.

수잰 레이시, 「5월의 3주」, 1977년, 로스앤젤레스, 캘리포니아주. 사진: Grant Mudford

전시된 주요 시각자료는 7.62미터 크기의 노란색 로스앤젤레스 지도 두 장이었다. 이 지도들은 전시장이 아닌 로스앤젤레스 시청 아래 지하 쇼핑몰에 설치되었다. 유동인구가 많은 시내 중심부였지만 지하였기 때문에 지상의 일상적인 시야에서는 보이지 않았다. 이러한 전시 환경은 로스앤젤레스에서 발생한 성폭력이 강간 피해자들에게는 또렷이 보이지만 좀더 많은 대중에게는 보이지 않음을 강조한다. 또한 성폭력의 충격적인 통계 및 데이터와 병치된 쇼핑몰의 일상성은 많은 이들이 평범하게 일상생활을 하고 있는 사이에 누군가는 트라우마를 경험하고 있다는 사실을 말해준다.

첫번째 지도에서, 레이시는 지난 24시간 동안 LA경찰서에 신고된 강간사건 발생 장소에 붉은색으로 '강간'이라는 단어를 찍고, 그 주위에 더 연한 붉은색으로 그 단어를 아홉 번 더 찍었다. 경찰에 신고 되는 강간사건 하나당 신고되지 않은 아홉 번의 사건이 더 있음을 시각화한 것이다. 3주 동안 지도 위에서 마치 피부 표면의 핏자국처럼 이 단어들은 더 들어갈 틈이 없을 정도로 크게 증가했다. 하나가 추가될 때마다 단어의 가시성이 떨어졌고 읽기도 힘들어졌다. 서서히 변화하는 레이시의 강간 지도는, 어떤 일이 여러 번 일어날수록 그것의 실체를 명확히 알기가 어려워진다는 사실을 강조하는 듯하다. 예방센터, 긴급전화, 응급실, 트라우마센터 등 강간 피해자들이 도움을 받을 수 있는 곳들이 표시된 두번째 지도는 숨겨져 있는 성폭력에 대한 도움과 보살핌의 지형을 가시화했다.

이듬해 영국 미술가 마거릿 해리슨은 런던에서 혼합매체작품 「강간」을 선보였다. 이 작품은 1970년대 영국의 성폭력에 대한 태도들과 문화적으로 소중하게 다뤄지는 미술작품들이 서로 연관성이 있음을 밝히고자 했다. 작품 가장 윗줄은 여성의 나체를 다양한 방식으로 대상화했던 미술사의 주요 작품의 복제본들로 채워져 있었다. 인간 파리스에게 최고 미인으로 인정받고자 했던 여신들의 이야기를 그린 티치아노의 「파리스의 심판」의 스케치, 헐벗은 몸으로 바위에 묶인 채 영웅 페르세우스에게 구출되어 그의 침대로 가기를 기다리는 안드로메다, 물에 빠져 죽음으로써 더이상 폐를 끼치지 않게 된 실성한 오필리아 등이 그것이다. 또한 마네의 「풀밭 위의 점심식사」에는 정장 차림의 두 남성과 피크닉을 즐기는 나체의 여성이 나오는데, 남자들이 대화를 나누는 동안에 그 여자는 앉아서 기다리고 있다.

해리슨 작품의 맨 윗줄 끝에는 노출이 심한 비키니를 착용한 육감적인 금발 여성과 "즙이 많고 과일 맛이 나며 신선하고 저렴하다"라는 슬로건을 내건 당시 인기 있던 오렌지주스 광고의 복제 이미지가 있다. 동일한 제품의 비슷한 광고가 작품의 하단에 다시금 등장하여, 매일 먹는 음식을 판매하기 위해 여성 신체의 성애화가 광범위하게 이루어지고 있음을 나타낸다. 작가는 층층이 배열한 주류 이미지들 사이사이에, "여성들과 어린 소녀들이 특히 거짓말을 잘하고 이야기를 잘 꾸며낸다고 알려져 있다"라는 1976년 4월 섯클리프 판사의 언급처럼 계급과 젠더에 대한 편견이 드러나는 경찰과 사법부의 보고서와 인용문, 그리고 강간 재판의 사법 편향에 관한 신문기사 헤드라인을 부착했다. 깨진 유리병, 가위, 칼 등 위협적인 무기의 오싹할 정도로 적나라한 이미지가 그림을 완성한다.

해리슨은 흰색 배경에 모든 것을 펼쳐놓는다. 마치 그것은 그녀의 주장을 법의학적으로 입증하기 위해 모아둔 증거들이 놓인 해부

대처럼 보인다. 즉, 그러한 고급미술, 상품 이미지, 법률기관 등은 모두 여성학대를 조용히 눈감아주는 제도를 지탱한다. 1970년대 말에 사람들은 런던의 서펜타인갤러리에 이 작품을 전시하는 것이 부적절하다고 생각했다—이 갤러리가 '가족 공간'으로 여겨진다는 것이 이유였다. (나중에 이 작품은 배터시아트센터에 전시되었고 교사가 강간에 대한 논의들을 학생들에게 소개할 때 활용되었다.)

작가는 그 시절을 회고하며 이렇게 말했다. "우리가 문화적 아이콘들로부터 거의 무의식적으로 흡수한 여성의 이미지는 약하고 수동적인 뮤즈의 이미지였고, 우리들을 소비할 수 있는 대상으로 묘사하는 광고들은 우리가 살아가고 싶지 않은 세상에 우리들을 정착시켰다."30 해리슨은 이미지들이 여성의 정체성을 어떻게 결정하고 확립시키는지, 그리고 만약 그러한 것들이 우리 자신에 대한 우리의 감각에 부합하지 않는다면, 우리를 둘러싸고 있는 이미지들은 어떻게 우리가 살면서 소외감을 느낄 수 있는 풍경을 형성하는지에 대한 생각을 밝혔다.

여성운동의 제2의물결과 연관된 미술은 성폭력 피해자들의 살아 있는 경험을 강조했고, 이러한 이야기들이 세상 밖으로 나오지 못하도록 막는 문화적 네트워크와 성폭력을 정당하다고 인정한 구조적 시스템을 폭로했다. 여러 가지 측면에서, 이러한 표현, 공감, 집단의 의식고양 과정은 거의 50년 후에 미투운동에서 임계질량에 도달했다—이는 일상적인 성희롱이 더 광범한 강간문화의 일부가 되는 방식을 보여주었는데, 강간문화에서는 남성이 여성의 몸에 대한 성적 자격을 부여하고 여성들은 그 문제에 대해 침묵하는 것이 자연스러운 것이었다.

처녀 이야기에 대안을 제공한 것은 1970년대 여성 미술가들이 처음은 아니다. 1638년에 태어난 엘리사베타 시라니Elisabetta Sirani는 27세의 나이로 요절하기 전까지 거의 200점에 달하는 그림을 그렸지만, 그녀의 이름을 아는 사람은 거의 없다—심지어 17세기를 연구하는 대다수의 미술사학자들에게도 낯설다. 시라니의 작품 중 고대사의 강간 이야기가 주제인 그림이 한 점 있는데, 나쁜 짓을 일삼는 제우스와 연관이 없는데다 영웅적인 국가의 건설로 마무리되지 않았다는 점에서 놀라운 그림이다. 테베의 티모클레아는 기원전 335년에 알렉산드로스대왕 군대의 한 장군에게 겁탈을 당한다. 알렉산드로스대왕의 전기를 쓴 플루타르크에 따르면, 티모클레아는 강간을 당한 후에 돈을 어디에 숨겼는지 물어보는 장군을 데리고 정원의 우물로 간다. 그리고 장군이 우물 속을 살펴보는 사이에 장군을 우물로 밀어넣었고, 그를 죽이기 위해 우물 속으로 돌을 던졌다. 알렉산드로스대왕은 그녀의 위엄과 용기에 감명을 받아, 자신의 심복을 죽인 그녀를 용서했다.

시라니는 티모클레아를 매우 결연한 모습으로 묘사하고, 고전 신화의 강간 이야기에 자주 등장하는 성적인 세부묘사들을 전혀 그려넣지 않았다. 이 그림은 보기 드물게 티모클레아에 의해 작동되는 남성의 무력한 신체를 보여줌으로써 수동적인 처녀와 능동적인 남성이라는 전통적인 모델을 전복시킨다. 여성 영웅 티모클레아는 이 장면을 강간과 피해자의 상황에서 복수와 권위 부여의 상황으로 처리한다. 붉은색 망토를 걸친 장군은 옆으로 재주넘기를 하듯 팔다리를 버둥거리며 우물 속으로 떨어진다. 그 사이에 티모클레아는 우리가 볼 수 있게끔 그의 다리를 벌려 고간을 노출시킨다(어색

엘리사베타 시라니, 「알렉산드로스대왕의 장군을 죽이는 티모클레아」, 1659년, 카포디몬테미술관, 나폴리, 이탈리아.

한 자세의 에우로페가 연상된다).

이 그림의 소장자는 남성이었다—볼로냐 출신의 은행가 안드레아 카탈라니는 티모클레아처럼 매혹적인 팜파탈로 전락하지 않은 결단력 있고 강한 '영웅적인' 여성들을 보여주는 그림을 수집했다. 그러나 이것을 두고 당시 권위가 부여된 여성들의 그림이 인기가 많았다는 증거로 볼 수는 없다. 시라니의 그림은 당대 이탈리아에서 이 주제로 그려진 유일한 것이었다(다른 티모클레아 그림은 주로 그녀를 용서한 알렉산드로스대왕의 관대함에 초점을 맞추고 있다).

미술사에서 잊힌 시라니의 「티모클레아」는 21세기에 미투와 타임스업운동에 대한 반응으로 소셜미디어에 등장한 밈meme, 삽화, 심지어 니들포인트 자수의 형태로 대중의 상상 속에 다시 등장했다. 특히 세간의 이목을 끌었던 크리스틴 블라지 포드가 자신을 성폭행한 가해자로 고소한 브렛 캐버노의 대법관 인준 상원 청문회에서도 비슷한 일이 있었다. 청문회가 한창 진행중일 때, "나는 그녀를 믿어요"라는 문구를 써넣은 시라니의 「티모클레아」 그림이 소셜미디어 피드를 가득 채웠다. 20세기 페미니즘 미술가들의 작품과 달리, 이 17세기 그림은 피해자의 고통에 참여하는 대신 그녀의 결단력에 집중했다. 나는 이 그림의 재유행과 견인력이 수동적인 처녀와의 동일시를 거부하고 미투운동을 '피해자들의 운동'이라고 비난하는 사람들에 대해 일종의 반격을 하는, 이전과 다른 방식으로 성폭력에 대처하는 여성들을 보여주었기 때문인지 궁금하다.

당대 시라니보다 더 유명했던 화가 아르테미시아 젠틸레스키도 폭력에 당당하게 맞서는 여성의 힘과 영웅주의를 보여주는 본보기로 채택되었다. 미술사에서 아르테미시아는 1612년 로마에서 대중의 뜨거운 관심 속에 열린 공개 재판을 견뎠고 재판 중에 자신의 말이 진실임을 밝히기 위해 자진해서 고문을 견딘 강간 생존자로 선정적으로 설명되었다. 그녀를 강간한 아고스티노 타시는 유죄판결을 받았고, 아르테미시아의 아버지에게 피해를 입힌 점에 속죄하는 통상적인 방법의 차원에서 마지못해 그녀에게 청혼했다(이는 손상된 처녀에게 결혼이 최고의 보상이라고 간주되었기 때문이지만, 아르테미시아는 재판 후 곧바로 피에란토니오 스티아테시라는 다른 남자와 결혼했다).

아르테미시아는 강간을 직접적으로 묘사하지는 않았지만, 르네상스시대에 그림 주제로 인기가 많았던 구약의 수산나 이야기(목욕하는 젊은 여성을 늙은 남자들이 훔쳐보는 이야기) 같은 성폭력의 주제들을 여성의 관점에서 탐구했다. 아르테미시아는 수산나를 다른 사람들의 시선에 자신을 내놓은 비너스처럼 만들어버리는 전통적인 남성의 시선에서 벗어나, 자신을 노리는 원치 않는 시선에 여성들이 느낄 법한 몸이 오싹해지는 불쾌감에 초점을 맞췄다.

하지만 포스트 미투 시대에 새로운 문맥과 수단을 발견한 것은 아르테미시아의 도전적인 여성 영웅 그림이다. 무시무시한 홀로페르네스의 목을 베어 민족을 구한 구약의 유디트를 그린 두 점이 가장 유명하고, 또 군 지휘관 시스라를 장막으로 유인해 잠든 그의 관자놀이에 천막 말뚝을 박아 죽인 야엘을 그린 그림도 있다. 아르테미시아의 적극적인 여성들은 종종 복수심에 불타는 이 화가의 또다른 자아로 해석되었고, 당연시되는 가부장적 폭력에 직면한 여성들의 자기결정의 해방적인 본보기가 되었다.

여성 아티스트들은 고통받는 약한 여성에게 집착하는 시간증적인 시선을 전복시켰다. 일부는 처녀의 영향력에 대한 저항의 한 형태로 분노를 선택했다. 예를 들어, 비욘세는 남성과의 관계에서 전형적인 처녀의 고통스러운 의존의 낭만적인 일상화를 뒤엎는다. 비욘세의 비주얼 앨범 『레모네이드』의 도입부에서, 그녀는 옥상에서 떨어지고 시간을 거슬러 올라가 물속에 잠긴 19세기 침실 같은 방에 도착한다. 그녀는 양수 속에서 천천히 움직이는 태아처럼 둥둥 떠 있다. 길고 곱슬곱슬한 머리카락은 해초처럼 너울대고, 부풀어오른 옷과 텅 빈 시선은 밀레이의 가련한 오필리아를 연상시킨다. 비욘세는 여성들이 스스로를 더 부드럽고 더 예쁘고 더 날씬하며 더 조용하고 더 참회하게 만든다는 가사를 중얼거리며 여성들이 자신에게 부적합한 역할에 맞춰 변화하기 위해 채택한 자해전략들을 폭로하는데, 이 경우에는 애인이나 배우자의 불륜을 의심하지 않는 수동적이고 굴종적인 여성의 개념에 맞추어 자신을 억압하고 학대함으로써 연인 관계를 더 좋게 만든다.

하지만 이 처녀는 물속에서 나와 다시 숨을 쉰다. 갑자기 장면이 전환되면서, 웅장한 건물이 보이고 문이 열리면서 계단으로 급류가 쏟아진다. 다시 태어난 비욘세는 문을 통과해 정화의 물이 흐르는 계단을 맨발로 미끄러지듯 내려온다. 술이 달린 노란 원피스를 입은 비욘세는 억압적인 오필리아의 정체성을 버리고, 더 눈부시고 능동적인 또다른 정체성을 받아들인다—즉 다산과 여성성, 성을 의미하는 전통적인 요루바Yoruba강의 신 오슌Oshun의 정체성이다. 비욘세는 거리를 성큼성큼 걸어가서 야구방망이로 자동차와 감시카메라를 때려 부순다. 벨 훅스처럼 여성의 분노와 폭력의 이미지로서 비욘세의 난폭한 행동을 비판하는 흑인 여성 비평가들도 있었지만, 나는 여기서 중요한 무언가를 읽었다. 다시 말해 감시카메라를 부수는 행위를 통해 비욘세는 타인의 시선으로 감시받고 단속되면서 목소리를 잃는 것에 저항하는 듯하다는 점이다.

서양의 전통을 이용해 풍요로운 흑인 비너스를 탄생시킨 그녀의 임신 사진들이 그러하듯, 비욘세는 다시 한번 우리를 유럽의 정전 너머로 데려간다. 우리가 본 것은, 그림 속에서 창조된 수동적인 처녀에서 낭만화된 처녀에 대한 '진부하고 남성적이며 약한' 시각 뒤에 남아 있는 역동적인 여신으로의 변신이다. 비욘세는 먼저 처녀의 억압적인 상징 이미지 속으로 완전히 들어간 다음에 새로운 존재가 되기 위해 거기서 빠져나옴으로써, 그러한 변신을 이루어낸다. 여기서 말하는 '새로운'은 있는 그대로 보이는 '흑인의 여성성'을 나타내고, 흑인(혹은 흑인의 여성성)을 이국적이고 '다른 것'으로, 그리고 오직 백인이 아니라는 측면에서 이해하는 백인 문화의 양극화된 틀을 뛰어넘는 것이다. 여기서 과장된 흑인 여신은 유럽의 백인 여성 오필리아를 돋보이게 만드는 사람이 아니다. 그러한 전형을 완전히 폐기함으로써 그녀는 사실상 모든 여성들에게 이바지한다.

어쨌든 문화적 이미지들 속에는 '흑인 처녀'의 시각적 표현이나 공간이 없었기 때문에 흑인 여성을 전형적인 백인 유럽 여성에 맞춰 바꾸는 것은 불가능하다. 펠리페 2세가 소장했던 티치아노 그림의 아가씨들을 떠올려보면, 신화의 안드로메다는 에티오피아 공주라고 전해지지만 그림에서는 관습적으로 백인처럼 묘사된다. 오비디우스가 안드로메다 이야기에서 그녀의 피부가 검다고 기술했음에도 그러하다.[31] 페니키아(현재 레바논과 가까운 고대 영토) 혈통이지만 어떤 그림에서도 중동 사람으로 보이지 않는 에우로페도 마찬가지다.

여기에는 직접적인 이유가 있다. 즉, 비백인 여성의 신체가 성폭력으로 더럽혀질 수 없을 정도로 이미 너무 폄하되고 낮게 평가되어 있다고 보는 서양의 역사 전통 때문에 우리는 신화에서 왕조를 건설하기 위해 납치되고 겁탈당하는 흑인 혹은 동양인 처녀를 볼 수 없다. 이러한 감정은 미국에서 노예제 폐지 이전—그리고 현재까지 대부분의 시간 동안—에 흑인 여성에 대한 강간이 범죄가 아니었다는 사실을 반영한다(백인 여성에 대한 흑인 남성의 이른바 성적 위협에 대한 과잉반응과는 대조적이다). 이와 마찬가지로 흑인 여성을 아름답게 죽어가는 뮤즈로 묘사하는 시적인 이미지도 존재하지 않는다. 결론적으로 문제의 신체가 소중한 계급, 인종, 미의 이상들에 일치하는 경우에만 더럽힘이나 죽음이 의미를 갖는다는 믿음이 처녀 이미지의 중심에 자리잡고 있는 것이다.

하지만 이것이 더럽혀진 흑인 여성의 이미지가 하나도 없다는 말은 아니다. 스트라스부르미술관에 소장된 크리스티안 판카우엔베르흐의 「흑인 여성 강간」(1632)에서 백인 남성 세 명이 흑인 여성 한 명을 윤간하고 있다. 나체의 흑인 여성을 무릎 위에 앉히고 꼼짝하지 못하게 잡고 있는 나체의 백인 남성은 삽입을 한 것처럼 보이고, 옷을 입고 있는 두번째 남성은 흥분한 상태로 이 모습을 지켜본다. 세번째 남성은 조롱하듯 한 손으로 강간을 당하는 여자를 가리키고 다른 한 손은 자신의 성기에 두고 다음 차례가 자신임을 알려주며, 그림 밖의 관람자에게 말을 건다. 이것은 강간 그림이다. 숨겨진 숭고한 신화 이야기는 없다. 17세기 네덜란드의 남성 백인 우월주의자들의 자아와 성욕을 달래는 이 성폭행 그림은, 남자들의 유대를 위한 행위 그리고 특권화된 남성 관람자와 그림의 소장자를 위한 에로틱 드라마로서 흑인 노예 강간을 보여준다. 더 자세히 살펴보면, 묶여 있는 흑인 여성의 몸짓이 눈에 들어온다. 그녀의 왼팔은 피렌체의 로지아 데이 란치의 납치되는 사비나족 여성의 팔과 비슷하다(당시 유럽에서는 판화들이 대량으로 유통되고 있었기 때문에 판카우엔베르흐가 잠볼로냐의 조각에서 영감을 받았을 가능성이 있다).

미국 미술가 페이스 링골드는 다양한 관점에서 노예 강간을 다룬다. 세 개의 대형 그림으로 구성된 '노예 강간' 시리즈(1972)는 흑인 여성 노예의 포획과 강간의 순간을 묘사한다. 초록, 주황, 빨강 나뭇잎의 배경은 아프리카의 색채들을 연상시키며 분위기를 조성한다. 「두려움은 당신을 약하게 만들 것이다」에서는 가슴을 드러낸 여성이 비명을 지르며 수풀에 웅크리고 있다. 「달려라 탈출할 수도 있다」에서는 금귀고리를 한 여성이 마치 달려서 도망치고 있는 것처럼 어깨너머로 관람자를 돌아본다. 세번째 그림 「생명을 구하려면 싸워라」는 귀고리와 헤어밴드를 하고 있는 임신한 여성의 나체 초상화다. 그녀는 번쩍이는 도끼를 들고 관람자를 똑바로 응시한다. 그녀는 수동적인 피해자가 아니다—이 시리즈의 제목이 강간을 피할 수 없음을 분명하게 말하고 있을지라도, 임신한 배와 날카로운 도끼의 뜻밖의 대비는 그녀가 태아를 지킬 것임을 암시한다.

각각의 이미지에 한 명의 여성만 그려넣은 링골드는 관람자들을 훔쳐보는 (그리고 개입하지 않는) 목격자라는 통상적인 위치가 아니라 암시된 공격자/노예 상인/강간범의 자리에 위치시킨다. 따라서 이 연작은 동물적이고 터부시되며 정복해야 하는 대상으로서의 흑인 여성의 몸에 대한 서양의 섬뜩한 집착에 대해 의문을 가지라고 말하고, 그림들(그리고 사람들)을 보는 행위가 어떻게 폭력이 될 수 있는

지에 대해 생각해보라고 제안한다.

링골드는 훗날 흑인 여성들이 그들 자신의 이야기와 이미지의 설계자가 되는 길을 열어준다. 그리고 그녀의 작업은 서양문화의 렌즈와 흑인 여성에 대한 모욕적인 고정관념을 통해서가 아니라 아프리카 문화와 특별히 관련 있는 수단들을 통해, 그들의 이야기를 그들의 버전으로 이야기하면서 흑인 여성들을 중심무대로 데려오는 아프로펨센트리즘• 운동의 측면에서 이해할 수 있다. 링골드는 다음과 같이 말한다. "나는 해야 할 이야기가 있다—노예제도가 폐지되기 이전의 여성 강간에 대한 이야기다. 우리는 남성 흑인 노예의 이야기를 알고 있고, 모두가 그 이야기를 한다. 나는 흑인 여성이고, 흑인 여성의 이야기를 하고 있다."

링골드는 강간을 묘사하는 이미지들(관람자에게 흥분과 편안함을 주기 위해 만들어진 이미지)의 익숙한 시각적 역학을 교란시키고 서양미술사의 친숙한 표현의 대안을 선택한다. 이 시리즈는 캔버스의 유화와 견직물을 결합하여, 역사적으로 불교에서 명상의 보조 도구였던 티베트의 실크 탕카thangkas에서 영감을 받아 퀼트로 만든 것이다. 링골드는 여성의 얼굴 표현에 특히 아프리카 부족의 가면뿐 아니라 미국으로 건너온 아프리카 노예의 후손이라는 자신의 정체성도 의식적으로 활용한다. 즉, 본인의 얼굴과 딸들의 얼굴을 노예 강간 시리즈에 나오는 여성의 얼굴을 위한 모델로 사용했다. 이런 식으로 링골드의 그림은 조상들이 당했던 억압, 그리고 남북전쟁 이전의 노예제도와 강간의 유산이 어떻게 그 다음 세대의 신체로 이어지는

• Afrofemcentrism, 아프리카여성중심주의.

지에 대해서도 이야기한다. 이 연작은 강간을 한 개인에 대한 행위라기보다 침묵시키기, 감추기, 다음 세대로 전달되는 트라우마 등의 총제적인 연결망에 얽혀 있는 무언가로 보도록 한다.

가부장제 사회의 모든 여성의 전형적 이미지들이 권력과 여성의 암묵적인 통제라는 보이지 않는 틀과 연관되어 있기는 하지만, 처녀의 몸은 이 역학의 폭력성이 가장 잘 드러나는 곳이다. 남성 미술가들은 일반적으로 관람자로서 즐길 수 있도록 여성의 몸을 제시하는 반면, 처녀 자신은 주체성이 없고, 남성 인물에 대한 애착 때문에 등장하거나 또는 사라진다. 게다가 성관계의 이미지들에서는 한 신체의 다른 신체에 대한 힘의 행동화가 욕망의 표현으로 일상화되었다. 처녀의 뒤에는 남성의 욕망이라는 최우선시되는 존재가 있다—예술작품을 창작하고 새로운 강력한 사회질서들을 만들어내며, 혹은 성적인 지배와 폭력에 대한 욕망을 충족시키는. 남성의 욕망은 오필리아를 바라보는 우리의 시간증적 시선, 즉 젊은 여성의 불편한 열정이 억압되는 것을 보면서 만족하는 시선 속에 존재한다. 그것은 티치아노의 강간 그림들의 천박한 쾌락과 관능성에 숨겨져 있다.

앞서 언급한 것처럼 정치적 이미지들부터 다양한 공공 미술관에 소장된 우리가 사랑하는 미술품에 이르기까지 이러한 이미지는 도처에 존재하는데, 이는 이러한 남성의 욕망이 다른 모든 형태의 욕망을 덮어버리고 있음을 의미한다. 예컨대 원하는 남성을 강제로 취하는 여성은 주류 이미지들 속에 존재하지 않는다. 정치적 연합의 상징으로서 남성을 겁탈하는 강한 여성이 새겨진 동전도 없다. 또

정력적인 여성이 와서 구출해주기를 기다리는 남성의 이미지도, 여성 미술가들의 이력을 강화하는 시적 비전으로서 남성의 자해와 슬픔을 다룬 이미지도 없다.

그러므로 여성들에게는 성관계를 스스로를 위해서나 스스로에 의해서가 아니라 자신에게 행해지는 무엇으로 상상하고 생각하는 방법만 제시되는 경향이 있다. 나는 싫다고 말하지 않고 강제로 장악되는 처녀 역할과 남성을 기쁘게 하는 구경거리로서 그녀의 효용성을 제시하는 비너스 역할, 다시 말해 여성들의 진짜 욕망에 부응하지 못하는 두 역할 사이에서 여성들이 옴짝달싹하지 못하고 있는 것은 아닌지 의문이 든다. 그런 점을 생각하면, 슬픔이나 분노보다는 예술과 문화 속 여성의 쾌락에 관심을 갖게 된다. 여성의 쾌락(성적인 것이든 아니든)은 거의 문화적 시선의 초점이 아니기 때문에 이러한 접근방식은 급진적이다.

비평가 바버라 존슨은 '침묵의 선망'이라는 글에서 '여성들이 침묵하는 두 가지'가 있는 것 같다고 주장한다. 즉, "그들의 쾌락과 강간 〔그리고〕 이러한 침묵의 이상화의 효과는 문화가 그 둘을 구별할 수 없게 하는 데 기여한다는 것이다."32 티치아노의 「에우로페」를 다시 볼 때 나는 이러한 말들을 그냥 흘려버릴 수 없었다. 그리고 이 그림의 긴장감이 에우로페가 두려워서 혹은 황홀경에 빠져서 몸부림을 치고 있는지 모호하다는 점에서 비롯된다는 일반적인 해석은 굴복을 쾌락으로 이해하도록 우리를 부추기고, 이와 유사한 흥분을 발견하지 못하면 우리가 불감증이고 금욕적이기 때문임을 인정하라고 가스라이팅하는 것이나 다름없다.

여성들의 자기표현을 위한 새로운 시각과 새로운 공간은 이러한 침묵과 폭력을 차단하고, 성관계를 힘의 과시로 묘사하지 않는 성적 쾌락과 탐닉의 대안적인 이미지들을 우리에게 제공한다.

캐나다 미술가 앰버라 웰만은 남성의 시선을 위한 성적인 퍼포먼스의 손쉬운 비유들을 흐트러뜨리는 에로틱한 신체 이미지를 볼 수 있는 자신의 그림을 "여성의 욕망을 회화적으로 구조화하기 위한 탐색"으로 간주한다. 그녀의 작품 「입속에」는 관음증적으로 즐기려는 관람자를 위한 쉬운 이야기 장면을 보여주기보다 성관계의 느낌이 투영된 미끄럽고 젖은 침대의 두 몸을 보여준다. 관찰자를 위한 고정된 시점 없이, 우리에게 보이는 것은 쾌락으로 얽혀 있는 두 사람의 팔다리다. 어떤 몸도 다른 몸보다 중시되지 않고, 명백한 힘의 대화도 존재하지 않는다. 대신, 손은 확대되고 가슴은 턱과 어깨에 녹아들며 머리는 납작해지거나 강렬한 감각으로 팽창한다. 마치 그러한 경험의 묘사가 표현 능력 너머로 애태우듯 미끄러져 들어가는 것처럼 곳곳에서 물감은 문질러지고 흐릿해진다. 나는 이 그림이 섹스가 어떤 모습이어야 하는지 알려주는 모든 영화와 그림에서 보여지는 모습들과 자신의 몸이 비슷한지 여부에 대한 무기력한 자기인식에서 해방된 여성을 보여준다고 생각한다.

우리는 여성의 고통과 성폭력을 용인하는 우리 문화를 거스를 정도로 여성의 쾌락에 관심을 갖고 있는가? 아니다. 겁탈을 당하거나 자해를 하는 조용하고 수동적인 처녀를 넘어서서 더 권한이 부여된 다른 여성 모델을 제공할 수 있을까? 아마도 그럴 수 있을 것이다. 특히 우리가 젊은 여성들을 순결하고 순수하다고 신비화하기를 중단하고 처녀의 숙명을 받아들이도록 내버려둔다면 어떻게 될까. 시몬 드 보부아르는 『제2의 성』에서 "겸손함, 자존심, 극도의 섬세함 같은 쓸데없으면서 매력적인 특성들이 번성하는" 것은 "여성들이 신비화되기 때문이다"라고 말했다. 하지만 우리가 이러한 여성성의 개념을 형성하는 이미지들을 거부한다면 어찌 되는가?

그러나 여성들의 자율적인 쾌락을 거의 용인하지 않는 세상에서 해방을 위한 전략으로 쾌락을 받아들이는 것은 위험성이 따른다. 앤절라 카터가 『사드적 여성The Sadeian Woman』에서 말한 대로, 자유가 없는 세상에서 자신의 욕망을 자유로이 좇는 여성은 괴물로 취급된다. 이제부터 그러한 여성들을 만나보자.

4

괴물 같은 여성

2017년 워싱턴 D.C.에서 트럼프 대통령에 반대하는 여성행진이 열렸다. 시위 참가자들이 직접 만들어 들고 나온 플래카드들 사이에 "우리는 당신들이 태워 죽이지 못했던 마녀의 후손들이다We are the granddaughters of the witches you were not able to burn"라는 반복되는 슬로건이 있었다. 티시 소어Tish Thawer의 2015년 소설 『블랙브룩의 마녀들The Witches of Blackbrook』에서 발췌한 이 문구는 모든 영향력 있는 개념들과 마찬가지로 스웻 셔츠, 토트백, 머그컵 등 거의 모든 것으로 상품화되어 손쉽게 구입할 수 있게 되었고, 가부장제의 규칙에 따라 행동하지 않을 뿐 아니라 그것의 숙명인 여자다움의 원형들에 맞지 않는 여성들에 대한 역사적인 억압을 큰 소리로 부르짖으며 21세기 페미니즘에 공감했다.

여성행진운동이 자리잡기 몇 달 전, 미국 대통령 선거운동의 뜨거운 도가니 속에서 민주당 대통령 후보인 전 국무장관 힐러리 클린턴의 모습을 한 새로운 마녀가 탄생했다. 원숙하고 정치적 경험이 풍부하고 단호하지만 절대 완벽한 사람은 아닌 클린턴은 강하고 야심만만한 노년기 여성에 대한 가부장제의 두려움을 상징했다. 낙관적인 순간들 속에서, 서구세계에서 영향력이 가장 큰 공직을 위한 클린턴의 선거운동 결과는 정해진 것처럼 보였다. 그러나 클린턴의 적수는 수천 년 동안 서양문화에 깊이 스며들어 있던 어두운 여성혐오의 저장고를 활용했고 잘 훈련된 마녀, 매춘부, 괴물 이미지들은 그녀의 선거운동을 뒤덮어버렸다. 인터넷에는 긴 빗자루를 든 초록 얼굴의 클린턴 사진들이 넘쳐났고 '사악한 좌파 마녀' '기업 민주주의 매춘부' '고약한 여자' 같은 비방이 그녀의 이름과 동일시되는 사이에, 클린턴이 실제로 바빌론의 창녀의 21세기 화신임을 '증명하는' 음모론들이 등장하기도 했다.

힐러리 클린턴은 마녀, 괴물 또는 창녀라고 불린 유일한 여성 정치인은 아니다. 이러한 이미지들은 권력이나 영향력을 가진 여성들에게 자리를 내주지 않기 위해 늘 사용되어왔던 것이다. 1908년에 영국 정부가 제작한 포스터는 여성의 참정권에 대한 반대를 강조하기 위해 야수의 얼굴을 이용했는데, 야수는 정신적 혹은 사회적 능력의 결여를 암시하는 조금 몰린 눈으로 그림 밖을 응시하고, 날카로운 송곳니가 보이는 커다란 입을 벌리고 있다. 주름지고 칙칙한 피부, 코와 두꺼운 입술, 갈색 피부 등은 모두 과장되고 경멸적인 인종적 고정관념에 의존한다. 꽃 머리띠는 이 야수가 여성, 좀더 정확히는 여성으로 변장한 괴물임을 알려준다. 머리의 초록 리본과 자주색 드레스는 여성사회정치연맹Women's Social and Political Union의 색들을 상기시킨다. 이러한 것들은 포스터에 삽입된 "우리는 투표를

작자미상, 「우리는 투표를 원한다」, 1908년, LSE 도서관, 런던박물관 사진도서관 ©런던박물관.

원한다"라는 문구와 더불어, 이 야수를 여성참정권운동가, 다시 말해 정치권에서 남성 권위의 확실성을 위협하고 자연의 순리를 거스르는 여성스럽지 못한 괴물로 규정한다.

마녀, 창녀, 괴물은 사실상 전부 동일한 원형이다. 위험하며 예측이 불가능한 그들은 이 책에서 우리가 본 이상적인 여성성의 원형들에 저항한다. 그들은 늙은 몸과 생리혈로 비너스에게 도전한다(비너스 이미지에서 억제된 모든 것은 우리의 괴물들에게서 흘러넘친다). 그들은 변명하지 않는 당당한 섹슈얼리티로 처녀성을 손상시킨다. 그들은 남편에게 복종하지 않고 파트너에게 독점되지 않는다. 그들은 자신의 해방된 독립에 만족스러워하거나 집단적인 여성성의 마녀들의 모임에서 일한다. 괴물 같은 여성들은 다른 사람들이 모르는 것들을 안다. 사실이나 마법의 주문뿐 아니라 신체, 시간, 죽음, 생식력 등에 관한 심오한 태고의 지식을 알고 있다. 그들은 만물의 필연적인 흐름과 쇠퇴를 반영하는 방식으로 노화하고 변화한다. 그들은 집이라는 여성화되고 가정적인 공간을 벗어나 바깥의 야생의 자연과 연결된다. 가장 무서운 점은 그들이 자신의 힘을 인식하고 있다는 사실이다.

그들은 인류의 역사에서 죄악시되고 삭제되었던 독립적인 노년의 여성, 식물박사, 조산사, 토지 소유자, 게이, 양성애자 혹은 젠더 플루이드•이다. 그들은 이방인이고, 욕망과 야망을 억누르지 않고 분명하게 표현하는 여성이다. 그들은 여성들에게 허용되는 것을 정해둔 세상에서 상상할 수 없는 일(미국 대통령되기 같은)을 하거나 시

• gender-fluid, 유동적인 성별.

도한다. 이 모든 이유 때문에, 그들은 가부장제의 보편화된 이상들을 위협하고 여성들에게도 위협이 된다—그들은 여성들에게 삶이 어떻게 될 수 있는지 보여주기 때문이다.

바바라 크리드Babara Creed는 1993년에 여성 괴물에 관한 획기적인 저서에서 "모든 인간 사회에는 괴물 같은 여성 개념, 그리고 충격적이고 무서우며 끔찍하고 비열한 여자에 관한 개념이 있다"라고 말했다. 그리고 모든 문화와 지역의 괴물 같은 여성 이미지들은 공통점이 많다. 종종 그들은 동물들과 친밀하게 소통하거나 혼종적인 동물의 정체성을 가진다. 그들의 목소리와 입은 무시무시하다—그들은 낄낄대고 물어뜯고 피를 빨아먹고 삼키고 현혹시키고 말과 주문으로 마법을 건다. 그들은 변신을 할 수 있다. 그들의 성욕은 무한하다.

허구부터 신화와 진짜 범죄에 이르기까지 괴물 여성들은 남성의 정력을 빼앗고 능가하는 일반적이지 않은 왕성한 성욕을 가진 것으로 그려진다. 괴물 여성은 때로 그녀에게 욕정을 품은 남성들과 그녀처럼 되고 싶어하는 여성들에게 너무나 매혹적인 팜파탈의 모습으로 나타난다. 성경에서부터 빅토리아시대 회화, 느와르 영화, 21세기 TV쇼에 이르기까지, 괴물 여성은 어디에나 있다. 팜파탈은 모든 것을 가진 듯하다—그녀는 독립적이고 성적인 만족감을 즐긴다. 하지만 여기에는 대가가 따른다. 그녀는 사회로부터 거부당하고 남성들의 공격을 받으며 마침내 파멸에 이른다. 따라서 그녀는 여성들에게 너무 많은 것을 바라면 안 된다는 경고의 메시지이기도 하다.

여성 괴물 개념은 거의 항상 재생산을 하는 여성의 신체와 연관된다. 사람들은 여성의 질과 자궁을 남성을 무력화시키고 거세하는 치명적인 덫으로 신화화하고, 여성의 몸 내부를 태고의 어머니와 인간 근원에 대한 원초적인 두려움을 끌어내는 소용돌이치는 미스터리라고 생각했다. 이러한 공포는 아주 먼 과거의 민간신앙에 국한되지 않고, 모든 것을 집어삼키는 치명적인 덩어리부터 리들리 스콧 감독의 「에이리언」에 이르기까지, 스스로 증식하는 괴물—남성의 통제를 벗어나 무한 증식하는 여성 괴물—이라는 21세기 공포영화 장치에서도 되풀이된다. 그 밖에 떨쳐버리기 힘든 생리에 대한 공포도 있다—이러한 공포는 적어도 고대 그리스시대까지 거슬러올라가며 대부분의 조직화된 종교에 의해 수세기에 걸쳐 지속되면서 여성의 몸을 (심지어 여성 스스로도) 불결하고 더러우며 부정하고 무력하게 느끼도록 만들었다.

2016년 미국 대선 당시 힐러리 클린턴을 공격했던 괴물 이미지들 중 특히 하나가 기억에 남는다. 그것은 신화에서 보기만 해도 돌이 되는(만약 그러한 것이 존재한다고 한다면 여성들이 바라보는 것에 대한 두려움들을 상기시키는 것) 고르곤의 여왕이자 마녀, 뱀 머리의 괴물인 메두사의 이미지를 클린턴의 얼굴과 합성한 수많은 밈이었다. 그리스신화에서 메두사는 뱀이 달린 메두사의 머리를 베어 죽일 정도의 용기가 있었던 유일한 남성인 페르세우스(겁탈당한 다나에의 아들)의 손에 죽는다.

이 그리스 영웅과 고르곤의 괴물 이미지들은 트럼프의 선거운동 기간에 머그컵, 티셔츠, 토트백, 남성용 민소매 탱크톱 등에 인쇄돼 판매되었고, 거기서 트럼프는 승리한 페르세우스, 클린턴은 머리가 잘린 메두사로 그려졌다. 권력에 굶주린 남성 지도자가 정복당한 이 괴물 여성의 몸을 정치적 지배의 표현으로 이용한 것은 이번이 처음은 아니었다. 트럼프의 프로파간다의 원형은 피렌체에서 가장 공적인 거리—로지아 데이 란치(잠볼로냐의 「사비나 여인의 겁탈」이 있는 곳이기도 하다)—에 서 있다. 벤베누토 첼리니의 청동조각 「메두사의 머리를 든 페르세우스」(1545~54)는 메디치 제국의 일원이었던 전제적인 통치자 코시모 1세의 주문으로 제작된 작품이다. 코시모는 자신을 영웅 페르세우스라고 생각했다. 그리고 이 조각은 권위에 대한 위협을 처리하는 것에 대한 코시모의 의지, 다시 말해 적들은 도륙될 것임을 천명하는 매우 공적이고 시각적인 선언이었다.

첼리니의 조각상에서, 반대와 무질서는 괴물 여성의 몸으로 무너져내린다. 페르세우스의 발 옆에는 피를 흘리는 참수된 메두사의 뒤틀린 시체가 있고, 페르세우스는 뱀들이 살아 몸부림치는 잘린 메두사의 머리를 엄숙하게 들어올린다. 이러한 살육의 현장에서 우리의 시선은 유두가 꼿꼿해진 메두사의 부드럽고 둥근 젖가슴으로 향한다. 이는 완전히 침묵시키기이자 여성 신체에 대한 완전한 대상화의 표현이다—그리고 이 둘은 코시모가 피렌체 공화국을 통치하는데 필요한 것으로 해석되어왔다.

그러므로 16세기부터 21세기까지 메두사와 페르세우스 이야기는 여성의 위협에 직면한 남성 영웅주의의 상징으로 채택되었다. 하지만 사실 이 이야기는 실제 여성의 힘을 인정한다. 이 신화의 최종적인 클라이맥스는 첼리니 조각으로 영원히 남겨지고 트럼프의 홍보상품에 차용되었던 목을 베는 승리의 순간이 아니기 때문이다. 페르세우스가 메두사를 죽인 이유는 위협이 되어서가 아니라, 메두사의 죽음이 그가 영웅이 되는 데 도움이 되었기 때문이다. 다나에의 아버지는 손자에게 죽임을 당한다는 예언에 겁을 먹고, 딸 다나에와 손자 페르세우스를 상자에 넣어 바다로 던져버렸다. 두 사람은 세리포스섬에 무사히 도착했고 그곳에서 다나에는 폴리덱테스 왕과 사랑에 빠진다. 페르세우스는 질투를 느끼고 어머니가 다른 남자와 연인이 되는 것을 원치 않는다. 페르세우스가 훼방을 놓자 폴리덱테스 왕은 그에게 괴물 메두사의 머리를 가져오라는 명을 내린다—죽음으로 마무리될 거라고 생각한 임무였다. 하지만 페르세우스는 예상과 달리 승리했으며 동굴에서 메두사를 죽이고—거울 달린 방패 덕분에 메두사를 똑바로 쳐다보지 않을 수 있었다—영웅의 지위를 확보했다. 페르세우스는 메두사의 머리를 특별한 포대에 넣어 세리포스섬으로 가지고 가 폴리덱테스 왕과 궁정 사람들에게 보여주고 그들을 돌로 만들어버렸다. 그런 다음 전쟁의 신 아테나에게 메두사의 머리를 바쳤다. 아테나는 보호의 형상으로, 즉 다른 사악한 힘들을 물리치는 일종의 악마의 눈으로서 메두사의 얼굴을 자신의 방패에 달았다. 이것이 이 이야기의 결말이다. 그러나 페르세우스가 자신의 이익을 위해 메두사에게서 엄청난 힘을 빼앗고 그것을 이용했다는 이야기, 다시 말해 영웅 페르세우스가 실제로는 괴물 메두사에게 의존하고 있다는 이야기는 미술과 문화에서 거의 찾아볼 수 없다.

소름끼치는 메두사의 이미지는 공포의 상징이 아니었을 때가 있나 싶을 정도로 고급문화와 저급문화에 아주 오랫동안 깊숙이 파고들어가 있었다. 그리스 미술에서 가장 초기에 그려진 이야기들 중 하나가 메두사의 참수였다—기원전 7세기의 도기화까지 거슬러올라간다. 하지만 메두사 이야기는 더 원시적이고 그녀의 괴물성은 훨씬 더 양가적이다. 즉, 고대에 메두사의 머리 왼쪽에서 흘러나온 피를 마시는 사람들은 죽고 오른쪽에서 나온 피는 죽은 자를 살린다는 믿음이 있었다. 달리 말하면, 메두사는 생명을 앗아갈 뿐 아니라 생명을 되살리는 힘도 갖고 있었다. 치료와 의술의 신이자 인간인 아스클레피오스는 이러한 힘을 이용해 전쟁터에서 부상당한 사람들을 치료했다.

메두사의 초기 정체성과 뱀 상징물들은 고대 그리스와 북아프리카의 여신들의 다양한 모습들을 활용한 번안물들과 끊임없이 흐르는 시간으로 인해 복잡하고 모호해진다. 메두사의 기원은 그리스 아테나의 기원과 얽혀 있다—고대 이집트 신 네이트('무시무시한 존재')에서 발전한 고대 리비아의 뱀의 신 아나타. 네이트는 우주의 창조자, '모든 신의 어머니', 그리고 '과거였고 현재이자 미래인 모든 것'으로 숭배되었다. 창조에 내재된 파괴의 힘과 지혜를 상징했던 뱀의 신은 네이트의 삼중 정체성의 일부였다.

논의를 이어가기 전에, 뱀에 대해 잠시 살펴보자. 성경의 에덴동산에서 인간의 타락과 연관되어 악, 욕망, 사기의 상징이 되기 전에 뱀은 신성한 여성의 지혜, 재생, 치료, 불멸의 고대를 상징했다. 뱀은 달과 연관되었다. 달이 차고 기울면서 뱀이 허물을 벗듯 달의 그림자는 서서히 사라진다. 또 태음주기가 생명을 주는 자궁의 생리주기(또하나의 재생과 변태 주기)에 맞춰졌기 때문에 뱀은 다산과 탄생의 상징이 되었다. 이런 이유들로 인해, 메두사는 태초부터 숭배되었던 대지모신의 한 형태이고 "성, 죽음, 점술, 재생의 보호자이며 그믐달의 비밀의 보호자"였다.[33] 심지어 어떤 학자들은 기원전 2700년경에 태어난 페세셰트Peseshet 같은 여성 의사들이 감독했던 고대 이집트의 도시 자우의 부인과, 산과, 그리고 교육에 전문화된 의과대학과 메두사를 연관 짓는다.

메두사는 아마존 부족 같은 그리스시대 이전의 모계사회와 연결된다. 기원전 6000년까지 거슬러올라가는 일부 사료에는 메두사가 그들의 여사제 혹은 여왕이라고 기록되어 있다. 아마존족은 고대 리비아에서 기원한 여성 전사들의 종족이었다. 호메로스의 『일리아드』와 훨씬 더 나중인 20세기 '원더우먼' 만화에 살아 있는 아마존족은 창을 들고 싸웠으며 기병대를 최초로 만들었다고 알려졌고, 용기와 야망, 전쟁에 대한 열망 등으로 유명했다.[34] 그러나 그들의 정체성과 진실성은 그리스 로마 고전에 전해 내려온 거짓 전설들에 의해 가려졌다—이들 고전에는 여성 동성애, 식인, 남아 살해, 어머니로서의 의무들에 대한 비정상적인 거부 등 선정적인 이야기들만이 넘쳐난다. 비순응적인 방식으로 사는 여성 집단에 대한 오래된 불안감을 드러내는 이러한 비방들은 16세기 마녀와 19세기에 독립적인 삶을 추구한 여성들에 대한 두려움과 매우 닮아 있다(우리가 곧 살펴보게 될 내용이다).

메두사의 복잡한 신화는 수천 년 동안 메두사가 여성의 힘의 전형이었음을 알려준다—이는 여성의 재생산 관리와 여성 의사 교육과 아마도 연관된, 모계사회의 상징적 지배자였던 치료, 탄생, 불멸, 지식의 모신母神을 의미한다. 이토록 강력한 존재가 어떻게 남성 '영웅'을 위해 자신의 힘을 자신에게 불리한 무기로 사용하며 생리를 하는 무시무시한 악마로 전락한 것일까? 그리고 메두사 신화의 다른 버전들은 왜 거의 알려지지 않았을까?

일설에 따르면, 메두사와 아마존족은 모계사회를 상징했기 때문에 그들을 타도하는 것은 식민지를 건설하는 그리스인들이 남성적이고 가부장적인 국가로서의 정체성을 형성하는 데 필수적이었다. (아마존족에 대한 그리스의 승리는 아테네의 파르테논신전 외부에 자랑스럽게 새겨진다.) 따라서 영웅 페르세우스가 메두사의 힘을 강탈한 것은 여러 가지 측면에서 모권제적 권력과 아마존족에 대한 그리스의 승리와 유사한 이야기지만, 그 둘에 관한 정보는 역사의 어둠 속으로 서서히 사라졌다. 심지어 지금도 모권제 사회, 즉 여성들이 영웅적인 지배자이고 자유롭게 성관계를 하며 성적 쾌락과 출산을 위해 남성들을 이용하는 사회가 존재했을 거라는 생각은 역사학자들에 의해 판타지로 무시되고 있다. 믿을 만한 선례를 부인하는 것은 가부장제의 대안이 존재한 적이 있거나 존재할 가능성에 대한 부정이다. 그러나 최근 러시아 서부의 고고학적 발굴을 통해, 아마존족 사회가 존재했으며, 그러한 사회에서 여성들은 우리가 흔히 조상들에 대해 생각하는 것과 다른 방식으로 살았음이 증명되었다. 예를 들어 그들은 어머니인 동시에 노련하고 용맹스러운 전사였다. 그들은 우리 사회가 양립 불가능하다고 보았던 반대되는 두 가지 이상을 따르며 살았던 것으로 보인다. 이 사실은 나를 흥분시키기에 충분하다(그중에서도 나는 성모마리아가 아니라 이 여성 가장들이 모성의 원형적 상징이 되었다면 얼마나 많은 것이 달라졌을지 상상하곤 한다).

그리스인들은 삶과 죽음, 파괴와 창조를 주관하는 모권제적 신의 개념을 좋아하지 않았기 때문에 생식력과 남신을 결합한 신화를 만들었을 가능성이 있다. 메두사는 제우스가 메티스/메두사를 삼킨 후에 제우스의 머리에서 태어난 아테나의 어머니 메티스와 연결되었다. 1장에서 살펴본 아버지의 고환에서 태어난 비너스가 떠오를 것이다—여성 재생산의 주체성을 덮어버린 또다른 이야기이다(다음에 나오는 아담과 이브 이야기와 마녀들의 박해에서도 비슷한 점을 찾아볼 수 있다).

아테나와 메두사는 과거의 삼중 정체성의 여신(네이트)의 일면이었지만, 그리스인들은 아테나의 처녀성에 대비되는 메두사의 성적인 힘과 섹슈얼리티를 고안했고 이것이 지금 우리에게 익숙한 처녀/창녀 혹은 마리아/막달레나의 이분법의 초기 버전이다. 이런 종류의 이분법적 사고는 세상을 바라보고 이해하는 방식, 여성을 바라보고 판단하는 방식, 그리고 성정체성을 분류하는 방식에 지속적으로 문제를 일으킨다. 우리가 '정상'이라고 인정한 시스템에 잘 맞지 않는 사람들, 즉 남성 또는 여성으로 정의되기를 거부하는 사람들, 둘 모두이거나 또는 어느 쪽도 속하지 않는 사람들을 괴물로 만드는 경향이 있다. 그리고 또한 우리는 섹스와 젠더의 측면에서만이 아니라 선/악, 빛/어둠, 흑/백 같은 수많은 가치의 측면에서 이분법적인 사고를 한다. 여성 괴물들을 재검토함으로써 우리는 상반되는 정체성들이 공존하는 여성들과 여성들—그리고 타인들—의 모호성을 더 편안하게 받아들일 수 있을 것이다.

훗날 로마의 시인 오비디우스는 메두사 신화에 또 한 가지를 추가했다. 그는 신으로서 메두사의 정체성을 무시하고 그녀를 아테나 신전에서 바다의 신 포세이돈에게 겁탈당한 아름다운 인간 여성으로 바꾸었다. 오비디우스의 이야기에서, 포세이돈의 강간에 화가 난 아테나는 메두사를 온 세상이 두려워하고 배척하는 괴물로 만들어 버렸다. 이 이야기에서 강간죄와 처벌의 책임은 남성 가해자들로부터 여성들, 즉 한 명은 아름답고, 다른 한 명은 질투심에 불타는 여성에게로 전가되었다.

이 개작된 신화에 숨어 있는 의미는 재생산하는 신체에 대한 반복되는 공포와 그것을 통제하려는 욕망이다. 메두사의 생식력과 섹슈얼리티와의 상징적 연관성은 그녀가 성적으로 더럽혀지고 피해자로서 수치심을 느끼면서 사라졌다. 그러고 나서 메두사는 가부장사회의 여성에게 내려지는 최후의 형벌, 즉 흉측한 모습으로 변하는 벌을 받았다.

메두사는 점점 더 흉물스러워졌다. 15세기 이탈리아에서 뱀이 구불거리는 메두사의 머리와 파괴적인 시선은 생리에 대한 불안과 연결되었다. 사람들은 생리하는 여성의 머리카락이 묻힌 땅에서 뱀이 나고, 생리를 하는 여성이 거울을 보는 것만으로도 거울이 더러워진다고 믿었다(덧붙여 말하면, 이는 비너스의 신성한 여성의 아름다움에 관한 이론을 발전시킨 마르실리오 피치노가 제시한 이론이었다).[35] 또 생리혈이 인간을 중독시키고 식물을 시들게 하며 청동을 검게 변화시킨다고 생각했다.

이런 이야기를 하는 사람은 누가 괴물인지 결정하는 사람이다. 역사학자 미리엄 덱스터가 지적했듯이, "(메두사는) 여성 '괴물'을 있는 그대로 받아들이지 말아야 하고…… 악마 같은 여성을 만들어내어 그녀를 남성 구성원들의 이익과 위로의 희생양으로 삼는 가부장제 문화들의 태도에 대해 반드시 살펴봐야 함을 우리에게 상기시킨다."[36] 메두사의 초기 기원들과 역사적 상징성이 현대문화에서 여전히 거의 인정되지 않고 있다는 점은 우리에게 무엇을 말해주는가? 메트로폴리탄미술관은 2018년에 메두사의 영향을 받은 이미지들을 소개하는 전시회를 개최했다. 이 전시회가 초점을 맞춘 것은 일종의 팜파탈—아름다우면서도 무시무시한 존재로서의 여성 정체성에 대한 환원주의적이고 쉽게 이해되는 이국적인 환상—로서의 메두사의 복잡한 역사였다.

메두사와 난도질된 메두사 몸의 역사에서 우리는 여성들의 신체, 주체성, 그리고 삶의 방식에 대한 그들의 선택에 관한 복잡하게 얽힌 두려움들을 발견할 수 있으며, 그러한 모든 두려움은 나중에 괴물들에게서 다시 나타나게 된다.

북아프리카의 유산과 더불어, 메두사의 몸과 얼굴 역시 외국인 혐오가 있던 그리스인들이 용인할 수 없었던 차별적 시각을 나타낸다. 헤시오도스는 『신통기』에서 메두사가 그리스인들의 세상을 둘러싸고 흐르는 오케아누스강 너머에서 왔다고 기록했고, 헤로도토스는 메두사가 리비아 사람이라고 딱 집어 말한다. 한때 신이었던 메두사의 더럽혀진 몸을 식민지 여성의 더럽혀진 몸으로, 뱀이 구불거리는 머리를 '문명화된' 유럽인의 말끔한 머리의 상징적 대립물이라고 할 수 있는 아프리카인의 곱슬곱슬한 머리카락에 대한 암호로 해석할 수 있다. 따라서 메두사의 아프리카 혈통을 되찾는 것은 여성 괴물을 다른 방식으로 볼 수 있게 해준다.

20세기에는 아름다움과 여성성에 관한 전 세계 원칙들이 검은 머리, 특히 흑인 여성들의 머리를 정치화했다. 미국에서는 자연적 머리를 펴거나 자르기를 거부한 흑인 여성들의 부당한 해고에 관한 소송들이 제기되었지만, 지금까지도 미국 법원은 직장에서 흑인 여성들이 자연적 머리를 유지할 권리에 대해 미온적이다. 앨시아 프린스의 『흑인 여성들의 머리의 정치학』과 에마 다비리의 『내 머리 건들지 마』 같은 책은 흑인의 머리카락이 어떻게 인종차별의 한 요인이 되었는지를 추적하기 위해 아프리카인들이 처음으로 노예가 되었던 시기로 거슬러 올라간다. 식민지를 개척한 유럽인들은 심지어 흑인의 머리카락이 동물의 털가죽과 비슷하다고 주장하면서 그들을 가축 같은 존재로 만들어버렸고, 그들에 대한 착취와 노예제를 정당화했다.

흑인의 머리카락을 지저분하고 문제가 있는 무언가로 바꿔버리는 것은 그것의 아름다움을 숨기는 방법이기도 했다. 이는 18세기에 루이지애나주에서 티뇽법•으로 시행되었다. 이러한 사치금지법들은 크리올•• 여성들이 머리카락을 가리도록 강제함으로써 백인 여성들보다 이들의 머리 모양이 더 매력이 있다고 생각할지도 모르는 백인 남성들의 마음이 딴 곳으로 쏠리는 것을 방지한 것이다. 이런 형태의 인종프로파일링•••은 보는 이들을 '타락시키는' 힘이 있는 위험하리만치 페티시화된 아름다움과 억압된 정체성의 문제들을 흑인 여성의 머리카락과 연관시키는 데 기여했다.

유럽 중심적인 아름다움의 이상에 맞춰 흑인의 곱슬머리를 펴는 것과 마찬가지로, 다른 영향들에 '오염되지 않은' 백인 유럽인이 고대 그리스의 유산이라고 주장하는 역사학자들은 고대의 흑인성을 감추고 제거했다. 1987년에 제1권이 출간된 영국 교수 마틴 버넬의 『검은 아테나』는 우리가 숭상하는 고대 그리스 문화가 더 이른 북

• Tignon Law, 티뇽은 일종의 머리 덮개로, 흑인 여성에게 티뇽을 착용하도록 강제한 법이다.

•• Creole, 서인도 제도나 남미 초기 정착민의 후예로 유럽인과 흑인의 혼혈이 많다.

••• racial profiling, 특정 인종을 잠재적 범죄용의자로 보는 관행처럼 인종 등을 기준으로 차별 대우를 하는 행위

아프리카 문화들에 의존하고 있음을 전제로 이야기를 풀어간다. 그의 주장은 지금도 진행중인 이집트의 흑인성과 에티오피아주의의 인정에 대한 활발한 논의를 촉발시켰다.

대다수의 미술사 수업에서, 이와 비슷한 규범은 고대 그리스와 로마를 무비판적으로 중심에 위치시키며, 고대 그리스와 로마는 '문명 탄생'의 결정적인 출발점으로 거의 받아들여진다. 일반적으로 기원전 5세기 아테네부터 시작되는 서양문화 연구는 고대 문명들의 몰락 이후에 세계가 르네상스—고대의 일부 사상, 이미지, 이야기가 부활하고 재탄생한 시대—의 찬란한 빛이 비치기 전까지 암흑 속에 있었다는 뻔한 이야기로 이어진다. 그전에 있었던 일과 그사이에 있었던 일은 고의적으로 어둠 속에 남겨지거나, 혹은 아테네의 파르테논신전부터 미켈란젤로의 시스티나성당 천장까지 우리를 이끌어주는 최고 히트작들을 위해 주변화된다. 이러한 대화들과 시각들은 종종 화가가 고대 그리스와 로마를 얼마나 많이 혹은 얼마나 적게 참조하는지, 혹은 거부하는지에 대해 말하며 시간을 낭비하는 동시에 정전正傳에서 남성 화가들의 인정과 유럽의 경계를 벗어나는 세계관은 완전히 무시된다.

만약 당신이 이것이 미술사 수업에 대한 연구 외에는 거의 영향을 미치지 않았다고 생각한다면, 백인 우월주의 정치 단체들이 고대 그리스와 로마의 가부장적 문화를 약탈했다는 사실을 인식하는 것이 중요하다. 20세기의 독재자 히틀러와 무솔리니는 고대미술의 상징과 표식을 무기화했고, 극단적인 보수주의, 반페미니스트, 백인 민족주의 단체들은 그들의 사상을 선전하기 위해 계속해서 그것을 이용하고 있다. 일례로 '헌드레드 핸더스The Hundred Handers'는 공공

장소에 인종차별적인 스티커를 부착하고, 네오 나치의 방식으로 '아리아인의 정신'이라고 생각한 성범죄자 제우스를 자신들과 동일시했다.

북아프리카의 메두사 숭배에 관해서 우리가 알게 된 것과 함께 메두사가 원래 리비아 출신의 아프리카 흑인 여신이었는지에 묻는 것은 타당하지만 고전학자들은 이러한 질문을 무시하고 싶어했다. 그러나 그후의 흑인 미술가들과 시인들이 자신들의 경험을 나타내는 것으로서 메두사에 대한 더럽힘, 삭제, 모욕에 동질감을 느꼈다는 사실은 의미심장하다.

1993년 런던의 ICA에서 열린 퍼포먼스에서, 시인 도로테아 스마트는 이러한 연관성을 드러냈다. 흑인 레즈비언 여성인 스마트는 브릭스턴의 동네 아이들로부터 부정적이고 인종차별적인 '메두사'라는 비방을 들었고, 그 괴물/여신은 그녀 시의 지속적인 모티프가 되었다. 스마트는 "굉장하고 손질이 힘들고 추하고 너무 까만 곱슬머리의 불결함"에 대해 말하며, 백인 문화와 백인의 미적 기준들의 특권화가 어떻게 흑인의 신체에 괴물을 투사하는지 폭로한다. 하지만 이 시인은 또한 메두사 신화의 그리스시대 이전의 상징물들의 반환을 요구한다. 다시 말해, ICA의 퍼포먼스에서 레게머리의 스마트는 메두사의 신화적이고 상징적이며 성적인 힘에 의지하고 있는 것이다. 스마트의 시는 비명을 지르는 메두사의 입을 다시 한번 바라보고, 그녀가 조작된 방식이 아니라 본래의 모습으로 이해받으려는 노력으로 그것을 보라고 우리에게 요청한다.

메두사, 그리고 메두사의 양가적인 힘, 섹슈얼리티, '타자성'은 더 최근에도 대중문화계의 흑인 여성들과 연결되었다. 2013년에 영국 미술가 데이미언 허스트는 『GQ』 매거진의 25주년 기념판 표지에 메두사로 분한 가수 리애나를 선보였다. 리애나가 스스로 만들어낸 검열되지 않은 에로틱한 페르소나는 뱀 머리의 메두사의 이미지로 해석되었다. 여기서 메두사는 치명적인 동시에 유혹적으로 보인다. 남성들의 쾌락을 겨냥한 남성잡지 표지에 실린 이러한 이미지는 백인 남성 미술가의 눈을 통해 안전한 거리에서 편하게 본 흑인 여성성에 대한 환상이다. 잡지에 실린 인터뷰에는 리애나를 가리켜 "나빠bad"라고 한 허스트의 말이 인용되었다. 허스트는 "그러니까, 그녀는 정말 나빠"라고 말함으로써 그것을 더욱 정교하게 만든다.

한편으로, 이 사진은 역사적이고 문화적으로 영향을 받은 인종주의에 의지하고 있다. 그러므로 신화 속 괴물처럼 포즈를 취한 흑인 여성의 이미지를 '나쁨'의 상징으로 해석할 때, 우리는 흑인혐오의 시각을 적용한다(예를 들어, 몸이 비정상적이며 진화가 덜 되었고 동물 같다는 틀이 씌워졌던 '호텐토트 비너스' 사르키 바트만에 대한 성적 매혹을 떠올릴 수 있다). 식민주의적인 시선에 숨겨진 의미—고대 그리스인들의 메두사 은폐부터 지속적인 흑인 머리의 정치학에 이르기까지—를 고려한다면, 메두사로서 리애나는 비백인 여성들을 성적으로 색다르고 위험하다고 페티시화한 고정관념을 따르고 있다.

다른 한편으로, 메두사로서 리애나는 흑인 여성성을 되돌려달라는 요구, 그리고 메두사의 흑인성, 여성의 섹슈얼리티, 자신감 등을 찬양할 무엇으로서 관심을 집중시키는 방법으로도 볼 수 있다. 이러한 개념은 미술, 그리고 더 광범한 대중문화에서 거의 보이지 않았다—두 흑인 여성들이 음악산업을 무릎 꿇리고 보수적인 사람들을 성수聖水로 손을 뻗게 만들었던 2002년 여름까지 그러했다.

카디비와 메건 디 스탤리언은 여성들만의 공동 작업으로 제작한 최초의(발표 시점에서) 랩 싱글 「WAP」로 스포티파이 글로벌차트 1위를 기록했다. 「WAP」의 가사와 뮤직비디오가 흑인 여성의 성적 쾌락과 자율성—그들의 기호, 그들의 취향, 그들의 '성적 흥분'—을 무대 중심으로 가져오는 방식은 누구나 감당할 수 있는 것은 아니다. 또한 이 뮤직비디오는 메두사 이미지와 그녀의 에로틱하고 양가적인 힘을 보여준다. 즉, 한 장면에서 바닥에 누워 있는 두 가수들의 몸 위로 뱀들이 기어다니고 있고, 뱀의 구불구불한 움직임은 걷잡을 수 없는 쾌락과 감각을 암시한다(그리고 불가피하게 남근을 떠올리게 한다).

비평가들의 반응은 다양했다. 페미니즘의 걸작으로 환영하는가 하면, 대중매체의 여성 성애화에 맞서 싸운 페미니스트들에게 그러한 노골성은 후퇴라고 주장하는 사람들도 있었다. 어느 쪽을 지지하든, 이 뮤직비디오에 대한 반응들로 분명해진 것은 성적으로 노골적인 여성 이미지들이 용인되는 경우는 여성의 자율적인 성적 쾌락과 연관되지 않는 이상을 따를 때뿐이라는 사실이다. 어릴 때부터 과도하게 성애화되고 구경거리가 되도록 교육받아온 여성들이 자신의 성적 욕망과 만족에 집중할 때, 사람들은 그들을 괴물로 본다. 그리고 여성들이 그것을 통해 부자가 되었을 때는 훨씬 더 그러하다.

괴물 여성의 위협 중에서 최고는 섹슈얼리티였지만, 여자들의 입도 비난과 두려움의 대상이었다. 마녀의 추악한 주문이든 여성 학자의 강연이든 상관없이, 괴물 여성의 입은 먹이를 잡아먹듯 사람들을 집어삼킨다. 예를 들어, 메두사는 입을 벌리고 울부짖는 모습으로 종종 그려지고, 그녀의 소리 없는 괴성은 무시무시한 블랙홀로 인식되었다.

20세기가 시작될 무렵, 메두사 신화에 관심을 가졌던 지그문트 프로이트는 메두사를 특히 남성들에게 무시무시한 상징으로 만들었다. 프로이트는 동굴처럼 생긴 메두사의 입을 '바기나 덴타타vagina dentata' 혹은 이빨 달린 질—남성을 거세하는 구멍—이라고 불렀다. 이는 단순히 프로이트의 다소 비뚤어진 정신분석학적 환상이 아니다—전 세계 민간신앙에 다양한 모습의 이빨 달린 질이 존재하고 있다. 뉴멕시코의 한 신화는 남성과 성교를 하고나서 남성을 잡아먹는 '바기나 여성들'이 사는 집에 대해 이야기한다. 어느 날, 한 남성 영웅이 이 문제를 해결할 방법을 알아냈다. 그는 바기나 여성들에게 사우어베리 약을 먹여서 이빨이 모두 빠지도록 했고 입이 오므라들어 더이상 남성들을 물 수 없게 만들었다. 이로써 바기나 여성들은 삼키는 것과 남성들에게 즐거움을 주는 일만 할 수 있게 되었다.

이에 대해 생각하면 할수록, 바기나 덴타타에 대한 전반적인 인식은 더욱 악화된다. 그것이 여성의 생식기는 물론이고, 말, 자기표현, 정체성의 장소로서 여성의 입에 대해서 말하고 있기 때문이다. 또 공적인 영역에서 의견을 말하는 여성들의 목소리를 '빽빽거린다'고 표현하는 비방에서부터 여성들의 발언에 지성적인 권위가 있다는 사실을 받아들이지 못하는 것을 나타내는 진부한 용어인 '맨스플레이닝'에 이르기까지, 이 개념은 일상의 미묘한 성차별에서 극명하게 드러난다.

인도의 현대미술가 미투 센은 작품에서 위협적인 괴물 여성의 말을 분명하게 활용했다. 이 퍼포먼스를 규정하는 것은 그녀가 '언어의 아나키'로 명명한 알아들을 수 없는 왁자지껄한 소리이며, 그것은 여성 미술가들의 여성적 경험에 대한 탐구들을 이론적으로 설명하기 위해 미술비평에서 사용되는 언어와 대비된다. 셴의 2019년 퍼포먼스 「언맨스플레이닝」은 남성과 여성의 목소리가 전통적으로 젠더화된 방식에 대해 언급한다. 즉, 남성의 목소리는 문화와 이성의 권위 있고 합리적인 목소리인 반면, 여성의 목소리는 비이성적이고 히스테리컬하고 오해를 사는 목소리라는 것이다.

이 퍼포먼스에서 셴은 진홍색 드레스를 입고 베니스비엔날레의 미술평론가들 앞에 나타나, 미술과 페미니즘에 대해 말하는 남성 미술비평가들의 목소리가 배경음악처럼 흘러나오는 방에서, 막대기를 휘두르고 적대적이고 시끄러운 비언어를 중얼거리며 이리저리 돌아다녔다. 이런 식으로 셴이 구현한 것은 알아들을 수 없는 주문을 외는 '마녀여신'이라는 동양 여성에 대한 전형적 묘사였다—그녀가 바로잡고 싶어한 남아시아 여성에 대한 잘못된 묘사이기도 하다.

셴의 퍼포먼스는 더 광범한 '탈신화화' 프로젝트의 일부로 해석할 수 있다—여성의 신체가 해석되었던 방식과 여성의 신체가 상징하는 것을 '언러닝•'하는 과정, 억압된 여성성의 여러 면들을 폭로하는 일종의 반신화를 일컫는다.

특히 1970년대 여성운동부터, 여성 미술가들은 신비와 위험, 그리고 거세의 장소로서 여성 생식기의 악마화를 다루었다. 1979년에 주디 시카고는 「디너파티」를 창작했다—선구적인 작가 버지니아

• unlearning, 과거 잘못되거나 시대에 뒤떨어진 사고와 행동방식을 버리는 일.

울프와 켈트족의 여왕 부디카, 고대의 여신 이슈타르와 힌두교 여신 칼리를 비롯한 역사와 신화 속 여성 39인을 위한 페미니스트 판타지 연회를 다루고 있다. 이름 모를 '아마존 부족 여성'을 위해서도 한 자리가 준비되었다. 연회 테이블이 놓인 '헤리티지 플로어'는 메두사와 성경의 릴리스(조금 있다가 살펴볼 이야기) 등 998명의 여성의 이름이 새겨진 타일들로 장식되었다.

질과 외음부를 닮은 반추상적 문양의 알록달록한 도자기 접시가 자리마다 놓여 있고, 접시는 복잡한 수가 놓인 러너 위에 놓여 있으며, 옆에는 성배와 식사도구가 준비되었다. 이 접시들은 바기나 덴타타 신화를 뒤집은 것으로 해석할 수 있고, 식기들은 맘껏 먹기, 구강 섭취와 함께 감각과 쾌락의 장소로서의 여성 생식기의 복원을 암시한다.

처음 만들어졌을 때 이 작품은 또한 전통적으로 여성적이고, 그러므로 열등하며 가치가 떨어지는 '저급한' 미술로 간주된 자수와 도자기를 활용했기 때문에 '순수미술'은 어떠해야 한다는 기대들을 명백하게 거부하는 역할을 했다.

하지만 주의를 끄는 음부 이미지는 여러 집단들의 비판을 불러왔다. 보수적인 사람들은 접시가 '도자기 3-D 포르노그래피'(누군가에게는 여성의 몸이 성적이고 금기시될 수밖에 없음을 상기시키는 것)라며 불쾌감을 드러냈다. 수많은 미술관과 기관이 이 작품의 전시를 주저했기 때문에, 1980년대 첫번째 순회전시는 크라우드펀딩으로 자금을 모으고 체육관 같은 어색한 비예술 공간에서 개최되는 일이 빈번했다. 페미니스트 비평가들에게도 좋은 평가를 받지 못했다. 일부 페미니스트들은 이 작품이 여성혐오를 비판한다기보다 오히려 찬양한다고 주장하면서, 여성을 질로 환원시킴으로써 여성 개개인의 성취와 정체성을 약화시켰다고 비판했다. 이 작품은 '본질주의적'이라는 비난을 받았다—이는 페미니즘 비평에서 흔한 논쟁이며, 여성의 정체성은 질과 자궁의 소유에 의해 결정된다는(그리고 여성의 가치는 생물학적 기능에 달려 있다는) 가정에 이의를 제기한다.

더 문제가 되는 것은 이 작품의 역사적인 범위가 보편적인 여성의 경험을 암시하지만 여전히 배타적이라는 점이다. 「디너파티」는 단 한 명의 흑인만을 인정한다. 19세기의 노예폐지론자이자 여성인권운동가였던 소저너 트루스Sojourner Truth가 그 주인공이다. 그녀의 식탁에는 음부 모티프가 아니라 아프리카 가면처럼 생긴 세 개의 머리로 장식된 접시들 중 하나가 놓여 있는데, 주디 시카고는 이를 노예제에 대한 기억으로 설명했다. (나머지 하나의 접시는 영국의 작곡가이자 여성참정권운동가 에델 스미스의 식탁에 놓였다.) 이 같은 차이점은 성적인 신체를 이용한 도상으로 장식한 다른 여성들의 테이블과 동일한 방식으로 소저너 트루너를 재현할 수 없었음을 보여주는 듯하다. 비평가 호텐스 스필러스는 이것을 백인 페미니즘 미술가들이 상상할 수도, 표현할 수도 없었던 흑인 여성들의 섹슈얼리티의 조직적인 삭제라고 해석했다(그리고 누군가에게는 카디 비와 메건 디 스탤리언의 「WAP」에 대한 열광은 여전히 생각할 수조차 없는 일이다).**37**

일부 여성 미술가들은 「디너파티」가 해체되어 폐기되는 모습을 보고 싶어했고, 다른 이들은 이 작품을 여성들의 총체적인(배타적이라 할지라도) 문화의 계보에서 억압된 목소리와 역사에 힘을 실어주는 기념의식으로 해석했다. 계속되는 이러한 논쟁들은 일반적으로 힘을 북돋고 위엄을 부여하는 방식으로 여성의 신체를 묘사하는

미켈란젤로, 「낙원 추방」, 시스티나성당 천장화 세부, 1508~12년, 시스티나성당, 로마.

최선의 방법이 무엇인지 우리가 여전히 모르고 있음을 일깨워준다.

로마 바티칸궁 시스티나성당을 방문하는 2만여 명의 일일 방문자들 중에서 대다수는 구강성교를 하다가 들킨 것처럼 보이는 장면을 대수롭지 않게 지나칠 것이다. 인류의 어머니 이브는 아담 앞에 있는 바위에 앉아 있다. 아담이 비늘모양의 나뭇가지를 잡으려고 상체를 기울이자 그의 성기는 이브의 얼굴과 아주 가까워졌다.38 두 사람은 모두 나무를 휘감은, 반은 뱀이고 반은 여자인 근육질의 혼종 괴물을 쳐다보고 있다. 괴물은 급하게 무언가를 이브에게 건네고 있고, 둘은 시선을 교환한다. 괴물은 이브의 관심을 딴 데로 돌리게 만들어 아담의 즐거움을 차단했다. 아담의 노려보는 듯한 시선과 비난의 손가락질이 그녀를 알아보았음을 암시하고 있지만, 괴물은 아담을 완전히 무시한다—그를 전혀 상대하지 않는다.

이 괴물은 성경과 유대 신화에 나오는 아담의 첫번째 아내 릴리스다. 그녀는 하느님이 흙으로 남자와 여자를 창조할 때 무슨 일이 있었는지 상기시켜주는 존재다. 릴리스는 고대 메소포타미아의 『길가메시 서사시』에 처음으로 등장했고, 이후 700년경 바빌로니아 『탈무드』에 나온다. 유대교의 히브리 성경 주석서인 미드라시와 유대교의 신비주의 경전 조하르에도 릴리스 이야기가 전해진다. 그러나 가장 오래 살아남은 이야기는 선풍적인 인기를 끌었던 중세 문헌 『벤 시라의 알파벳』에 나오는 것이다. 이와 같은 문헌들로 인해 릴리스는 성관계를 하던 중 아담 밑에 눕기를 거부하고 아담과 성평등에 관해 언쟁을 했던 순종적이지 않은 마녀라는 누명을 쓰게 되었다. 파트너에게 종속되기를 원치 않았던 그녀는 안전한 에덴동산을 떠났고 사탄을 비롯해 악마들과 어울리며 많은 괴물 자식을 낳았다.

릴리스는 길들일 수 없는 섹슈얼리티로 유명해졌고, 혼자 임신을 하기 위해 잠자고 있는 남자의 정액을 훔친다고 알려졌다. 그녀는 초창기 흡혈귀의 전설과 연결되었고, 유아 돌연사의 원인이며 유대문화에서는 여전히 보호부적으로 쫓아버려야 하는 신생아 도둑 라미아Lamia로 회자되고 있다. 릴리스는 원시의 뱀, 곰팡이, 매춘부, 요부, 악과 섹슈얼리티의 화신 등으로 묘사되었고, 제임스 조이스는 그녀를 낙태의 수호성인이라고 불렀다. 그림에서 릴리스는 늙은 마녀나 뱀의 '진짜' 정체를 감추고 있는, 길고 헝클어진 머리와 진홍색 입술의 고전적인 팜파탈로 등장한다—여기서 말하고자 하는 것은 릴리스가 이중적이며 신뢰할 수 없다는 점이다.

릴리스는 다른 괴물 여성들과 수많은 특징을 공유한다. 그녀는 성적으로 자유롭고 일부일처제의 제약들에 얽매이지 않고 성적으로 자족하며, 억제할 수 없는 생식의 욕구를 가지고 있다. 그녀가 정액을 훔친다는 소문은 거세하는 바기나 덴타타를 반영하며, 메두사처럼 상징적으로 뱀과 연관되어 있다. 시스티나성당 천장의 선악과나무를 휘감고 올라간 뱀이 그러한 예다. 이러한 맥락에서, 뱀의 형태를 하고 있는 릴리스는 여성의 신성한 지식이라는 오래된 원시적 의미, 메두사 숭배와 연관된 생식력, 그리고 죄와 악의 상징이라는 좀더 일탈적인 평판 사이에서 양가적인 상징이 된다.

결국 '인간의 타락'에서 중요한 것은 지식이다. 다시 말해, 아담과 이브는 선악과나무의 금지된 열매를 먹고 에덴동산에서 쫓겨났다. 대략 이러한 실수는 너무 많이(하느님만큼) 알고 싶어한 이브의 잘못으로 여겨진다. 미켈란젤로의 천장화에서 아담을 즐겁게 해주는 이브의 역할을 방해하고, 그에 대한 대안으로 그녀에게 깨우침을 준 존재가 바로 릴리스다. (아담의) 첫번째 아내와 새 아내는 공모자가 된 듯하다.

릴리스의 중요성에도 불구하고, 시스티나성당을 방문하는 사람들은 릴리스에게 관심이 없다. 대신 천장화에서 가장 많이 복제되는 부분은 하느님과 아담의 손가락이 만나 아담에게 생명이 불어넣어지는 순간을 묘사하는 인간의 창조다. 아담이 하느님의 형상으로 만들어졌다면, 이브는 매우 다른 상황에서 태어났다—꺾꽂이 하듯 아담의 갈비뼈 하나를 뽑아 만든 것이다. 이보다 먼저 그려진 천장화에서 완전한 성인 여성의 모습으로 아담의 옆구리에서 나오는 이브가 보인다. 몸이 육중하고 투박한 이브는 화가 나 보이는 하느님에게 머리를 조아리며 애원하고, 하느님은 막 태어난 그녀를 꾸짖는 것처럼 보인다.

기독교의 창조 이야기에서, 남성의 몸은 재생산을 하는 몸이다. 즉, 하느님이 아담을 창조하고 아담은 이브를 창조한다. 여성의 몸은 더 열등하고 불완전한 파생물로 여겨진다. 심지어 제우스의 두개골에서 태어난 아테나, 아버지 우라노스의 잘린 고환에서 태어난 비너스 같은 신화 이야기에서 재생산 능력을 가진 여성의 신체에 대한 거부에 비유할지도 모르겠다. 이 모든 이야기들은 자식을 얻기 위해 여성들에게 의존하는 것에 대한 불안감을 드러낸다.

19세기에 릴리스는 빅토리아시대 사람들의 이른바 '신여성'에 대한 불안감을 표현하는 수단으로 회화와 문학에 자주 등장했다. 여성해방과 여성참정권운동들의 급성장과 함께 등장한 이러한 '신여성'들은 때로 '비라고virago' 즉, 사내 같은 여자—고대부터 '여전사'

또는 전통적으로 '남성적' 자질, 야망, 욕망이라고 여겨지는 특성을 보이는 여성을 지칭하는 용어—라고도 알려졌다. 사내 같은 여자들은 직업적인 영역에 여성들을 포함시키고 남성으로 제한된 영역에 여성들이 참여할 수 있도록 여성들을 교육하라고 압박함으로써 젠더본질주의적인 빅토리아 사회를 위협했다.

빅토리아시대 회화에서 릴리스는 성적으로 대상화되었다. 그녀를 약화시키는 수단이었던 성적 대상화는 지적이고 영향력 있는 여성들의 권위를 빼앗는 방법으로 여전히 선호되고 있다. 영국 미술가 존 콜리어의 1889년 작품 「릴리스」는 전반적인 분위기를 요약한다. 이 그림에서 대담하고 자율적인 릴리스는 핀업 사진에 나오는 우윳빛 피부의 판타지 누드처럼 보인다. 그녀는 감각을 탐닉하는 그녀를 옥죄고 속박하며 그녀의 몸을 감고 올라간 아나콘다에 얼굴을 비비고 있다. 하나의 이미지로서 이 그림은 (포로로 붙잡힌 처녀를 암시하며) 강하고 모호한 릴리스를 사실상 비너스로 변화시킴으로써 그녀를 길들이고 그녀의 자립을 가로막는다.

릴리스 같은 인물은 「트루 블러드」 같은 TV 뱀파이어 시리즈와 비디오게임의 캐릭터로 현대 대중문화에서도 살아남았다. 또 페미니스트들과 퀴어 커뮤니티들에 의해 저항의 아이콘으로 부활했다. 여성운동의 제2물결이 휩쓸고 지나간 1970년대에 릴리스는 성적, 경제적 자립의 모델이 되었다. 특히 유대인 페미니스트들과 신학자들은 릴리스의 이야기를 남편에게 복종하기를 거부하고 안전한 에덴동산(혹은 결혼)에서 쫓겨나는 것을 두려워하지 않았던 영웅적인 여성의 이야기로 받아들였다.[39] 여성 동성애자들은 릴리스를 젠더화된 규범들과 기대들로 억압되고 소외된 사회 바깥에서 살았던 롤

모델로 생각했고, 일부 페미니즘 해석은 문헌들에 숨겨진 아담의 두 아내의 동성애적 관계를 찾아냈다.**40**

이즈음 미술가 실비아 슬레이Sylvia Sleigh는 1987년에 뉴욕시 롱아일랜드시티의 전시 공간인 PS1에서 첫 선을 보였고 다양한 미술가들이 참여한 페미니즘 미술 프로젝트 '시스터 채플Sister Chape'을 위해 릴리스를 그렸다. 이 프로젝트를 구상한 미술가 일리스 그린스타인은 높이 평가받는 시스티나성당 천장에 그려진 창세기—하느님의 분노의 책임을 여성에게 뒤집어씌우고 여성 억압을 묵과함으로써 여성혐오적인 세계관에 힘을 실어주는 이야기—와 이 작품이 대비되는 것으로 이해했다.

그린스타인의 시스터 채플은 열한 개의 거대한 과거와 현대, 신화의 여성 그림들을 한데 모아둔 자궁 같은 공간이다. 릴리스와 힌두교 여신 두르가 같은 신화의 인물들뿐 아니라, 잔 다르크부터 미국 여성해방운동 지도자 벨라 앱저그, 미술가 프리다 칼로와 아르테미시아 젠틸레스키, 페미니즘 저술가이자 운동가 베티 프리단 등이 그려졌다. 여성의 힘, 지혜, 창조성, 지식의 이 초종파적인 계보는 "신과 남성의 관계에서 여성은 어디에 있었는가?"라는 질문을 던진다. 그러나 주디 시카고의 「디너파티」와 마찬가지로 이 작품은 백인의 세계관을 무심코 드러낸다.

이 작품은 당시에 호의적인 평가를 받았다. 영향력 있는 비평가 로런스 앨러웨이는 이 작품을 "정치적인 면에서 오래 기다려온 알기 쉬운 여성 도상"으로 평가했다. 그럼에도 불구하고, 시스터 채플은 40년간 사람들의 기억에서 사라졌다가 2016년이 되어서야 뉴저지주 로완대학교미술관에 겨우 보금자리를 마련했다.

실비아 슬레이, 「릴리스」, 1976년, 로완대학교미술관, 글래스버러, NJ

실비아 슬레이의 세로 274.3센티미터, 가로 152.4센티미터 크기의 「릴리스」 캔버스는 몸이 남자인 동시에 여자—하나의 몸이 다른 하나의 몸에 겹쳐진—인 인물을 보여주는데, 여자의 몸이 위에 있는 것은 릴리스가 성관계 중에 아담의 밑에 눕기를 거절한 것을 상징하는 듯하다. 두 가지 성의 혼합은 릴리스가 아담과 평등하고 둘 모두 흙으로 만들어졌음을 강조한다. 이 릴리스는 빅토리아시대의 가부장제를 깜짝 놀라게 한 남성적인 특성들과 양성애적인 경향을 가진 여성, 사내 같은 여성의 전형으로 해석될 수 있다. 하지만 그녀는 호전적이거나 위협적이지 않다. 꽃들을 배경으로, 헝클어진 금발과 흰 피부, 붉은 입술을 가진 릴리스는 대상화된 빅토리아시대의 팜파탈의 기묘한 최신 버전이다(이 그림은 단테이 게이브리얼 로세티의 「레이디 릴리스」를 참고하고 있다). 그녀는 페니스가 있는 비너스, 우리에게 익숙해진 여성들의 전형적 이미지들과 성경 이야기의 이분법적 본질주의에 대안을 제시하는 간성intersex 인물이다.

간과되었던 1970년대 여성운동의 이미지들을 넘어서, 릴리스의 영향력은 21세기 텔레비전 각본에서도 느껴진다. 배우이자 각본가인 피비 월러브리지가 각본과 제작을 맡아 엄청난 성공을 거둔 TV 시리즈 「킬링 이브」는 샌드라 오가 연기한 이브를 중심으로 이야기가 전개된다. 이브는 정보국 요원이지만 거의 사무실에서 일하며, 그녀의 직감과 지성은 상사에게 무시당하기 일쑤다. 일과 결혼에 안주한 전형적인 여성이었던 이브는 좀더 특별한 삶을 갈망한다. 그런 그녀가 화려한 빌라넬로 불리는 청부 살인자—인플루언서의 옷을 입고 성욕과 폭력에 대한 욕망을 가진 사이코패스—를 추적하고 체포하는 일에 휘말리게 되면서 새로운 삶을 발견한다. 제2세대 페미니즘운동의 이브와 릴리스의 동맹의 재해석이라는 함의가 있는 에피소드에서, 이브와 빌라넬은 서로에게 집착하기 시작한다. 두 여자는 자신의 삶 속의 남성들(남편이든 조력자든 상관없이)을 넘어서서 욕망과 성취감을 추구한다. 그리고 이 드라마의 세 시즌 내내 두 사람 사이의 성적 긴장감이 불타오른다. 릴리스처럼 빌라넬은 이브가 순응주의적인 이성애적 생활양식이라는 안전망을 넘어 자신에 대해 눈뜨게 하고 퀴어 섹슈얼리티의 가능성을 일깨우며, 이브의 자립을 돕는다.

그렇기는 해도, 이 드라마가 몇몇 사람들이 주장하는 페미니즘의 완전한 승리라고는 할 수 없다. 빌라넬의 증대하는 섹슈얼리티와 공격적인 성적 페르소나가, 괴물 같은 여성과 매혹적으로 비순응적인 성을 동일시하는 팜파탈이라는 진부한 장치로 후퇴하는 것은 어쩔 수 없다. 2019년 『뉴요커』에 기고한 에밀리 누스바움은 이 드라마에서 "함께 먹으면 맛있는 두 가지 맛처럼, 살인과 레즈비언주의가 존재론적으로 연결되어 있다고 느껴지는" 방식에 대해 의견을 밝혔다. 누스바움이 지적한 대로, 오늘날 시청자들이 텔레비전 드라마를 보면서 박수를 보내는 것이, 30년 전이었던 1992년 영화 「원초적 본능」의 첫 상영 때 피켓시위를 유발했던 살인과 동성애의 결합과 놀라울 정도로 닮아 있다. 이 영화는 극중 세 명의 악당을 게이로 설정해 동성애혐오라는 비판을 받았다.

고전신화에는 괴물 같은 여성 생명체들이 가득하다. 그들은 가부장제의 악몽들에 출몰하거나 미술과 문화에서 여성혐오의 구실이 된다. 대중에게 널리 알려진 또하나의 괴물은 그리스신화 속 여자 머리와 가슴, 사자의 몸과 때때로 뱀의 꼬리, 독수리의 날개를 가진 혼종 생명체인 스핑크스다. 이집트신화에서 스핑크스는 사막의 무덤을 지키는 양성적 존재이지만, 그리스신화에서는 테바이로 가는 길목을 지키는 사악한 여성 야수다. 신들의 형벌로 보내진 스핑크스는 행인들에게 수수께끼를 내고 답을 하지 못하면 산 채로 잡아먹음으로써 위력을 과시했다.

스핑크스는 여성 괴물에 투영된 공포를 반영한다. 스핑크스는 자신의 지성과 질문들로 사람들을 당황하게 만들고, 자신의 말을 이해하지 못하는 이들을 잡아먹음으로써 (메두사의 거세하는 입처럼) 무력하게 만드는 여성이다. 그리스신화에서 영웅 오이디푸스는 수수께끼—목소리는 하나인데, 네 개의 발, 두 개의 발, 그다음 세 개의 발인 것은 무엇인가? 정답은 인간이다—를 맞히고 스핑크스에게 승리한다. 패배한 스핑크스는 절벽 아래로 뛰어내려 죽고, 승리한 오이디푸스는 테바이의 왕이 된다. 이런 이유에서 스핑크스 이야기는 (페르세우스와 메두사 신화를 반복하며) 남성 영웅 캐릭터가 권력을 잡기 위해 어떻게 무질서한 여성의 힘을 처단하는지를 보여주는 또하나의 예다.

스핑크스도 릴리스처럼 19세기 말과 20세기 초 회화에 자주 등장했다. 프란츠 폰 슈투크, 에드바르 뭉크, 귀스타브 모로 등의 화가들은 스핑크스를 악몽이나 에로틱한 환상—왕성한 성욕을 가진 이중적인 동물-여성—으로 묘사했다. 스핑크스의 혼성체적인 모습은 '퇴보'의 증거로 받아들여졌고, 찰스 다윈의 진화론에 매료되었던 시대에 스핑크스는 모든 여성의 퇴보이자 남성보다 '진화가 덜 된' 본성을 상징하게 되었다.

이러한 악마 같은 여성의 전형은 미술관에만 있는 게 아니다. 1922년 정치잡지 『펀치』에 실린 버나드 패트리지의 풍자만화는 총선거에서 투표를 하면서 관람자에게 알 수 없는 윙크를 하는 스핑크스를 보여준다. 스핑크스의 단발머리는 보다 진보적인 1세대 여성 유권자들이 좋아했던 패션을 나타낸다. 그러나 패트리지의 풍자만화는 보통선거권을 기념하기보다, 투표권을 주기에 여성들은 너무 퇴보한 종이므로 그들이 새로 얻은 권리들은 혼란을 야기할 것임을 분명하게 암시하고 있다.

1930년대 유럽 미술가들은 초현실주의 화가들의 꿈에서 한 발자국도 벗어나지 못한 것처럼 보이는 동물적 팜파탈 개념에 깊이 빠져 있었다. 초현실주의가 선호한 은유들 중 하나는 짝짓기를 하는 동안 수컷을 잡아먹는 암컷 사마귀였다. 여성 미술가들이 여성들의 섹슈얼리티와 그들 행위주체성의 기괴함에 관한 이러한 환원주의적 서사들에 반박하기 위해서는 무엇을 해야 했을까? 20세기가 되면서 여성들에게 전문적인 미술교육을 받을 수 있는 길은 열렸지만 사회적인 제약들은 여전히 남아 있었고, 여성들은 대개 애호가, 학생, 남성 화가의 뮤즈나 아내로서 아방가르드 미술계에 접근할 수 있었다. 그러나 초현실주의 화가 레오노르 피니Leonor Fini는 스스로 매혹적인 괴물이 되는 길을 선택함으로써, 이러한 숨 막히는 역할들을 모두 거부하고 성적인 자유를 누렸다—그녀는 종종 고양이나 암사자 가면을 착용했으며, 자신을 여러 사람과 관계를 가질 수 있고, 양성적이라고 규정했다.

슬레이가 묘사한 논바이너리non-binary 릴리스와 마찬가지로, 피니는 스핑크스 이미지를 퀴어화하고 퇴보한 팜파탈 개념을 전복시켰다. 피니는 그림 속에서 동시대 여성들에게는 허락되지 않은 힘과 복잡성을 가진 멋지고 모호한 마녀들을 창조했다. 피니에게 이러한 스핑크스들은 그녀가 말한 "남성과 여성의 완벽한 융합"을 나타냈다.

「스핑크스들의 양치기」에서 당당한 모습의 양치기가 작은 스핑크스들의 모임을 주재하고 있다. 그녀는 전통적인 남성도 여성도 아닌 모호한 인물로 설정되었다. 얼굴과 머리는 여성의 전형들을 따르고 있지만, 양쪽으로 벌리고 선 근육질의 다리는 보다 중성적이고, 지팡이는 흥미롭게도 남근을 상징한다. 이 여성 영웅은 나체이지만 가슴을 노출하지 않고 음부도 갑옷으로 가려져 있어 그녀의 몸을 바라보는 에로틱한 시선을 거부한다.

깨진 달걀 껍데기, 뼈와 외음부 형태의 썩은 식물들이 어지럽게 흩어진 황량한 풍경 속에서 머리가 헝클어진 스핑크스들은 전사처럼 보이는 양치기 주변에 모여 있다. 그들 중 하나는 검게 변한 꽃잎이 달린 꽃줄기로 장난을 친다. 처음 볼 때, 쓰레기로 가득한 이 세계는 죽음과 파괴를 나타내지만, 부화한 달걀 껍데기들은 새 생명의 창조에 대한 암시다. 불가해한 초현실주의적 환상처럼 보이지만 「스핑크스들의 양치기」는 생명체의 유기적인 물질적 특성에 관련된 무언가를 암시한다—창조 역시 부패와 쇠퇴에 의존하고 있고, 생식력은 부패에서 유래한다. 스핑크스들의 생식력은 본질적으로 여성적으로 보이지 않고 신성시되지 않으며, 그들의 섹슈얼리티도 악마화되지 않는다. 그들은 신성한 어머니도, 광포한 괴물도 아니다. 그들이 살고 있는 세상은 이분법적 본질주의에서 자유로우며, 그곳에서 애정 어린 양육과 폭력, 창조와 파괴의 힘들은 편안하고 친밀하게 함께하고 있다.

레오노르 피니, 「스핑크스들의 양치기」, 1941년, 페기구겐하임컬렉션, 베네치아
(솔로몬R.구겐하임재단, 뉴욕) ©Leonor Fini / ADAGP, Paris–SACK, Seoul, 2022.

2014년에 브루클린의 거대한 도미노 설탕공장이 철거되기 전, 미국 미술가 카라 워커Kara Walker는 이 공장에 길이가 약 23미터에 달하는 설탕으로 만든 흑인 유모 얼굴의 스핑크스를 전시했다. 이 조각은 '식탁의 사탕과자' 혹은 '경이로운 슈거 베이비'로 불렸다.

이 설탕공장은 1880년대에 건설되었고, 노예제도의 역사, 노예로 끌려온 여성과 남성, 그리고 어린아이들이 사탕수수를 심고 수확했던 카리브해와 미국 남부에서 이루어진 흑인 노동력 착취의 어두운 그늘과 동의어로 남아 있었다. 워커의 빛나는 흰색의 흑인 유모 스핑크스는 흑인 여성 몸의 모호한 기념비를 통해 설탕의 백색과 달콤함의 그늘, 그것의 억압된 역사의 기괴함을 구현하고 있다.

엄청난 크기이지만 슈거 베이비는 처음부터 한 번만 전시한 후에 해체하기로 되어 있었다. 괴물처럼 보이지만 흑인 여성 노예들의 몸의 역사를 상기시켜주는 이 작품은 일시적으로만 전시되었다. 흑인 유모 스핑크스는 파라오의 사막 무덤들을 지키는 이집트의 스핑크스에서 가져온 자세에 머릿수건을 두른 흑인 유모의 모습을 하고 있다—노예제 폐지 이전에 백인 가정에 가사노동과 감정노동을 제공한 흑인 여성들에 대한 억압과 착취의 상징이다. 흑인 유모의 분노에 찬 얼굴 아래에 있는 가슴은 관능적이고 매혹적인 팜파탈 스핑크스뿐만 아니라 백인 아이들의 안식처였던 흑인 유모들의 가슴에서 발견되는 대리 어머니의 위안을 상기시킨다.

이 스핑크스는 또한 흑인 여성, 동물성, 섹슈얼리티와 연결된 역사적 담론을 끌어온다. 스핑크스의 위로 올라간 둥근 엉덩이 사이로 3미터 길이의 음부가 보인다. 그것은 무방비 상태로 벌어져 있는 동시에 도전적이다—성적으로 대상화되었지만 그녀의 섹슈얼리티

카라 워커, 「식탁의 사탕과자, 또는 경이로운 슈거 베이비, 도미노 설탕공장 철거를 맞이하여 사탕수수 밭으로부터 신세계의 부엌으로 임금을 받지 못하고 혹사당하며 설탕을 정제했던 장인들에게 경의를 표하며」, 전시 광경: 도미노 설탕공장, 크리에이티브타임의 프로젝트, 브루클린, NY, 2014년. 사진: Jason Wyche

는 역사적으로 다른 페미니즘 미술작품이 유색인종 여성의 신체에 할 수 없었던 방식으로 탈신비화되었다.

스핑크스의 왼손은 엄지손가락과 다른 손가락들을 이용해 만드는 고대 로마의 '피그fig' 제스처를 하고 있다. 이는 일반적으로 다산의 상징으로 사용되거나 아니면 '퍽 유fuck you'를 의미한다. 이것은 당신이 그것을 어떻게 보느냐에 달려 있다(아마도 별 차이가 없지 않을까?).

관람객들은 이 스핑크스 앞에서 무엇을 해야 하는지에 대해 확신이 서지 않았다. 어떤 사람들은 눈물을 흘렸고, 또 어떤 사람들은 식민지배에 대한 죄책감으로 겸연쩍어하며 자리를 피했다. 조각상의 가슴과 음부 옆에서 성행위를 상징하는 상스러운 손짓을 하면서 셀카를 찍는 사람들도 있었다. 이 작품이 문제 삼으려고 했던 바로 그러한 학대의 이야기들이 실시간으로 재현되는 것을 본 많은 사람들이 흑인의 고통과 착취를 기념한 신체의 이러한 유린에 슬픔을 느꼈다. 작가인 워커도 이러한 광경들을 지켜보면서 관람자의 반응들을 촬영했고, 나중에 시케마젠킨스갤러리에서 이 영상을 상영했다. 워커의 흑인 유모 스핑크스 앞에서 관람자들이 했던 괴상한 짓거리들은 작품의 일부가 되었다—미술작품은 단지 벽에, 받침대 위에 또는 미술관에만 존재하는 게 아니라, 그것을 보고, 감상하는 사람들에게 의존하면서 작품의 의미도 변한다는 사실을 상기시킨다.

이 조각상 옆에 전시된 준비용 콜라주는 우리가 이 '경이로운 슈거 베이비'의 지나치게 많은 의미와 연관성을 어떻게 풀 수 있는지 힌트를 준다. 이 콜라주는 잡지에서 찢어낸 레이스 란제리를 입고 도발적으로 앉아 있는 흑인 여성 사진과 이집트 사막의 스핑크스의 머리 사진을 이어붙였다. 하나의 아상블라주assemblage와 다른 아상블라주—스핑크스 조각과 준비용 콜라주—를 보는 것은 흑인 유모 스핑크스를 순수한 고고학적 문화재로 해석하는 것과 얼굴 없는 성애물로 해석하기를 오가는 것이다.

이러한 모호함은 작품 앞에서 구체적인 의미를 찾기가 어려움을 의미한다. 즉, 우리는 흑인 유모 스핑크스를 안도감을 주는 고전문명의 표현방식에 재통합할 수 없기 때문에 흑인 여성들을 배제했던 대단한 서양문화의 틀을 통해서 그녀를 이해하는 것은 불가능하다. 반대로 여겨지는 것들의 '완벽한 융합'으로 해석할 수도 있는 피니의 스핑크스들과 달리, 흑인 유모 스핑크스는 흑인성과 백인성 사이의 부자연스러운 이동에 관한 무언가를 우리에게 이야기한다. 다시 말해, 그것은 흑인의 경험이 어떻게 백인성을 반영하는 서사로 형태를 갖추어가는지를 물어보는 수수께끼다. 그리고 이러한 과정 자체는 검은 물질을 흰 물질로 정제하는 설탕회사뿐만 아니라 그것의 아프리카 기원을 삭제하고 은폐한 고전 역사를 반영한다.

흑인 유모 스핑크스뿐 아니라 릴리스와 메두사 같은 괴물들은 억압된 것을 표면으로 드러냄으로써 완전한 핵심 의미들로의 환원을 반대하고 뒤흔들고 불안하게 한다. 우리는 어떤 식으로 미술을 보고 있으며 해결책을 기대하라고 배워왔는지에 대해 생각해볼 수 있다—그것은 암호를 풀거나 숨겨진 메시지를 밝혀내고 작가의 의도를 이해했다고 우리를 안심시키는 고정된 의미라고 할 수 있다. 그러나 이 점에 대해서 생각하면 할수록, 완벽한 의미를 찾는 것이 사실상 폭력의 한 형태라고 느껴지기 시작했다—이는 완전하게 이해하게 되었다고 주장함으로써 그것들을 축소시키고 억누르며, 소유하는 수단이 된다.

인터넷 검색창에서 '마녀witch'를 치고 잠시 기다려보라. 처음에는 초록 얼굴, 고함을 치는 일그러진 얼굴, 달아오른 가마솥, 긴 백발이 화면을 가득 채울 것이다. 이러한 이미지들은 뾰족한 모자, 시퀸(스팽글), 가터벨트, 뷔스티에와 망토를 걸친 만화 같은 신체들, 혹은 긴 빗자루를 든 매끄러운 머릿결의 어린 소녀들로 서서히 대체된다. 「오즈의 마법사」부터 영화 「말레피센트」의 앤젤리나 졸리에 이르기까지 할리우드의 장치들을 추려내고 나면, 그제야 당신은 멋진 소녀 마녀들을 발견하게 될 것이다. 다시 말해, 마법을 부려 집안일을 하는 덧니가 난 복고풍의 예쁜 소녀들, 혹은 적극적인 페미니즘을 구실로 가두행진을 하는 크롭톱과 니하이 부츠 차림의 걸파워girl-power 마녀들 말이다. 하지만 이러한 이미지들 틈새에 기둥에 묶여 화형을 당하거나 교수대에 매달린 여성을 보여주는 과거의 목판화들도 있다. 대충 한번 훑어보는 것만으로도 우리는 여성들을 무시무시한 악몽과 이단자로 몰아버리거나 성적으로 대상화하여 그들이 여성혐오적인 문화에 더 편안하게 적응하도록 만듦으로써 여성들을 억압하는 마녀 이미지가 어떻게 만들어져왔는지에 관해 많은 것을 알게 된다.

메두사와 마찬가지로, 서양인의 상상 속 최초의 '마녀들'은 비인간 세계와 환경에 깊이 연결된 여성들이었다. 문학에서 최초의 마녀는 호메로스의 서사시 『오디세이아』(기원전 8세기)에 나오는 키르케다. 키르케는 홀로 섬에서 행복하게 살며, 야수들과 교류하는 약초 전문가(나중에 민간신앙의 마녀들과 연관되고 의심의 눈길을 받게 되는 두 가지 일)였다. 오디세우스는 트로이전쟁이 끝나고 고향으로 돌아가는 길에 키르케가 살고 있는 섬에 이른다. 그는 1년간 키르케와 함께 살면서 그녀의 도움을 받아 인간으로서는 처음으로 저승을 방문한다. 헤카테—최소한 헤시오도스의 『신통기』(호메로스의 서사시와 비슷한 시기에 집필된 것으로 보이는) 만큼 오래된 마술, 마법, 출생의 신—의 딸이었던 키르케는 죽음과 연결되며 죽음을 통과한 인물이다.[41] 그러나 메두사와 마찬가지로, 키르케와 헤카테를 나타내는 문화적 이미지들은 악과 공포의 상징으로 바뀌게 되었다. 헤카테는 모든 이교도 신들의 존경을 받으며 아르테미스의 동맹으로서 웅대한 페르가몬신전 제단(기원전 2세기)에 등장하거나, 혹은 세 개의 몸을 가진 불멸의 신으로서 경배용 작은 조각상으로 만들어졌다. 그러나 르네상스시대의 마르실리오 피치노는 헤카테를 '괴물'이라 불렀고, 그후 토머스 미들턴의 희곡 『마녀』 같은 문학과 미술에서 아기들을 솥에 삶고 아들과 근친상간을 하는 흉측한 마귀할멈으로 묘사되었다.

키르케는 남자들의 이성을 잃게 만드는 악마 같은 요부로 알려지게 되었다. 르네상스시대에 그녀의 이름은 '매춘부'와 동일시되었고, 19세기에 그녀는 (릴리스처럼) 이성애적 가부장제의 '에덴동산'에 여성을 가둔 집안의 천사를 해치워버린다고 위협한, 성적으로 자유로운 '현대 여성'과 호환되었다. 헤카테와 키르케의 영향력은 현대 문화에도 이어지고 있다. 팜파탈로서 키르케는 오늘날의 코스프레, 판타지 작품, 핼러윈 성애물의 주요 캐릭터 중 하나인 섹시한 마법사의 선조이고, 또 비디오게임 문화의 성적 매력이 넘치는 악당으로 등장한다. 그리고 마귀할멈 헤카테는 이제 어디서나 볼 수 있는 제멋대로 자란 긴 머리와 매부리코, 늘어진 몸과 얼굴을 갖고 있으며,

긴 빗자루를 들고 동물 형상의 '시중드는 마귀들'을 거느리고 다니며 아이를 잡아먹는 불임의 마녀를 상징하는 데 영향을 미쳤다.

인류학자들은 마녀 이미지가 사람들, 주로 여성들에게 기대되는 사회 규범들을 따르도록 만들기 위해 사용된 전략이라는 데 대체로 동의하는 편이다. 그러한 마녀들은 시대와 지역을 막론하고, 가부장적 제도들이 기존의 모계 제도들을 억압하려 했던 사회들에 널리 퍼져 있다. 오늘날, 권위가 요구되는 공적 활동을 하는 여성들에서부터 마법을 부린다는 혐의로 박해받고 처형된 사람들에 이르기까지 모든 문화에 여전히 '마녀'가 존재한다. 헬렌 던컨은 1944년(마법 처벌법이 폐지되기 6년 전)에 영국에서 마녀 혐의로 유죄를 선고받고 투옥된 마지막 여성이었는데, 그녀는 아직도 '범죄'에 대해 결백함을 인정받지 못하고 있다. 중국 여성들은 토지를 빼앗고 경제적인 성공을 약화시키고 싶어하는 경쟁자들에 의해 마녀로 몰리는 일이 많으며, 2000~12년에 인도의 농촌 지역에서는 2000명이 넘는 여성들이 마녀라고 고발되고 살해되었다.[42]

우리의 생각 속에 가장 깊이 자리잡고 널리 알려진 처형의 시대는 대략 1400년부터 1700년까지 300년간 지속되었다. 바로 유럽의 근대 초기의 마녀재판이다. 학자들이 추산하는 이 기간의 처형자 수는 1만 명부터 600만 명에 이르기까지 천차만별이다. 마법에 대한 수많은 격한 논쟁들이 이어지고 있으며, 종종 페미니즘적인 해석에 방어적인 태도를 보이기도 한다. 처형된 사람들은 대부분 여성들이었고, 그중에는 여덟 살짜리도 있었다—악마의 사주를 받아 아이를 납치했다는 혐의로 1669년 스웨덴 엘브달렌에서 화형에 처해진 게르트루드 스벤센[43]처럼.

마녀의 전형인 늙은 마귀할멈은 마법에 관한 매우 영향력 있는 저서 『마녀를 심판하는 망치Malleus Maleficarum』에 실린 목판 삽화에서 유래했다. 가톨릭 성직자 하인리히 크라머가 집필한 이 책은 1468년 독일에서 처음 출간된 이래, 거의 200년간 성경을 제외하고 가장 많이 판매되었고, 마녀사냥 시대에는 전 유럽의 법원과 재판관의 중요한 판단기준으로 활용되었다. 이 책은 "여성은 스스로 사고하면 악한 생각을 한다"와 같은 말을 하고, 마녀들이 남성들을 설득해 그들의 성기를 사라지게 만들 수 있음을 암시했다. (여기에서 괴물 여성과 연관된 거세와 무력화에 대한 일반적인 두려움을 쉽게 찾을 수 있다.)

『마녀를 심판하는 망치』의 주요 공격 대상은 나이든 여성, 자립적인 여성, 자신의 의견을 가진 여성이었고, 그중에서도 특히 교회의 신성화에 가장 위협적인 존재라고 비난한 조산사들을 싫어했다. 에덴동산에서 이브가 지은 죄의 대가로 여성들은 출산의 고통을 경험해야 한다는 것이 하느님의 뜻이라고 믿었던 사람들의 눈에 여성의 출산을 도와주는 조산사들은 불온한 인물로 보였다. 게다가 조산사는 대자연의 시녀였고, 흑마법으로 자연과 생식력의 원초적인 신비들을 교묘하게 조종했다. 『마녀를 심판하는 망치』는 세상에 막 태어난 영혼들을 곧바로 악마에게 보내버리기 때문에 조산사들을 신뢰할 수 없다고 말한다.

독일의 한스 발동 그린은 이 책의 영향을 받았던 수많은 화가들 중 한 명이다. 그는 교양 있는 엘리트 계층인 유럽의 남성 수집가들 사이에서 유통된 인기 있는 마녀 그림 연작들을 제작했다. 그

한스 발둥 그린, 「마녀들의 연회」, 1510년, 메트로폴리탄미술관, 뉴욕, Gift of Felix M. Warburg and his family 1941.

의 1510년 목판화 「마녀들의 연회」는 일반적인 주제를 다루고 있다. 즉, 죽은 아기들을 대접하거나 다리를 벌리고 앉아 물건을 갈고 있는 여자 주위에서 음탕한 몸과 축 쳐지고 말라빠진 가슴, 쭈글쭈글한 피부의 누드로 그려진 여자들이 날뛰고 있다. 염소에 거꾸로 올라탄 젊은 마녀는 삽입을 암시하기 위해 전략적으로 위치시킨 긴 지팡이를 들고 수줍은 듯 관람자를 쳐다본다. 엘리트 남성 수집가들 사이에서, 이와 같은 판화들은 에로틱한 매력과 도덕적인 혐오의 뒤섞임을 조장했다. 비너스의 몸이 심판받지 않고(고전 신화와의 고귀하고 문명화된 연관성 때문에) 성적인 쾌락을 주는 누드 여성의 몸을 보는 문화적으로 승인된 방법을 허용했다면, 선정적인 마녀 이미지들은 교회의 도덕적인 관심사라는 안전장치를 두고 이와 비슷한 흥분을 허용했다.

발둥의 여성혐오적인 마녀 판타지들은 회화로 확장되었다. 「여성과 죽음의 시대」는 황량한 풍경을 배경으로 두 여자가 서로의 반영인 것처럼 함께 서 있다. 젊고 예쁜 여자는 매혹적인 베누스 푸디카 자세로 서 있으며, 미래의 늙은 그녀는 젊은 여자의 어깨에 팔을 올리고 옷을 끌어당겨 그녀의 음부를 가려주려고 하지만 소용이 없다. 해골 모습의 죽음은 이제 가야 할 시간임을 암시하는 모래시계를 들고 노파의 팔짱을 끼고 있다. 여기서 미인과 노인의 파트너링은 아무리 외모가 아름다울지라도 여성은 세월이 흐르면 정체가 드러나게 되는 비너스의 옷을 걸친 추한 노파에 불과하다는 개념을 홍보한다.

더러워진 꽃병이나 그릇에 여성의 몸을 비유하는 것은 기독교 설교가들 사이에 널리 퍼져 있었다. 여기에는 '자궁'을 의미하는 독일어 단어 '바스vas'가 내포되어 있었다. 발둥의 판화들에 나오는 해로워 보이는 물질이 담긴 항아리와 그릇들은 마녀들의 오염된 내면(더 나아가 모든 여성들의 신체)에 대한 시각적 유희다. 이는 봉인한 샘이나 축복받은 순결한 그릇으로서 성모마리아의 이미지와 완전히 대비된다.

이 시기에 모든 연령대의 여성이 마녀라고 고발당했지만 특히 많은 공격을 받은 것은 노년기 여성이었다. 한때 노년의 여성들은 지혜와 연륜을 의미하고 공동체에 귀중한 지식을 전달했다면, 16세기에 노년의 여성은 죽음의 냄새를 풍기는 존재로 재산을 빼앗겼으며 공동체에서 외면당했다. 사회과학자 실비아 페데리치는 "마녀사냥은 노년 여성의 이미지를 망가뜨렸다. 다시 말해서 전통적으로 현명한 여성으로 여겨졌던 노년의 여성은 생식불능과 생명에 대한 반감의 상징이 되었다"라고 주장한다.44

여성들의 신체가 노화되는 방식은 남성들이 나이를 먹는 방식과 다르게 인식되었다. 죽음과 생식불능의 전조로서 볼품없는 노파의 이미지들은 생물학적인 가임기를 나타내는 것으로서 여성들의 신체적 가치와 아름다움을 강조했다. 또한 여성의 노화는 아는 것이 많아지고 자신감이 커지는 것과 연결되는 경향이 있기 때문에 아름다워 보이지 않는다(그리고 때로, 그들이 특권계급이라면, 경제적이고 사회적인 능력도 늘어난다).

마녀의 혐오스러운 이미지는 노년 여성의 섹슈얼리티를 기괴하고 비정상적인 것으로 만들기에 의지했다. 역사에서 마녀재판의 증거는 성적 일탈로 고발하기, 그리고 여자들은 과도하게 음란하고 성욕을 통제할 수 없다는 널리 퍼진 가정에서 찾을 수 있다. 『마녀들을 심판하는 망치』에서 단언한 대로, "모든 마법은 육체적 욕망에서 비롯하며, 여성들의 육체적 욕망은 채워지지 않는다".

발둥의 또다른 판화 「새해 인사」(1514)는 다양한 연령대의 레즈비언들의 난잡한 파티를 보여준다. 그것은 남성 없는 여성의 성적 쾌락의 세계이며, 여성의 집단성에 대한 남성의 불안감, 그리고 마녀 모임에서의 성전환과 남근 너머에서 발견되는 만족의 위협을 폭로한다. 또한 악, 이단, 생식불능과 마녀의 섹슈얼리티를 동일시하는 것은 여성성의 전형들, 다시 말해 성처녀 마리아와 그녀의 후손인 집안의 천사의 정체성을 강화하는 데 기여한다. 마녀사냥은 여성들의 사회적인 집단성의 붕괴를 가속화시켰고, 뒤이은 공적 영역과 가정 영역의 젠더화된 구분은 여성들을 무력하게 만든 정신과 육체의 아름다운 질병들과 폐결핵에 약한 고립된 '안주인'을 탄생시켰다.

사실 마녀는 파멸적이고 비참한 인간 죽음의 억압된 현실인데, 마치 여성이 다르게 행동하면 피할 수 있는 것처럼 말하며 여성성과 반대된다는 프레임이 씌워졌다. 마녀는 비너스 이미지를 돋보이게 하는데, 이는 현실에서 우리가 여성을 악마화하면서도 여성 그림들을 숭배하는 이유를 설명한다. 그러므로 마녀의 괴물성에 대한 우리의 믿음은, 여성이 상상할 수 있는 최악의 운명이 늙고 추해지는 것이라고 우리 사회가 믿고 있다는 사실에 의지한다. 즉, 우리가 마녀를 일탈적이고 곪아터진 여성성을 가진 인물로 조작하고 여성들을 숨 막히게 했던 모든 올가미를 거부하기 위해 마녀를 이용하는 사람들로부터 마녀를 되찾아오지 않는다면 말이다.

1960년대 말과 1970년대 초에 미국과 유럽의 여성해방단체들은 마녀의 억압된 힘을 이용해, 그들이 여성 억압의 책임이 있다고 지목한 가부장제와 자본주의 구조를 공격했다. 그들 믿음의 중심에는 공유지와 자원의 사유화, 그리고 여성들을 마녀로 박해하는 것 사이의 연관성이 있다. (오늘날 에코페미니즘운동eco-feminist movements은 여전히 지구상 자원의 독점이 여성 신체의 학대에 부수적인 것으로 보고 있다.)

이러한 사상가들 중에서 실비아 페데리치는 자본주의 사회로의 이행에는 물질의 생산과 생식영역의 분리가 필요하다고 주장했다. 다시 말해, 사회의 한 집단이 일하러 가서 상품을 생산하고 임금을 발생시키면, 다른 한 집단은 집에서 머무르며 아이를 낳아야 한다는 의미다. 두번째 집단은 자본주의 시스템을 유지하기 위해 다음 세대 노동자를 생산하는 중요한 마더링의 업무를 수행할 뿐 아니라, 그들을 위해 음식을 준비하고 옷을 세탁하고 집안일을 함으로써 노동자들의 기본 욕구를 충족시키는 임무도 담당한다. 페데리치와 같은 사상가들은 이를 위해 일하는 것—가부장제를 위해 재생산을 통제하고 그들의 양말을 세탁하고 식탁에서 식사를 하게 하는 것—은 이 역할을 받아들이지 않았던 여성들을 처음에는 소외시키고 그다음에는 제거해버렸음을 의미한다고 주장한다. 페데리치는 자본주의가 꽃피려면 '이단자, 치유자, 반항적인 아내, 감히 독신으로 사는 여성' 등은 정복되고 처벌되어야 한다고 말한다.

이러한 개념들에서 우리는 여성의 가사노동과 감정노동, 그리고 마녀를 박해하는 전통의 믿기 어려운 연합을 발견하게 된다. 페데리치는 제2세대 페미니즘의 가사노동 임금 캠페인을 기획한 사람들 중 한 명이었다. 이들은 자본주의가 가사노동을 여성의 본성으로 받아들이도록 여성들을 속였다고 주장했다. 1970년대 이들의 시위에서 요란하게 울려퍼진 슬로건은 "전율하라, 전율하라, 마녀들이 돌아왔다!"였다.

제시 존스의 「전율하라 전율하라」는 복합적인 멀티미디어 설치작품으로, 생식의 통제와 사회적 통제, 마법, 여성 억압의 역사를 움직이게 하기 위한 가사노동 임금 캠페인에서 제목을 따왔다. 2017년 베니스비엔날레의 아일랜드관에서 첫선을 보인 이 작품은 마녀의 파괴적인 여성주의에 의지하며 힘을 북돋는 반신화를 확립한다.

이 설치작품의 한가운데 약 6미터 높이에 설치된 두 개의 스크린에서 반복적인 영상이 흘러나온다. 영상에서 긴 백발의 위협적인 여자의 얼굴은 세월과 나이를 말해주는 주름으로 가득하다. 관람자들이 보지 않을 수 없게끔 그녀는 어둠 속에서 조명을 받으며 움직이고 재판정의 가구를 엎어버리고 때때로 스크린에 얼굴을 바짝 갖다 댄다. 관람자들 머리 위로 우뚝 솟아오른 그녀는 켈트족 민간신앙의 망각된 신들을 떠올리게 하는 거인 할머니다. 그녀는 또한 모든 아기가 태어났을 때 의지하는 보살핌과 자비의 거대한 어머니를 생각나게 하는, 우리의 원시 기억들의 최초의 몸이다.

어느 순간 카메라가 그녀의 입에 초점을 맞추고 90도로 회전하면, 입은 일종의 프로이트적인 장난이 된다—1862년에 마녀로 재판을 받아 화형당한 템퍼런스 로이드가 마녀라는 증거로 공표되었던, 말하는 이빨 달린 질과 연결된다. 이 노파는 가부장적 통치를 타도할 (가상의) 모계사회의 '인 우테라 기간테In Utera Gigante' 법을 읊조린다. 존스에게 이러한 모계사회 법은 아마도 원시적인 창조자/파괴자인 메두사의 정신으로, 자신의 몸에 생명을 기를지 말지를 스스로 결정하게 하는 생식의 자율성을 여성 각자에게 돌려준다. 낙태를 찬성하는 여성운동구호에서 많은 영향을 받은 「전율하라 전율하라」는 낙태를 불법화한 수정헌법 제8조 폐지운동이 벌어진 아일랜드에서 2018년에 전시되었다. 거인 할머니는 그러한 행위가 여성에 대한 증오에 정당성을 부여한 여성혐오적인 언어의 영향력을 제거하는 것인 양, 『마녀를 심판하는 망치』에 나오는 구절들을 거꾸로 읊조린다.

이 공간 앞쪽에 스크린의 빛이 반사되는 두 개의 거대한 뼈가 놓여 있다. 이 뼈들은 300만 년도 더 전에 아프리카에 살았던 최초의 이족보행 조상 '루시Lucy'의 뼈를 의미한다. 빛을 받고 있는 뼈들은 시간의 침전물에서 끌어낸 역사, 표면 아래 숨겨진 여성 역사의 유구한 계보, 삭제되거나 은폐되고 대체된 여성들의 신체와 이야기들을 상징한다.

「전율하라 전율하라」는 이러한 생식의 강요에 억눌린 이야기들과 여성에 대한 사회적 억압으로 전율하지만, 또한 아직 쓰이지 않은 이야기와, 아직 완전히 주목받지 못한 우리의 긴 이야기들, 그리고 우리 자신에 대한 새로운 시각들에 내재한 어두움을 들여다보며 벼랑 끝에서 비틀거릴 때 어느 정도의 두려움은 있을지라도 더 큰 해방감을 느끼게 하는 무언가가 시작되었음을 알린다.

괴물이나 마녀를 팜파탈이라는 섹시한 가면이 아니라 자기 본연의 모습으로 받아들이는 것은 여성의 자기결정을 향해 한 걸음 나아가는 것일 수 있다. 여성의 자기결정은 비너스의 거짓된 완벽한 외모에 대한 집착을 거부하고, 마더링의 상충되는 기쁨들을 전적으로 포용하며, 또 자신의 쾌락에 적극적이기보다 섹스와 학대에 굴복하는 약하고 수동적인 처녀를 넘어서는 다른 롤모델을 허용한다. 카라 워커와 제시 존스의 대규모 작품들은 괴물성과 억압된 것 사이의 상관관계가 얼마나 중요한지 보여준다. 또한 우리의 힘이 우리 공통의 이야기들, 그리고 우리가 '진실' 혹은 규범으로 인정하는 이미지와 이야기들의 기원을 찾는 것과 어떻게 맞물려 있는지 보여준다.

다른 무엇보다도, 남성의 시선을 정면으로 바라보며 그것을 방해하는 괴물들은 우리에게 새로운 시각을 가르쳐준다. 괴물들은 보고 싶어하고 원했다는 이유로 죽은 샬롯 아가씨의 저주에서 우리를 풀어주고, 세상을 바라보는 여성은 괴물이고 반대로 세상을 보는 남성은 예술가라고 우리를 속여서 믿게 만들었던 신화와 이미지들을 재고하게 한다.

지금도 여전히, 미술 분야에서 뛰어난 여성은 괴물이 되어야 하고 여성 문학가들은 '괴물 예술가'라는 용어를 즐겨 사용한다는 가정이 유효하다(2014년 소설 『사색의 부서』의 제니 오필이 가장 유명하다). 글을 쓰거나 작품을 창작하는 여성들은 그런 일들을 하기 위해서 청소, 돌봄 노동, 육아, 요리 등의 가장 큰 몫을 여성들이 하도록 기대하는 사회적 관습을 깨뜨려야 했고 여성다움이라는 허물을 벗어버리고 절대 가사노동자일리 없는 시대착오적인 괴물을 드러내야 했기 때문에 괴물 같다고 여겨졌다.

1997년에 크리스 크라우스는 소설 『아이 러브 딕』에서 괴물을 또 다르게 정의했다. 이 소설은 화자(크리스)가 보낸 편지들을 중심으로 펼쳐지는 이야기다. 소설 속 화자는 문화비평가인 교수 딕에게 강박적일 정도로 성적으로 집착하는 중년의 여성이다. 딕은 백인 남성들이 쉽게 오르는 성공의 위계에서 정점을 대표하는 인물이다. 크라우스의 화자(크리스라고도 불리는)는 여러 면에서 괴물 여성 비유들에 완벽하게 들어맞는다. 순진한 처녀가 아니었던 그녀는 아이가 없는 예술가이고, 행동의 사회적 적절성과 개인적인 공간의 경계들을 넘나들며 자신의 욕망에 대해 말하고 글쓰기를 멈추지 않는다. 딕에게 거절당했을 때 그녀는 퇴짜를 맞은 중년 여성에 대한 클리셰인 '한물갔다'는 평에 굴하지 않고 오히려 그것을 자양분으로 삼아 자신의 좌절감에 더욱 깊이 새겨넣는다. 그녀는 자신의 감정들을 쏟아내고 그러한 감정들을 정치적인 것으로 만들고 자기검열에 저항한다. 어느 시점에서 크리스는 미술가 해나 윌크(「비너스」 장에서 살펴본 「인트라-베누스」의 작가)처럼 자신이 얼마나 '여성 괴물'이 되기를 열망하는지 친구에게 털어놓는다. "여성 괴물들은 상황을 있는 그대로 받아들인다. 그들은 사실을 연구한다. 모든 질문은 일단 공식화되고 나면 그것만의 내면의 진리를 갖게 되고 패러다임이 된다."

여기에는 일종의 스핑크스와 그녀의 치명적인 질문과 수수께끼가 있고, '사실을 연구하는 것'은 여성들의 지식이 어떻게 터부시되었는지 생각하게 한다. 그러나 나는 여기서 여성 괴물들은 보는 것과 보여지는 것의 교환을 넘어서는 새로운 시각을 제공한다는 점이 크리스가 하고 싶었던 말이라고 생각한다.

괴물 여성들은 우리에게 모호함의 힘, 하나 이상의 존재가 될 수 있는 자유를 준다. 그들은 여성들이 쉽게 분류되거나 소속되지 않게 하고 인종차별적이고 가부장적인 자본주의가 설계한 역할이나 행동을 넘어서서 살 수 있게 한다. 이 사실을 염두에 두면, 여성과 미술을 바라보는 새로운 방법들이 완벽한 위치 혹은 모든 이들에게 완벽하게 작용하고 확립되기를 기대하는 일 없이 우리는 우리를 구속하는 이러한 전형들에서 벗어나기 시작할 것이다.

마치며

2020년 봉쇄기간에 두 아이와 함께 집에서 이 책을 쓰는 동안, 글을 쓰고 일을 하려면 서재에 머물러야 한다고 항변하던 나의 번득이는 눈빛이 아이들을 움찔하게 만들 때 내 안의 괴물은 불편한 존재감을 드러냈다.

그럼에도 여성들은 반드시 글을 써야 한다. 페미니즘 철학자 엘렌 식수가 말했듯이, 여성들은 "여성에 관한 글을 쓰고, 여성들을 글쓰기로 이끌어야" 한다. 대륙철학이 일반적으로 솔직함, 단순함 또는 일상에의 적용으로 알려진 것은 아니었지만, 프랑스 철학자 식수는 1975년에 발표한 에세이 「메두사의 웃음」에서 자신의 속내를 솔직하게 드러냈다. 그녀는 "여성들이 정신을 차리게 하고 역사 속에서 그들의 의미를 알게 하고 싶은" 욕구에 간절하며 솔직하다. 식수는 여성들에게 메두사를 똑바로 바라보라고 말한다. 그녀는 여성들에게 역사를 만든 남성들의 말을 듣기를 중단하라고 말한다. 만약 여성들이 그렇게 할 수 있다면, 다시 말해 그들이 그들 자신, 그들의 환상과 쾌락을 주장할 수 있다면, 그들의 신체와 언어와 말의 고유성에 귀를 기울일 수 있다면, 다른 사람들도 그들의 이야기에 귀를 기울일 것이다.

이 역시 내 프로젝트 중 일부였다고 할 수 있다. 그림 속 여성들에 관해 글을 쓰고 여성의 경험의 복합성에 한계를 설정하는 다양한 전형들의 뒤엉킨 뿌리와 이야기들을 기록하는 것을 통해, 나 역시 역사에서 여성의 지위에 의미, 즉 서양의 문화가 여성을 위해 만들어낸 어머니, 괴물, 처녀 또는 완벽한 비너스에 대한 여성들의 추구를 조장했던 역할들을 넘어서는 의미를 부여하기를 바랐다.

그러므로 여성들은 글을 쓰고 예술작품을 창작해야 한다. 결국 이는 언어만으로 감당하지 못하는 것들과 소통하는 방법이자 단어들이 충분히 담지 못하는 복합성을 표현하는 수단이다. 이 책에서 두루 살펴보았듯이, 예술은 행동주의와 의식 고양의 한 형태이며 비평의 수단일 수 있다. 예술은 때로 쾌락과 권위부여에 연관된 것일 수 있으며, 여성으로 살아가는 한 가지 방법, 한 가지 대본 혹은 한 가지 본보기만 있는 것은 아니라고 우리에게 말한다. 역사적으로 여성들은 스스로의 경험을 표현하는 도구를 갖지 못했다—그들을 보호한다는 구실로, 미술 아카데미로부터 거부되고 자신을 표현하거나 몸을 바라보는 것을 저지하는 남성의 시선의 고정된 틀을 넘어서 존재하기 위한 도구 말이다. 이는 지적 노동과 창조적 노동은 여성들을 아이를 낳지 못하거나 심지어 제정신이 아닌 나쁜 엄마들을 만들어낼 위험이 있다고 간주되었기 때문이다(예를 들어 우울증을 앓던 버지니아 울프에게 잔인하게도 펜과 종이가 허락되지 않았다).

그리고 여성들에게 자신의 경험의 복합성을 표현하거나 그들이 살아가는 시대의 형세와 사건들을 해석하는 도구들이 주어지지 않은 것은 통제의 수단이었고 순응하지 않는 여성들을 소외시키는 방법이었다.

이런 이유로, 여성만의 방식으로 여성의 경험들을 묘사한 이미지들은 반드시 문화의 주류로 편입되어 우리의 고유한 정체성을 형성하고 비교 평가할 수 있는 본보기들과 이야기들을 우리에게 제공해야 한다.

내가 보여주려고 노력한 것처럼, 이미지 속 여성들에 관한 우리의 논의에는 여성들의 신체, 재생산 선택권, 성폭력, 누가 아름다운가, 누구의 몸이 보여지는가, 누가 혹은 무엇이 '훌륭하고' '가치 있는가' 등에 관한 논의가 반영되어 있다. 그러나 여성의 미술이 모두 '여성들의 이슈'나 여성들의 억압에 관한 것은 아니며 혹은 그럴 필요도 없음을 기억해야 한다. 창작자로서 여성의 소외와 불가시성은 늘 이에 관한 것이다. 19세기 프랑스에서 활기 넘치는 말을 그려서 대단한 성공을 거둔 화가 로자 보뇌르를 예로 들어보자. 그녀는 그리고 싶은 현장—가축시장, 동물의 해부학적 구조를 잘 관찰할 수 있었던 도축장—에 들어가기 위해 바지를 착용할 수 있는 경찰의 특별허가를 받아야 했고 남자의 모습으로 그러한 장소에 들어갔다.

미술계의 젠더와 인종 불평등을 바로잡을 수 있는 힘은 꾸준히 크고 있다고 말하는 것이 온당하다. 수많은 전시회와 출판 프로젝트들을 통해 여성과 유색인종 미술가들의 잊히고 간과된 공로들이 아카이브에서 나와 새로이 조명되고 있다. 2017년에 브루클린미술관은 유색인종 여성들이 제2세대 페미니즘운동에 공헌한 바를 소개하는 획기적인 전시를 개최했다. 이 글을 쓰고 있는 지금, 런던의 주요 기관들은 세 개의 유색인종 여성의 전시를 열고 있고 권위 있는 코톨드인스티튜트오브아트는 그들의 역사상 최초로 흑인 미술사를 전공한 교수 채용 공고를 냈다. 다음번에 열리게 될 세계에서 가장 중요한 국제 아트페어인 베니스비엔날레에서는 흑인 여성들이 영국과 미국의 대표작가로 선정되었다.

마드리드의 프라도미술관과 피렌체의 우피치미술관 같은 과거 미술의 세계적 컬렉션들은 여성 미술가들을 조명하는 단독 전시회를 정기적으로 개최하고 있으며, 런던의 내셔널갤러리는 처음으로 여성 미술가(아르테미시아 젠틸레스키)의 작품 회고전을 열었다. 뒤늦은 감은 있지만 이러한 전시들은 분명 환영받고 있다. 그러나 잭셰인먼 갤러리 관장 조애나 벨로라도새뮤얼스의 말처럼, 이는 여성의 신체, 업적, 공헌을 더 공정하게 평가하기를 원하는 경우에 필요한 제도적 변화의 첫 걸음에 불과하다. 여성들의 작품의 평가와 미술가로서 그들의 경력 발전의 잘못된 인식을 주제로 열린 토론에서 그녀는 이렇게 주장했다. "전시실의 신체들은 우리가 역사에 대해 늘 배웠던 것, 우리가 중요하고 가치 있다고 배웠던 것, 그리고 심지어 보는 방식의 구조와 영향에 아무런 변화를 일으키지 못한다."45

'과거의 여성 거장들'의 재발견에 헌신한 전시들은 대개 참신함과 신비로움으로 인해 인기 절정에 있다. 그러나 미술관과 갤러리 벽에 걸린 영구적인 작품들이 여성과 여성의 문화 생산을 지속적으로 약화시킨다면, 이러한 전시는 '최초의 것'이라는 시스템을 극복할 수 없고, 한다고 해도 한계가 있다. 또 미술 기관들과 컬렉션들의 지속적이고 광범위한 탈식민화에 전념하고 그것으로부터 무엇을 배우고 어떻게 배우는지에 대한 재고를 통해, 간혹 유색인종 미술가들의 전시 개최에 형식적으로 집중하는 것을 넘어설 필요가 있다.

특수하며 대수롭지 않은 파생물 또는 남성뿐만 아니라 여성도 그림을 그리고 조각을 할 수 있음을 보여주는 좋은 예로서 정전 속에 끼워넣어지고 미술사에서 칭송받는 남성들과 동일한 틀로 이해하라고 우리에게 종용되었던 여성 미술가들에 대해서, 컬렉션들과 미술관들이 "위대한 여성 미술가들도 있었다"라는 암시를 주지 않는 것이 중요하다는 생각이 든다. 여성 미술가들은 (미술관 전체의 완전무결함에 악영향을 끼치지 않도록) 미술관에 따로 지정된 공간이 있는 희귀한 외래종 취급을 받아서는 안 된다. 또한 오직 여성들과 페미니즘에 관심 있는 이들에게만 흥미로우리라 암시하는 방식으로 전시되거나 상품화되어서도 안 된다.

성공으로 가는 길은, 지금 우리의 페미니즘 감수성을 거스르는 과거의 미술 검열을 통해서가 아니라 그것에 대해 따져 묻고, 우리의 권력, 젠더, 인종에 대한 생각을 형성했던 이야기들을 다시 고찰하는 기회를 가짐으로써 가능해진다. 불화를 덜 일으키고 덜 선동적인 방식으로 미술을 논의하고 평가하기 위해 우리가 사용하는 언어에 대해서도 생각해보아야 한다. 우리 모두는 우리의 주의를 분산시키고 판단력을 흐리게 하는 그러한 제한적인 원형들을 버리는 새로운 방법들을 강구하고 있기 때문에, 이 책이 대상화, 포르노, 강간문화, 탈식민화, 응시와 보고 보여지는 것이 의미하는 것, 그리고 보는 것이 허용된 사람 뒤에 있는 특권과 권력 등에 대한 현재 우리의 적대적인 논쟁들에 영향을 미치는 뉘앙스들과 복합성들에 대해 어느 정도의 인식을 제공했기를 바란다. 예술과 문화는 우리가 살아가는 복잡한 세상의 개인적이고 사회적이며 정치적인 현실에 다가갈 수 있는 더 많은 방법들을 제공할 수 있고, 여러 집단의 공헌으로 보다 명확하게 볼 수 있는 눈을 갖게 한다.

감사의 말

이 책은 내가 박사학위를 받은 후 불확실한 시기에 탄생했다. 당시 나는 갓 태어난 아기와 어린아이를 키우면서 어떻게 미술사학자로 살아갈지 전혀 확신이 없었다. 변화를 주어야 한다고 생각한 나는 미술 속 여성과 여성 미술가에 대한 내 생각을 들을 의향이 있는 청중들을 공식적이고 비공식적인 방법으로 찾아냈다. 덜위치미술관은 나에게 '여성들의 삶이 만든 미술'을 주제로 강연의 밤을 준비할 기회를 주었고, 런던의 소더비인스티튜드오브아트는 페미니즘 미술사 강좌를 개설할 수 있는 자유와 공간을 제공했다. 그리고 그때 이 책에서 다루어진 개념의 대다수를 테스트했다. 내 생각들을 발전시킬 수 있는 이러한 포럼들을 나에게 허락해준 두 기관에 감사한다.

나는 이 책의 전개와 완성을 위해 많은 이들에게 빚을 졌다. 가장 먼저, 에드 그리스피에게 감사의 말을 전한다. 그는 자신의 연고와 시간을 아낌없이 할애해 이 프로젝트에 대한 초기 아이디어가 내 에이전트 존슨&앨콕의 베키 토머스를 통해 호의적이고 관심 있어할 만한 출판사들에 전해지도록 도와주었다. 칼레도니언가의 비좁은 카페에서의 첫 만남에서부터, 나는 아이콘북스가 친근했고 그들의 열정과 에너지를 느꼈다. 사고방식이 비슷하며 늘 섬세하고 주의 깊은 에디터 키에라 제이미슨, 그리고 최고의 편집 및 제작을 해준 테아 히르시와 매리 도허티에게 감사한다. 또 고마운 사람들로는 이 책의 미국판 출간에 열정적으로 헌신한 W.W.노턴의 에이미 체리가 있다. 그의 섬세한 편집은 아주 값진 것이었다. 그리고 클레어 포터와 이소벨 윌킨슨은 초기 대화들을 통해 나의 생각을 구체화는 데 도움을 주었다.

멀리 있긴 하지만, 지성적으로 이 책은 2000년 초에 내가 학부생일 때 접한 영국학파 페미니즘 미술사학자들, 특히 타마르 가브, 그리젤다 폴록, 린다 니드 교수의 연구에 빚지고 있다. 그들의 연구는 나에게 이미지의 세계에 대한 새로운 시각과 생각들(그중 다수가 이 책의 글에 영향을 미치고 있다)을 제공했을 뿐 아니라, 사상의 영역에서 일하는 여성으로서 그들을 보면서 젊은 시절의 나는 의견을 가진 여성이 꿈꾸는 존재에 대한 청사진을 그릴 수 있었다.

마지막으로, 늘 나를 믿어주시는 어머니에게 감사의 마음을 전한다.

주

1. 2020년 11월 현재.
2. 2019년 9월 아트넷뉴스artnet news와 아트어드바이저리art advisory의 공동조사 참조. https://news.artnet.com/womens-place-in-the-art-world/visualizing-the-numbers-see-infographics-165408
3. '옛 여성 대가들'는 로지카 파커와 그리젤다 폴록의 획기적인 페미니즘 미술사 연구서의 제목이기도 하다. *Old Mistresses: Women, Art and Ideology*, 1981, Pandora Press에서 초판 발행. 책에서 논하는 여러 개념들이 이 책에서 비롯했다.
4. 1820년 9월 18일자 편지에서, 모릿은 친구 월터 스콧에게 이렇게 말했다. "오전 내내 그림들을 이리저리 옮기고 새로운 위치에 걸면서, 벨라스케스의 멋진 비너스의 엉덩이 그림을 걸 자리를 만들려고 했다네. 그리고 마침내 서재의 벽난로 선반 위에 그 그림을 걸고 칭송할 수 있게 되었지. 감탄할 만한 빛이 들어와 그림을 완벽하게 보여주고, 아까 말한 엉덩이를 상당한 높이로 들어올렸기 때문에 숙녀들은 내리뜬 눈을 수월하게 돌릴 수 있으며, 미술 감식가들은 아까 말한 엉덩이로 가까이 다가가지 않고도 곁눈질하며 볼 수 있을 거야." Ed. George Marindin, *The Letter of John B. Morritt of Rokeby: Descriptive of Journeys in Europe and Asia Minor in the Years 1794-1796*(Cambridge: Cambridge University Press, 2011).
5. 리처드슨의 친필 진술서 복제본은 미지 매켄지가 쓴 *Shoulder to Shoulder: A Documentary*(New York: Vintage Books, 1988), p.261에서 확인할 수 있다. 린다 니드, *The Female Nude: Art, Obscenity, Sexuality*(London & New York: Routledge, 1992)의 PartⅡ에서 자세히 논의되었다. 니드의 여성 누드에 대한 선구적인 연구와 메리 리처드슨의 벨라스케스 그림의 훼손에 대한 논의는 이 장을 집필하는 데 토대가 되었다.

6 강연 영상을 보려면 2018년 5월 4일 내셔널갤러리의 유튜브채널에 올라온 'The Rokeby Venus: Velázquez's only surviving nude'를 확인. https://www.youtube.com/watch?v=bGNAPjNTbCs

7 Maria H. Loh, *Titian Remade: Repetition and the Transformation of Early Modern Italian Art* (Los Angeles: Getty Publications, 2007), p.34.

8 2019년까지 영국의 일부 타블로이드 신문은 3면에 상반신을 노출한 누드모델 사진을 실었다. 2014년에서 2019년 사이의 노모어페이지NoMorePage3 캠페인은 수많은 간행물에 압박을 가하는 데 성공했다.

9 『박물지』에서 논의된 바와 같이 파올라 티날리가 자신의 책 *Women in Italian Renaissance Art: Gender, Representation, Identity*(Manchester: Manchester University Press, 1997), p.132에서도 논했다.

10 "그녀의 자매 비너스가 선택한 것 같은/ 아름다운 팔다리가 그녀의 몸을 이루고,/ 비너스가 있는 피렌체에서:/ 백인이라는 것을 제외하면 둘은 똑같고,/ 밤에는 아무 차이가 없다네,/ 그 사이의 어여쁜 숙녀들(The loveliest limbs her form compose, such as her sister VENUS chose, In Florence, where she's seen; Both just alike, except the white, No difference, no-non at night, The beauteous dames between). (Edwards: 34-5)

11 세라 바트만으로도 알려져 있다. 이름의 약자 사르키Saartjie를 사용해야 하는지 혹은 영국에서 받은 세례명 사라Sara를 사용해야 하는지에 대한 논의가 있었다. 이 점에 대해 더 많은 정보를 얻으려면 http://www.saartjiebaartmancentre.org.za/about-us/saartjie-baartmans-story/를 보라.

12 Lorraine O'Grady, 'Olympia's Maid: Reclaiming Black Female Subjectivity', in ed. Joanna Frueh, Cassandra L. Langer & Arlene Raven, *New Feminist Criticism: Art, Identity, Action*(New York: HarperCollins, 1994).

13 Robin Coste Lewis, 'Broken, Defaced, Unseen: The Hidden Black Female Figures of Western Art', 『뉴요커』, 2016년 11월 12일.

14 Jon Simpson, 'Finding Brand Success in the Digital World', 『포브스』, 2017년 8월 25일https://www.forbes.com/sites/forbesagencycouncil/2017/08/25/finding-brand-success-in-the-digital-world

15 A. Rochaun Meadows-Fernandez, 'That viral Gap ad sends a powerful message about breast-feeding and black motherhood', 『워싱턴 포스트』, 2018년 3월 1일, https://www.washingtonpost.com/news/parenting/wp/2018/03/01/that-viral-gap-ad-sends-a-powerful-message-about-breast-feeding-and-black-motherhood/

16 이 시위는 2012년 10대 흑인 소년 트레이본 마틴의 살해 혐의가 있는 경찰관의 무죄 선고에 항의하면서 2013년에 처음으로 시작되었다.

17 「유사색Analogous Colors」이라는 제목으로 알려진 이 작품은 2020년 6월 15일 『타임』 표지에 실렸다.

18 흑인 페미니즘의 흑인의 모성 묘사들과 비욘세의 이미지들에 대한 탁월한 논의를 보려면, Ellen McLarney, 'Beyoncé's Soft Power: Poetics and Politics of an Afro-Diasporic Aesthetics', *Camera Obscura*(2019), 34:2, pp.1~39를 참고하라.

19 Patricia Hill Collins, *Black Feminist Thought: Knowledge, Consciousness and the Politics of Empowerment*(Abingdon: Routledge, 2000, 2009). 바버라 크리스티안, *Black Feminist Criticism: Perspective on Black Women Writers*(Amsterdam: Elsevier, 1985).

20 https://www.cdc.gov/reproductivehealth/maternalinfanthealth/pregnancy-relatedmortality.htm. 영국 데이터는 *Gemma McKenzie*, 'MBRRACE and the disproportionate number of BAME deaths: Why is this happening and how can we tackle it?', *AIMS Journal*(2019), 31:2를 보라.

21 Joe Pinsker, 'How Marketers Talk About Motherhood Behind Closed Doors', 『디 애틀랜틱』, 2018년 10월 10일, https://www.theatlantic.com/family/archive/2018/10/marketing-conference-moms/572515/

22 Nils-Gerrit Wunsch, 'Baby care market In Europe-Statistics & Facts', *Statista*, 2019년 5월 20일, https://www.statista.com/topics/3735/baby-care-market-in-europe/

23 런던 리처드솔턴갤러리의 〈엄마가 되는 과정Matrescence〉, 2019년 11월.

24 Irene Cieraad, 'Rocking the Cradle of Dutch Domesticity: A Radical Reinterpretation of Seventeenth-Century "Homescapes"', *Home Cultures*(2018), 15:1, pp.73~102.

25 Jenna Peffley, 2018, 'Exactly How to Get Denise Vasi's Striking Old-World Decor Style at Home', 마이도메인, https://www.mydomaine.com/denise-vasi-home

26 Gus Wezerek and Kristen R. Ghodsee, 'Women's Unpaid Labor is Worth $10,900,000,000,000', 『뉴욕타임스』, 2020년 3월 5일; 이 논문은 *PayScale Gender Pay Gap Report 2020*, https://www.payscale.com/data/gender-pay-gap에서 성별임금격차에 대한 통계를 참고했다.

27 젊은여성재단The Young Women's Trust이 영국 통계청의 데이터로 산출했다.

28 너무 미천해서 눈에 보이지 않는 또다른 천사가 있다. 그녀 없이, 예술이나 인간의 노력은 단 하루도 계속될 수 없다—버지니아 울프(그리고 특권계급의 여성 문필가 대부분)가 경쟁할 필요 없었던 필수적인 천사—일상생활, 생명유지를 위한 육체적인 책임을 떠맡아야 했던 천사."

29 이 그림과 이 논의의 근거에 대해 더 많은 정보를 얻으려면, 린다 노클린, 'Morisot's Wet Nurse: The Construction of Work and Leisure in Impressionist Painting' first published in *Women, Art and Power and Other Essays*(New York: Routledge 1988)를 보라.

30 작가와의 이메일 인터뷰에서 인용, 2020년 4월.

31 오비디우스는 '여인들의 편지Heroides와 '사랑의 기술Ars Amatoria'라는 글에서 안드로메다의 검은 피부에 대해 언급한다. 더 자세한 논의를 위해서는 엘리자베스 맥그래스의 'The Black Andromeda', *Journal of the Warburg and Courtauld Institutes*, Vol. 55(1992), pp.1~18 참조.

32 Barbara Johnson, 'Muteness Envy' in *Human, All too Human*, ed. Diana Fuss(New York: Routledge, 1995).

33 크리스틴 코레티Christine Corretti의 메두사 연구는 이 장의 초기 메두사 숭배와 연관된 상징주의에 대한 논의에 꼭 필요하고 매우 중요한 자료다. 코레티, *Cellini's Perseus and Medusa and the Loggia dei Lanzi*(Leiden: Brill, 2015). 뱀과 달, 재생에 대해서는 p.6 참조.

34 아마존족의 사제로서 메두사의 정체성에 관해서, 크리스틴 코레티는 마거리트 리소글리오소Marguerite Rigoglioso의 *The Cult of Divine Birth in Ancient Greece*(New York: Palgrave Macmillan, 2009)를 언급한다.
아마존 부족은 두 지역에서 거주했다. 기원전 1세기의 역사가 디오도루스가 쓴 자료들에 따르면, 최초의 아마존족은 북아프리카에서 기원했다. 최근 고고학적 발굴을 통해 흑해 주변의 스텝 지역의 여전사 공동체들의 유적이 발견되었다(지금의 우크라이나, 러시아 남부와 카자흐스탄 서부).

35 Marsilio Ficino, *Commentary on Plato's Symposium on Love*, trans. Sears Jayne (Dallas: Spring Publications, 1985), p.161.

36 Miriam Dexter Robbins, 'The Ferocious and the Erotic: "Beautiful" Medusa and the Neolithic Bird and Snake', *Journal of Feminist Studies in Religion*(Spring 2010), 26:1, 종교와 정치 편집장의 특별 서문, pp.25~41.

37 Hortense Spillers, 'Interstices: A Small Drama of Words' in *Pleasure and Danger: Exploring Female Sexuality*, ed. C. S. Vance (Boston: Routledge, 1984)

38 이런 주장을 처음으로 한 사람은 내가 아니다. Robert S. Liebert, *Michelangelo: A Psychoanalytic Study of His Life and Images*(New Haven: Yale University Press, 1983)을 보라.

39 Aviva Cantor Zuckoff, 'The Lilith Question', *Lilith*, 1976년 가을, 참조.

40 페미니즘 신학자 Judith Plaskow, *The Coming of Lilith, Essays on Feminism, Judaism, and Sexual Ethics, 1972-2003*, ed, with Donna Berman(Boston: Beacon, 2005)이 주목할 만하다.

41 Ralph M. Rosen, 'Homer and Hesiod' in *A New Companion to Homer*, ed. Ian Morris and Barry Powell(New York: Brill 1997), pp.463~88을 보라.

42 2014년 7월 21일에 『워싱턴 포스트』에 보도된 인도의 신문 『민트Mint』가 수집한 범죄 기록들.

43 게르트루드 스벤센Gertrude Svensen(다른 곳에서는 게르트루드 스벤스도터Gertrud Svensdotter로 불린다)은 주디 시카고의 「디너파티」와 다른 일부 기록에 등장한다.

44 Silvia Federici, *Caliban and the Witch: Women, the Body and Primitive Accumulation*(Brooklyn: Autonomedia, 2004), p.193.

45 벨로라도새뮤얼스Bellorado-Samuels는 Charlotte Burns, Julia Halperin, William Goetzmann와 함께 다음의 논문에 대해 토론했다. '미술계의 여성의 위치: 여성 미술가들의 최근의 발전이 대체로 착각인 이유(Women's Place in the Art World: Why Recent Advancement for Female Artists Are Largely an Illusion)' on the podcast *In Other Words*, No. 66, 3 October 2019, http://www.sothebys.com/en/articles/transcript-66-why-gender-progress-is-a-myth

옮긴이의 말

"이모, 마녀 그려줘, 마녀!" 여섯 살 난 조카가 내민 스케치북에 거침없이 검정 망토를 걸친 늙은 마녀를 그렸다. 하얀 종이에 그려진 마녀는 쭈글쭈글한 피부와 매부리코가 도드라진 심술궂은 외모의 노파다. 신이 난 조카는 그림을 손에 들고 방 안을 폴짝폴짝 뛰어다녔다. 하지만 그 순간, 어쩐지 마녀의 모습이 낯설게 느껴졌고 무언가 잘못되었다는 생각이 들었다. 그때 나는 처음으로 마녀 이미지에 녹아 있는 '여성혐오' 정서를 인식했다. 마녀를 비롯해, 비너스, 성모마리아, 연약한 아가씨, 여성 괴물 같은 여성의 전형적인 이미지들은 미술관의 명화들, 아이 방 책장에 가득한 동화책, 디즈니 애니메이션, 광고, 패션화보, 소셜미디어, 도심 속 광장의 기념비 등 우리의 일상에 교묘하고 은밀하게 스며들어 있다. 그리고 우리는 자신도 모르는 사이에 그러한 이미지의 영향을 받는다. 이 책 『시선의 불평등』은 전형적 여성 이미지들의 '일상성'에 주목하여, 그러한 이미지들이 형성되고 변화하며, 여성의 정체성에 영향을 미치는 방식을 다각도로 고찰한다. 그리고 더 나아가 베르트 모리조, 주디 시카고, 수잰 레이시, 비욘세, 카라 워커, 페이스 링골드 등 여성 미술가들의 대안적인 이미지들을 통해 여성의 정체성, 인종, 권력, 섹슈얼리티를 좀더 복합적으로 탐구할 수 있는 가능성을 보여준다.

저자가 가장 먼저 제시하는 여성 이미지는 비너스다. 여성의 신체에 대한 사회적 기준을 정립한 비너스는 4세기 「크니도스의 아프로디테」 이후, 르네상스시대의 「비너스의 탄생」과 17세기 「로크비 비너스」, 현대의 피카소와 모딜리아니의 여성 초상화, 그리고 영화 속 본드걸과 면도기 브랜드의 모델로 변신하며 지금까지 이어져오고 있다. 하지만 비너스의 몸은 생리현상이 일어나고 노화하는 실제 여성의 몸이 아니라, 남성의 욕망의 틀로 바라본 여성의 몸이다.

다음으로는 인간의 집단의식에 이상적인 어머니상으로 자리잡은 성모마리아가 있다. 종교적 이미지에서 세속적인 여성 초상화로 확장되어 19세기 영미권에서 집안의 천사, 현대의 웨딩화보와 분유 광고에 등장한 마리아 이미지는, 모성 경험의 불안정함과 양가감정을 배제하고 순결하고 순종적인 모습만 강조한다. 이상적인 여성상의 반대편에는 메두사, 릴리스, 스핑크스, 마녀 등 괴물 같은 여성이 있다. 이들은 가부장제가 만들어놓은 여성상에 저항하며, 여성의 힘과 그것에 대한 남성의 공포심을 드러낸다. 하지만 이상적인 여성이든 일탈한 여성이든, 성녀이든 악녀이든 상관없이, 남성의 욕망이 반영된 남성의 시선으로 바라본 여성의 이미지이므로 이러한 이분법적인 여성상 그 어디에도 실제 여성은 존재하지 않는다.

최근 몇 년 사이, 한국 사회에서 젠더 갈등은 가장 뜨거운 이슈 중 하나로 부상했다. 이러한 시기에 이 책의 출간은 매우 시의적절하다. 이미 수많은 관련 저서들이 나와 있지만, 미술 속 여성을 이만큼 다층적이며 종합적으로 다루는 책은 찾아보기 어렵다. 저자 캐서린 매코맥은 미술사뿐 아니라 대중문화, 이미지 연구, 여성학 등에 해박한 지식을 바탕으로 고대부터 현대에 이르기까지 방대한 여성 이미지들을 분석한다. 미술사학자이자 어머니, 그리고 한 여성으로서 그녀의 경험과 심리를 보여주는 일화들은 글 전체를 유기적으로 연결하며 독자들의 몰입을 돕는다. 학술적인 글에서 좀처럼 보기 어려운 유려한 문체와 지성적이면서 감성적인 이러한 '여성적 글쓰기'를 통해, 저자는 책에서 소개한 여성 예술가들이 그러했던 것처럼 글쓰기의 새로운 가능성을 실험하고 있다. 이 책은 지금까지 해오던 것처럼 미술에서 위로와 휴식과 영감을 찾는 데 만족하고 불편한 진실은 외면하고 싶어하는 우리들에게, 위대한 '천재성'의 산물, 숭배의 대상, '미' '취향' '고전'이라는 신성불가침의 영역으로 너무나 당연하게 받아들여졌던 과거의 미술작품과 현대의 대중문화 속 여성 이미지들을 되돌아보라고 말한다. 미술은 시대의 변화와 더불어 재해석되고 재평가되어 새로운 의미를 획득해야 하며, 늘 해석의 가능성이 열려 있다. 그리고 바로 그러한 점에 예술의 '위대함'이 있다.

하지은

시선의 불평등

프레임에 갇힌 여자들

초판 인쇄 2022년 10월 24일
초판 발행 2022년 11월 4일

지은이 캐서린 매코맥
옮긴이 하지은
펴낸이 정민영
책임편집 임윤정
편집 전민지
디자인 이정민
마케팅 정민호 이숙재 김도윤 한민아 정진아 이민경 정유선 김수인
제작처 한영문화사

펴낸곳 (주)아트북스
출판등록 2001년 5월 18일 제406-2003-057호
주소 10881 경기도 파주시 회동길 210
전화번호 031-955-7977(편집부) 031-955-2696(마케팅)
트위터 @artbooks21
인스타그램 @artbooks21.pub
전자우편 artbooks21@naver.com
팩스 031-955-8855

ISBN 978-89-6196-422-7 03300

• 책값은 뒤표지에 있습니다. 잘못된 책은 구입하신 서점에서 교환해 드립니다.